话说
中国

空 前 的 融 合（上）

公元265年至公元420年的中国故事

顾承甫　刘精诚　著

上海故事会文化传媒有限公司
上海锦绣文章出版社

总顾问：李学勤
总策划：何承伟

本卷顾问：朱大渭

主编：　刘修明
副主编：陈祖怀

正文作者（按卷次先后排列）

《创世在东方》　　　　杨善群　郑嘉融
《诗经里的世界》　　　杨善群　郑嘉融
《春秋巨人》　　　　　陈祖怀
《列国争雄》　　　　　陈祖怀
《大风一曲振河山》　　程念祺
《漫漫中兴路》　　　　江建忠
《群英荟萃》　　　　　顾承甫　刘精诚
《空前的融合》　　　　刘精诚
《大唐气象》　　　　　刘善龄　郭　建
　　　　　　　　　　　郝陵生
《变幻中的乾坤》　　　金尔文　郭　建
《文采与悲怆的交响》　程　郁　张和声
《金戈铁马》　　　　　程　郁　张和声
《集权与裂变》　　　　胡　敏　马学强
《落日余晖》　　　　　孟彭兴
《枪炮轰鸣下的尊严》　汤仁泽

辅文作者（按姓氏笔画排列）

马学强　王保平　王景荃　田　凯　田松青
仲　伟　江建忠　刘善龄　刘精诚　汤仁泽
杨善群　杨　婷　李　欣　李国城　李登科
张　凡　张和声　张振华　陈先行　陈祖怀
苗　田　金尔文　郑嘉融　宗亦耘　孟彭兴
赵冬梅　秦　静　顾承甫　徐立明　殷　伟
郭立暄　崔　陟　崔海莉　程　郁　程念祺

图片提供

文物出版社、河南博物院、巩义博物馆、
徐州博物馆、徐州汉兵马俑博物馆等单位
及（按姓氏笔画排列）王保平　山口直树
田　凯　田松青　仲　伟　孙继林　李国城
何继英　陈先行　欧阳爱国　殷　伟　徐吉军
郭立暄　郭灿江　崔　陟　阎俊杰　瞿　阳
薄松年等　本页长城照片由郑伯庆拍摄

梦想与追求

何承伟

为 最 广 大 读 者 编 一 部 具 有 现 代 意 识 的 历 史 百 科 全 书

> 中国是一个拥有五千年灿烂文明史、又充满着生机与活力的泱泱大国。中华民族早就屹立于世界的东方，前赴后继，绵延百代。

> 作为中国人，最为祖国灿烂的过去与崛起的今天感到骄傲。

> 作为中国的出版人，应义不容辞地以宏大的气魄为广大热爱中国历史的读者，承担起传播这一先进文化的责任：努力使中国历史文化出版物，与中国这样一个拥有五千年文明史的过去相适应，与当代中国日新月异的发展现实相适应，与世界渴望了解中国的需求相适应。

> 人民创造了历史，历史又将通过我们的出版物回赠给人民，使中华民族数千年积累起来的灿烂文化成为当今中国人取之不尽的思想宝库，让更多的读者感悟我巍巍中华五千年光辉历史进程和整个中华民族灿烂的文明成果。

> 为此，我们作了大胆的探索：以出版形态的创新为抓手，大力提高这套中国历史读物的现代意识的含量，使图书能够真正地"传真"历史；以读者需求为本位，关注现代人求知方式与阅读趣味的变化，把高品位的编辑方针和大众传播的形式有机结合起来，独辟蹊径，创造一种介于高端读物与普及读物的独特的图书形态，努力使先进的文化为最广大的读者所接受。

> 经过多年的努力，这套融故事体的文本阅读、精彩细腻的图片鉴赏、便捷实用的检索功能于一体的中国历史百科全书——《话说中国》终于陆续与读者见面。这套书计15卷，卷名分别为：《创世在东方》、《诗经里的世界》、《春秋巨人》、《列国争雄》、《大风一曲振河山》、《漫漫中兴路》、《群英荟萃》、《空前的融合》、《大唐气象》、《变幻中的乾坤》、《文采与悲怆的交响》、《金戈铁马》、《集权与裂变》、《落日余晖》和《枪炮轰鸣下的尊严》。

> 在《话说中国》这部书里，你将看到以故事体文本为主体的感性与理性的统一。

> 现代人对历史的感悟，最能产生共鸣、最能感到激动的文学样式是什么，是故事。是蕴涵在故事里的或欣喜或悲切或高亢或低回的场面。这些经典场面令人感慨唏嘘，荡气回肠。记住了一个故事，也就记住了一段历史。故事是一个民族深沉的集体记忆，容易走进读者的心灵世界，它使读者在随着故事里主人公的命运起伏跌宕之时，不知不觉地与中国历史文化进行了"亲密接触"，从而让历史文化的精华因子，潜移默化地影响着我们的行为，净化着我们的心灵。因此，《话说中国》以故事体的文本作为书的主体。同时，它还突破了传统历史读物注重叙述王朝兴衰的框架，以世界眼光、一流专家学者的史识来探寻中国历史的发展脉络与规律；以密集的信息，弥补故事叙述中知识点不足的局限，从而使故事的感性冲击力与历史知识的理性总结达成高度的统一。它让读者既见树木，又见森林；既享受了故事所带来的审美快感，同时又能寻绎历史的大智慧。

> 在《话说中国》这部书里，你将看到互为表里的图与文的精彩组合。

> 当今社会已进入"读图时代"，这一说法尽管片面，但也反映了读者的需求。在这套书里的图片与通常以鉴赏为主的图片有很大不同：

> 图片内容涵盖面广。这些图片能够深入再现历史现实，立体凸现每一不同历史时期社会生活各方面的发展变化。透过生动的"图片里面的故事"，可以体味其中蕴涵着的

深刻内容，堪称是历史文化的全息图像。它们与故事体文本相关联，或是文本内容的画面直观反映和延伸，或是文本内容的背景补充，图与文珠联璧合，相得益彰。同时，纵观整套书的图片又分别构成了一个个独立的专门图史，如服饰图史、医药图史、书籍图史、风俗图史、军事图史、体育图史、科技图史等等。

> 图片的表现形式极其丰富。这套书充分顾及现代读者的读图口味，借助现代化手段尽量以多种面貌出现，汇集了文物照片、历史遗址复原图、历史地图与示意图、透视图以及科学考古发掘现场照片在内的三千余幅图片。既有精炼简洁的故事，又有多元化的图像，读者得到的是图与文赋予的双重收获。

> 创造了一种新的读图方式。书中的图片形象丰富，一目了然，具有"直指人心"的震撼力，但在阅读过程中，尤其是在欣赏历史文化的图片中，这种震撼力很难使读者感悟到。原来他们是凭自己的文化底蕴和生活积累在品味和理解书中的图片。两者一旦产生矛盾，就不可能碰撞出火花。本书作为面向大众的出版物创造了一种全新的阅读环境：改造我们传统的图片的文字说明，揭示图片背后的信息，让读者在读完这些文字后，会产生一个飞跃，对第一眼所看到的图片有一种新的发现和新的认识。

> 在《话说中国》这部书里，你将看到一个充满数字化魅力的历史百科知识体系。

> 数字化给我们的社会生活带来了许多崭新的变化，作为文化产品的创新也不例外。为此，我们在这套信息密集型的中国历史百科全书里，大量运用了在电脑网络上广泛使用的关键词检索方式，以关键词揭示故事内核，由此来检索和使用我们的故事体文本与相关知识性信息。这套书的信息化、网络化、数字化，充分表现了中华民族不但有自强不息的过去时，前进中的现在时，而且还有充满希望的将来时。

> 一则故事，一幅图片，一个关键词，都是某个有代表性的"点"，然而这个点不是孤立的存在，而是一个有意义的叙事单位。它是中华民族的文明亮点，折射了我们民族的文化性格。把这些亮点连接起来，就会构成一条历史之"线"，而"线"与"线"之间的经纬交织，也就绘成了历史神圣的殿堂。点、线、面三维一体，共同建构着上下五千年的民族大厦。

> 著名科学史家贝尔纳曾说："中国在许多世纪以来，一直是人类文明和科学的巨大中心之一。"我们知道，印刷是中国引以为骄傲的四大发明之一，中国出版在世界出版史中，曾留下许多脍炙人口的灿烂篇章。然而近代中国出版落后了，以至于到今天与发达国家相比，无论是在出版技艺上，还是在出版理念上，都存在着不小的差距。我们在本书的出版过程中善于学习、消化与借鉴，"洋为中用"，充分发挥"后发优势"，努力把世界同行在几十年中创造的经验，学习、运用到这套书的编辑过程中，以弥补两者之间的差距。事实证明，只要我们努力了，只要我们心中有了读者，我们一样可以后来者居上。

> 中国编辑中的一位长者曾说过这样一段话："我们没有显赫的地位，却有穿越时空的翰墨芬芳；我们没有殷实的财富，却有寄托心灵的文化殿堂。"

> 在编辑这套书的过程中，我们深深感到，中国历史文化太伟大了，无论你怎样赞美，都不为过；中国历史文化又太神奇了，无论你以何种方式播种，都会有意想不到的收获。今天，我们所撷取的，只不过是其中的一朵小花，还有更多更美的天地需要人们进一步去开拓。

现代人与历史

上海社会科学院研究员　刘修明

> 历史与现代人有什么关系？历史对现代人有什么用？这并非每一个现代人都能正确回答的问题。

> 过去的早就过去了。以往的一切早已灰飞云散，至多只留下遗迹和记载。时光不能倒流，要知道过去干什么？历史无用的混沌和蒙昧，不是个别现象。在科学技术高度发达的现代社会，人们更易对远离现实的历史轻视、淡漠。对历史无知而不以为然的人，不在少数。

> 不能简单地指责这种现象。一旦通过有效途径缩短了现代人和历史的距离，人们就会从生动形象的历史中取得理性的感悟，领悟历史的哲理，开发睿智，从而加深对现代社会文明的认识，使现代人的认识和实践达到一个新的层次。那时，人们就会有一个共识：历史和现代是承续的。历史是现代人生存和发展不可缺少的内容。历史和现代人是不可分的。

> 祖国的历史是一部生动的、博大精深的启迪心智的教科书。中国历史是独树一帜的东方文明史。承载中华文明的中国历史，在她形成发展的曲折而漫长的过程中，从未中断过（不像埃及、两河流域、印度文明或中断或转移或淹没）。她虽然历尽坎坷，备尝艰辛，却始终以昂首挺立的不屈姿态，耸立在亚洲的东方。即使从19世纪上半叶开始的对中华文明一个多世纪的强烈冲击和重重劫难，也没有使曾创造过辉煌的中华文明沉沦，反而更勃发了新的生机。中国的历史学家从孔子、左丘明、司马迁开始，持续不断地以一种不辜负民族的坚韧精神，把中华民族放在辉煌与挫折、统一与分裂、前进与倒退、战争与和平、正义与邪恶的对立统一的辩证过程中，将感悟到的一切，记录在史册上。以一笔有独特美感并凝结高超智慧的精神财富，绵延不绝地传承给一代又一代炎黄子孙，从而成就了中华民族及其创造的文明的延续和发展。中华文明的创造和中国历史的记载是不可分的。中国历史是兼容时空又超越时空的中华文明有形和无形的载体。

> 英国哲学家培根说过："历史使人明智。"历史的经验是前人付出巨大的代价（甚至生命的代价）才总结出来的。历史经验包蕴着发人深思的哲理。要深刻地了解现实，理智地面对将来，就应当自觉地追溯历史。现代人只有了解历史，才能感受历史启迪现

实的无穷魅力。唯有从历史的经验与哲理感知杂乱纷纭的现实，才能体会历史智慧的美感和简洁感。

> 这种由历史引发的智慧、魅力和美感，对丰富一个人的生命内涵，提升人的素质，是非常重要的。我们强调人的素质，但素质的基本内涵是什么，却未必很清楚。我认为，人文素质应该是人的素质的基本内涵。一个人的人文素质是由他所属的民族几千年文化创造的基因，积淀在他的血液和灵魂中形成的。以文史哲为主体的人文教育，对人的素质提高具有特别的价值。而中国历史往往又是文史哲三位一体的糅合和载体。只重视外语、电脑教育而忽视人文教育的偏向应引起重视并加以纠正。这种素质教育应当起步于一个人的青少年时代。对祖国的热爱，民族自信心的树立，正确的人生观、价值观的确立，都离不开对祖国历史的了解。只有这样的人，才能立志报效祖国和中华民族，并以他们的不断传承和新的创造，继续为人类文明的发展作出新的贡献。在共同文化血脉上发展起来的13亿中国人和5000万在世界各地的华人，都应有这样的共识，都应承担这样的责任。

> 了解祖国的历史，可以从简明的历史教科书入手，也可以从浩瀚的史籍中深究。关键是引起读者的阅读兴趣。我们这里提供的是一本图文并茂用故事形式编写的中国历史。中国有一本几乎家喻户晓、发行量达几百万册的出版物：《故事会》。这是上海文艺出版总社的名牌刊物，在社会上有很大的影响。何承伟先生从几十年编辑的成功实践中，提出了这样一部以图文并茂的故事形式并包含巨大信息量的中国历史百科全书的设想。在众多学者的参与和合作下，成就了这样一部新体裁的中国通史《话说中国》。它生动形象、别开生面的编写方式，使包括老中青在内的现代中国人，都可以轻快地从这部书中进入中国历史宏伟的殿堂，从中启迪心智，增加知识，开拓眼界，追溯历史，面对未来。它把传统的教育和未来的展望，有机而和谐地结合在一起，引导当代中国人顺应悠久古老的中国文明融注世界发展的现代潮流，以期为世界的文明发展作出新的贡献。我们相信，凝聚了几十位学者和编者多年努力的这部书，一定会为这种贡献尽其绵薄之力，发挥其应有的作用。

目录

两晋故事生动地反映了两晋时期各种人物的心态及其活动，是一幅幅社会生活的画卷。

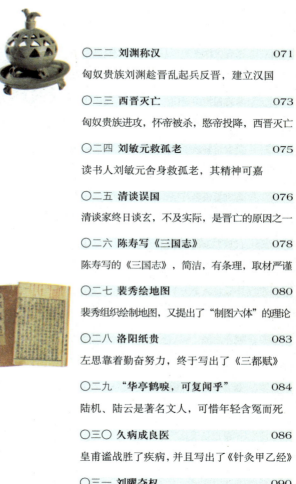

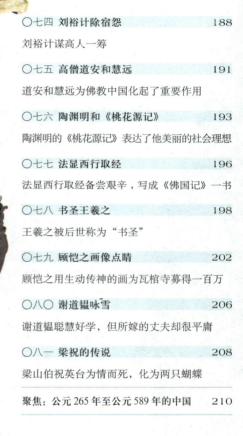

专家导言

中国魏晋南北朝史学会会长
中国社会科学院历史所研究员　朱大渭

> 东晋南北朝历时 273 年（317—589），由于五个少数族入主中原，建立政权，长期分裂割据，因而是我国历史上最为复杂动乱的时代。汉族和少数族先后建立过大小约三十个政权，较大的战争发生五百余次以上。动乱和战争给各族人民带来深重的创伤和灾难，但与此同时，社会也在动乱和苦难中走向新生。

> 东晋门阀士族制度发展到鼎盛时期，士族地主控制了国家最高行政权力，具有世代为官、免除赋役、垄断文化等种种政治、经济、文化特权。经南朝宋、齐、梁三代，士族门阀逐渐走向衰落，寒人庶民兴起，特别是经过梁末侯景之乱的打击，士族彻底衰落，南方少数族酋帅和豪强崛起，从而建立起陈朝。这是东晋和南朝政治上的特点。北方十六国时期，政权林立，战争频繁，民族融合十分缓慢；北魏统一（439）后，特别是魏孝文帝（471—499在位）所实行的一系列改革措施，推进了民族融合的进程。魏末代北豪族酋帅兴起，并建立了北齐、北周政权。北周武帝灭北齐后，民族融合接近完成，由汉人隋文帝杨坚代周灭陈，实现了全国统一。

> 这一时期社会经济在曲折中发展。从西晋末年开始，北方大战乱，约经百年，大批人口南下，带去了数以百万计的劳动力和北方先进的农业生产技术，使江南荒地大开发，南方经济从而得到长足进步。农业上兴修水利、精耕细作、扩大耕地面积、大量种植北方农作物；在手工业方面冶炼、纺织、制瓷、造纸、造船等发展很快；商业兴盛、城市繁荣。由此，古代中国的经济重心开始南移，到唐中期终于完成了这一过程。在北方，北魏统一后，进入中原的少数族部落进一步解体，汉族中的封建依附人口一部分也游离了出来，这就为孝文帝改革铺平了道路。北魏所实行的均田制，是拓跋部农村公社制与汉族儒家思想结合的产物，它把在长期战乱中的荒芜土地分给贫民，立三长制，不分民族而分土定居，统一为国家编户，不仅有利于社会稳定，而且促进了社会经济的发展。到北魏熙平（516—518）时，北方人口总数约为三千二百三十二万七千余人，南方约为一千六百三十二万七千余人，共计为四千八百六十五万余人。这是当时南北社会经济发展的结果。而由于北方人口多于南方，其军力和财力都超过了南方，故最终由北方统一了南方。

> 这个时期是我国历史上民族大融合的时代。大量胡族人口入居中原，使民族关系复杂化，民族矛盾尖锐化，但历史发展的总趋势是走向民族大融合。这是因为人类先进文化推进民族融合的进程是不可抗拒的，人们总是向往更高更美好的物质文化生活。马克思认为，文化相对后进的民族必然被文化相对先进的民族所同化，这是"永恒的历

史规律"。中国儒家"用夏变夷"、"协和万邦"的进步民族观，不仅为汉族统治者所接受，也被各少数族统治者如前秦苻坚，北魏孝文帝，北周文帝（追封）、武帝所自觉地实践，从而表现出在当时民族融合复杂形势下的众多趋同性。经过近两个世纪的惊心动魄的民族斗争与融合，由匈奴、羯、氐、羌、鲜卑加上其他共十多个少数族约有一千多万人口融入汉族后，对我国中古历史发展进程影响极其深远。无论对汉民族本身的繁衍或是汉文化的发展来说，都被输入了大量新基因，因而隋唐以后政治、经济、文化出现了空前的繁荣。

> 这个时期在文化思想上也有很大的发展，被称为我国历史上又一个"百家争鸣"的年代。人口的大流动和民族关系的大变动，带来了物质文化和精神文化的大交流。如果将这个时期的文化与汉唐文化相比较，大致有几方面的特征。首先，自觉趋向型文化。东汉统一帝国瓦解后，人们的思想从儒家名教的桎梏中解放出来，人的独立人格和自觉精神得到了充分发展。在学术思想界各派各家应时而出，玄、儒、佛、道以至法家、名家、兵家互相争胜，而又彼此吸收。无神论对唯心论的斗争旗帜鲜明，人们自觉地追求个性解放、追求男女平等和婚姻自由。"梁祝故事"、《木兰诗》等出现，乃是这方面的生动表现。其次，开放融合型文化。这一时期中西文化交流频繁，人们的思想更为开放。佛教玄学化、儒、道、佛合流，这是在思想理论最高层次上表现出来的开放文化宽容精神。少数族的杰出人物热衷于学习汉族先进文化。北方的政权无论是政治制度、经济生活、礼仪风俗、语言、服饰、音乐等各方面都不是单一型的，而是以汉族为主，对各少数族文化和外来文化兼收并蓄、包罗宏富，并向文化融合型发展。第三，社会动乱和苦难是宗教滋生的土壤。这一时期无论是土生土长的道教，还是外来的佛教，都得到广泛的传播。到北齐北周时北方全境共有僧尼三百余万，约占当时北方国家领民的十分之一。而民间信奉鬼神之俗盛行，崇拜之神从各类人物到动植物等有数百种之多，占卜、看相、图梦、相宅、相冢、听铃声知吉凶等各类方技渗透到人们的政治和社会生活中。因而，在文学方面出现了众多的鬼神志怪小说。

> 当时，由于分裂割据，南北各政权建立的名都建康（今江苏南京）、长安（今陕西西安）、洛阳（今河南洛阳东北）为南北三大文化中心，这是当时政治经济形势和地理条件所促成的区域型文化特征。

> 这个时期是一个承先启后的变革时代，唐代时我国中古时期初步定性，封建政治、经济、文化繁荣昌盛，可以说，乃是这个时期为其打下了深厚的基础。

把中国历史的秀美景致尽收眼底
本书导读示意图

　　《话说中国》作为融故事体的文本阅读、精彩细腻的图片鉴赏于一体的中国历史百科全书，其中包含着无数令人神往的中国历史的秀美景致，它们经纬交织，互为表里，形成了中华民族上下五千年的灿烂文明。

　　如同游览名山大川离不开导游和地图的指点，通过以下图例的导读提示，读者定能够尽兴饱览祖国历史美景，流连忘返。

随时感受历史文化的魅力与编纂创意的匠心

　　整个版面构成充分体现出本书以故事体文本为主体的特点，体现出本书作为历史百科全书的知识信息密集、图文并重的特点，使读者在本书任何一个页面上，都能感受到历史文化的魅力与编纂创意的匠心。

导读、段落标题与编号，
能更好地理解故事精髓，更好地运用故事

　　为了更好地理解故事，在实际学习生活中运用故事，本书在故事体文本中，特地为读者准备了故事导读、故事段落标题与故事编号等三个重要内容。故事导读是概述故事精髓，它与故事段落标题，都是为了让读者更好地理解故事的精髓，同时让读者以一种轻松便捷的方式快速获得文本重要信息。

人物、典故和关键词具有很大信息量和实用性

　　在每一则故事中，都含有故事核心内容（即故事内核）、故事人物等基本要素。本书将此提炼出来，标注在每则故事的右上角（加上故事来源），使之具有很大的信息量和实用性。

建构多元、密集的知识性信息，
构成了全书另一个重要组成部分

　　以密集的信息，弥补故事叙述中知识点不足的局限，从而使故事的感性冲击力与历史知识的理性总结达成高度的统一。它让读者既见树木，又见森林；既享受了故事所带来的审美快感，同时又能寻绎历史的大智慧。如"中国大事记""世界大事记""历史文化百科"和图片说明文字等专栏中的有关内容，都是经过精心选择的练达的知识板块，既是历史知识的精华，又是广泛体现"活"的历史，体现当时社会人生百态，体现当时寻常百姓的寻常生活。

再现历史现实的图片系统

　　图片内容涵盖面广泛，能够深入再现历史现实，观赏效果细腻独到，立体凸现了每一不同历史时期社会生活各方面的发展变化。透过生动的"图片里面的故事"，可以体味其中蕴涵着的深刻内容，堪称是历史文化的全息图像。

　　《话说中国》以精美绝伦的文字和图片，将中华民族最宝贵的民族精神和生生不息的文化传统，演绎得生动而传神。看了这张导读图，你就开始一程赏心悦目的中国历史文化之旅吧。

● 故事标题。

● 故事编号：与"人物""典故""关键词"等相联系。

公元250年

〇八九

中国大事记　吴太子和被废，鲁王霸赐死。

孙策割据江东
威震东南，与天下争锋栈角。

威震江东的讨逆将军

　　孙策是孙坚的大儿子，字伯符，人纬得风流开朗，仪格豁达豪爽，还喜欢说笑话。孙坚在起兵时，将家属留在寿春（今安徽寿县）。孙策自幼在家中习文，十多岁时就因为善于交结明友而出名。周瑜了解孙策为人，彼此契合，两人同年龄均为知交，周瑜就劝孙策移居舒县（今安徽舒城）。孙策听了，立即移家舒县。孙策就负责率领孙坚旧部千余人，由于没有得到袁术的重用，到了兴平二年（195），孙策听从了袁术的建议，前往江南一带发展势力。

　　当时，扬州刺史刘繇把治所设在曲阿（今江苏丹阳），驻军在横江，当利（均为安徽和县境内，长江渡口）。孙策渡江攻打刘繇的牛渚营，按得郡县的所有粮谷和战具，当时周边地区，都来相投礼，下邳相等融接举义兵为盟主，薛礼占据林陵城（今江苏江宁秣陵关），笮融屯兵县南。孙策先攻笮融，斩首五百余人，笮融关闭城门不敢出战，再攻薛礼。占领秣陵、湖孰（今江苏南京湖孰镇）、江乘（今江苏句容北、长江渡口），又在曲阿围函攻破刘繇，刘繇弃军而逃。

　　孙策把治人曲阿城，责降将士，并派潘都将陈宝云去考书迎来母亲夫人和弟弟孙权等，还将告示发布到附近各县："凡是刘繇、笮融等故乡部曲来投降的，一律不加问罪；乐意跟从军队的，就免除全家的赋税，不乐意从军的也不强求。"这样，仅十天左右工夫，四方云集，就已有了兵士二万余人，马千余匹。从此，孙策威震江东，形势为大好转。

　　当时，除了刘繇，江南还有会稽太守王朗的势力。孙策在第二年即建安元年（196）八月，引兵渡浙江（钱塘江）进攻王朗。王朗战败后，从海上逃到东冶（今福建福州），孙策追至东冶，迫使王朗投降。丹阳、吴、会稽三郡之地就归孙策所有。这时候，曹操为了牵制孙策，就故意拉拢孙策，还向朝廷上表推荐孙策为讨逆将军，封为吴侯。因此，孙策别名又叫"孙讨逆"。

三国吴青瓷辟邪水注
此件三国时期吴国的青瓷器辟邪水注于1958年出土。端于吴晴诀，但不失威猛。褐色去段纹，暮型线条流畅，是当时青瓷中的物品。

● 故事段落标题：揭示本段故事主题，具有阅读提示和增加阅读悬念的作用。

中国大事记：以每卷所在历史年代为起止，精选与故事相应相近年代的中国历史文化重大事件，以此体现中国历史发展的基本脉络。

故事导读：概述故事精要，更好地理解故事精髓。

世界大事记：以中国大事记为参照，摘选相应年代的世界各国历史文化重大事件，以此体现本书"世界性"的理念。

人物、典故、关键词、资料来源：将故事的人物、关键词提炼出来，标注于此（加上故事来源），使之具有很大的信息量和实用性。

图片：涵盖面广泛，能够深入再现历史现实。纵观整套书的图片，又分别构成了一个个独立的专门图史。

以直观的表格形式，便于读者对分散信息作系统的查考。

图片说明文字：深入揭示图片"背后"的历史文化内涵，读完这些文字，就会对图片有新的发现和新的认识。

历史文化百科：是精选的历史文化百科知识，分别涉及政治、经济、文化、科技等十余个知识领域。

公元250年 · 公元 250 年

世界大事记：吴于此时（245—250）数度遣使往访扶南。

人物　关键词　故事来源
孙策　周瑜　陈寿

争锋抗衡，英才早逝

建安四年（199），孙策率军溯江西上，行至石城（今安徽贵池县境），闻知庐江郡（治皖城，今安徽潜山）太守刘勋已领兵去海昏（今江西永修西北），我派遣堂兄孙贲、孙辅率领八千人到彭泽阻击刘勋，孙策自己同周瑜趁皖城空虚之际，率二万人攻袭皖城，俘得袁术、刘勋的家儿，还有袁术部众三万余人，接着，再进军至豫章郡，太守华歆投降。孙策分豫章郡南部另立庐陵郡（治所在石阳，今江西吉水东北），这样，孙策已占有会稽、吴、丹阳、庐江、豫章、庐陵六郡之地，范围相当于今江东、安徽二省南部和浙江、福建、江西三省全部。这就为孙权后来建立东吴政权奠定了基础。

建安五年（200）曹操和袁绍在官渡对峙时，孙策曾密谋乘机偷袭许都以迎汉献帝，正在部署兵力，尚未构思巧妙的瓷灯（上图）……

出发之际，一天，孙策离开驻地丹徒（今江苏镇江），单骑外出打猎，不料被暗地埋伏，伺机报杀主之仇的原吴郡太守许贡的部下，用暗箭射中脸部，受了重伤。

孙策自知性命难保，就叫来弟弟孙权以及谋士张昭等人，交待后事，他对部下说："如今中国正在混乱之际，以吴越之众，三江之固，可以占据一方而观其成败，你们好好辅佐吾弟孙权。"同时，他还将讨逆将军印授交给孙权，嘱咐他："说到带领江东军队和敌人决战于两阵之间，与天下争锋抗衡，这方面你不如我；至于举贤任能，各尽其贤，以保江东，我就不如你了。"这番话也就成了孙策的遗嘱，当夜，孙策去世，时年二十六岁。后来，孙权称尊号，就追谥孙策为长沙桓王。

三国吴越生产的瓷器辉煌，此灯上盘生地，以扁关的熊未深灯盘的形态，模拟儿童的憨态，十分可爱，灯座底刻"甘露元年五月造"，三国吴永安六年神兽纹铜镜（局部）。

赤壁之战下曾入物的年纪各是多少岁？

曹操	54 岁
孙权	27 岁
周瑜	34 岁
鲁肃	37 岁
刘备	48 岁
诸葛亮	28 岁

历史文化百科
（曹娥草和七步村）

曹娥的七步村都很著名，今何南通许县境有前七步村、后七步村，就和记念曹植此传有关，村南有周长90米左右的曹坟墓，墓高七米多，墓前有明代万历时立的石碑，碑上题有《通许县创建思思王院祠记》。

015

公 元 2 6 5 年 ＞ ＞ ＞ ＞ ＞ 公 元 4 2 0 年

前言

公元 265 年至公元 420 年
统一后很快走向腐败的时代
两晋

华东师范大学历史系教授　刘精诚

西晋的建立和统一全国 ＞西晋的建立是司马炎用"禅让"的方式从曹魏手中取得的。为什么会那么容易呢？这是因为从他祖父司马懿起，政权实际上已落入司马氏家族手中。＞司马懿，河内温县（今河南温县）著名的世家大族。富有谋略。曹魏时他在战争中树立了威望，掌握了军权。魏明帝死，八岁的齐王曹芳即位。他和曹爽共同辅政。嘉平元年（249），他趁曹芳和曹爽去高平陵祭祀明帝，关闭洛阳城门，发动政变，迫使曹爽交出兵权，然后杀曹爽及其集团中人，夺得了朝中大权。司马懿死后，他的两个儿子司马师、司马昭没有来得及篡位，这个任务就落到了司马昭的儿子司马炎头上。公元 265 年，司马炎废魏帝曹奂，自立为帝（晋武帝），国号晋，都洛阳，史称西晋。＞公元 263 年，司马昭已经灭掉了蜀国。公元 279 年十一月，晋武帝发兵 20 万，分六路大举攻吴，280 年，晋军到达建业（今南京市），孙皓出降，吴亡。自初平元年（190）关东军讨董卓，经过 90 年的分裂混战，至此，中国又重新统一了。国家的统一有利于经济、文化的发展，符合全国人民的愿望，是有进步意义的。＞西晋建立后，为恢复和发展社会生产，采取了一系列措施，如招募蜀、吴人口迁居北方，给以免除 20 年徭役的优待，以增加劳动力；兴修水利、防止涝灾；把 3.5 万头牛赊给颍川、襄城一带将吏士兵，作为春耕之用；为增加农业人口，下令姑娘 17 岁以上不出嫁的由官府代其配偶；多次下诏奖励农耕；又令州郡减免军役，以减轻农民负担等等。由于采取了这一系列措施，也由于平吴后全国统一，战争减少，社会趋于安定。所以在太康年间（280—290）社会经济繁荣，一派兴旺景象，史称"太康之治"。据《晋书》记载当时的情况是：牛马布满田野，粮食有了剩余，赋税平均，人们安居乐业，不必关门防盗。这些记载虽然不免有点夸张，但这时期社会相对比较安定繁荣当是事实。

西晋的政治经济制度 ＞西晋建国后实行的政治经济制度主要有以下三项：＞1．占田制。曹魏后期屯田制遭到破坏，公元 266 年朝廷正式宣布废除民屯制度。在此基础上，太康元年（280）西晋颁布了占田制。占田制包括下列内容。＞（一）占田和课田。男子一人可以占田 70 亩，女子 30 亩。这是应种土地的限额，不是实际授与的土地数额。在占田之中，丁男（16—60 岁）有 50 亩，次丁男（13—15；60—65 岁）有 25 亩，丁女有 20 亩要课税，这叫课田。

每亩课田收税谷8升。50亩即课田4斛。〉（二）户调式。凡是丁男为户主的，每年交纳户调绢3匹、绵3斤；丁女及次丁男为户主的，减半。边郡的民户，按规定数目的三分之二，更远的纳三分之一。〉（三）士族地主占田、荫客和荫亲属等特权。一品官有权占田50顷，以下每品递减5顷。至九品占田10顷。从一品至九品官可以荫佃客15户至1户，荫衣食客3—1人。这些被荫者可免赋役。贵族官僚及宗室等人还可以荫亲属，从九族到三世。〉占田制鼓励占田垦荒，有利于荒地开垦和农业发展。课田与户调保证了封建政府的收入。但是士族地主官僚凭官品占田和荫客的规定，保护了士族的特权，这是第一次全面地以法律的形式确认其特权。〉2.门阀制度。东汉时，累世为官的世家大族已开始形成。西晋以后，地主阶级中的高门士族与寒门庶族的等级区别进一步严格，门阀制度基本确立。所谓门阀制度，就是按门户等级严格区别士族和庶族在政治、经济、社会和文化上的不同地位，以维护高门贵族特权的等级制度。门阀贵族的特权主要有：①政治上依仗九品中正制可以世代为官，即所谓"上品无寒门，下品无势族"、"公门有公，卿门有卿"。②经济上可以按官品占有大量土地和劳动人手，并且有免除本人及家属、佃客等赋役的特权。③法律上可以逍遥法外。士族犯罪按照其特殊的地位和身份可以减刑或免刑，或者用金钱来赎罪。总之，在门阀制度下，士、庶之间地位悬殊，不能通婚，不能同席而坐，等级森严。〉3.分封制。晋武帝总结曹魏皇室孤立无援，最后政权转入他人之手的教训，即位后恢复了古代的分封制。封宗室27人为王，允许诸王自选国中的长吏；继而又以户数多少把诸王分为三等，并开始置军。后又使诸王都督各州军事，坐镇一方。这样，诸王不仅掌握封国中的军政大权，还控制了相当多的军队。分封宗室本来是为了藩卫皇室，结果反而削弱了中央皇权的统治，最后导致内乱。

腐败之风和西晋的灭亡 〉西晋是代表门阀贵族的政权。在门阀贵族的统治下，西晋的

社会风气越来越腐败。主要有：①生活奢侈风。晋武帝后宫近万人，大官僚何曾每日饮食花万钱，还说无下筷处。王恺和石崇互相比富，挥金如土，奢侈淫逸。②金钱崇拜风。门阀贵族爱钱成癖，有人号称"钱癖"。南朝人鲁褒写《钱神论》讽刺当时社会把金钱当作"神"来崇拜。③任人唯亲风。刘毅上疏说"九品中正制"有"八损"。主要是中正官收受贿赂，营私舞弊，社会上阿谀奉承、趋炎附势成为一时风气。④清谈虚浮风。王衍等当权大官僚大力提倡谈玄，社会上纷纷仿效。官吏们不干实事，终日清谈。矜高浮诞成为时风。〉西晋统一后不过十年，到公元290年，统治集团内部矛盾愈演愈烈，终于爆发了"八王之乱"。先是外戚杨、贾两家斗争，后宗室诸王兵戎相见。战争历时十六年（291—306），数十万人民死于战火，许多城市遭到洗劫和焚毁。一些内迁的少数民族，同样遭到残酷的剥削和压迫。各族人民在这种情况下，群起反抗。北方有河西鲜卑秃发树机能领导凉州二十万各族人民的起义、匈奴族郝散起义、氐帅齐万年起义等。战乱又遇天灾，造成了各族人民的大流亡；流动人数达三十万户以上。流民到了新的地方生活无着，又受当地地主官僚压迫，在走投无路的状况下被迫起义。西晋末年流民起义主要发生在南方，规模较大的有，301年氐人李特于益州起义、303年义阳"蛮"张昌在安陆（今湖北云梦）起义、310年王如在宛城（今河南南阳市）起义、311年杜弢在长沙起义等。〉在南方各地流民不断起义时，北方的一些少数民族上层分子认为这是实现自己政治野心的极好机会，纷纷扯起反晋的旗帜，扩大自己的势力。首先起兵的是匈奴贵族刘渊。公元304年刘渊在离石（今山西吕梁）起兵，势力迅速扩大。刘渊死后，311

年刘曜进攻洛阳，俘虏了晋怀帝。316年，又攻下长安，晋愍帝出降。维持了52年的西晋王朝走向了灭亡。西晋短期而亡的根本原因是门阀贵族的腐败。

西晋灭亡以后，中国历史开始南北对立的时代。北方各少数族上层分子纷纷建立政权，历史上称为"十六国"时期。十六国分裂割据、战争不断，社会经济遭到很大破坏。 ＞南方司马氏重建汉族政权，史称东晋。东晋政权是皇权与门阀贵族的结合，当时的政治称为门阀政治。在东晋以后，南方由汉人先后建立了四个朝代：宋、齐、梁、陈，称为南朝。南朝时期，江南地区经济得到了较快的发展。我国经济重心开始南移。 ＞北方十六国以后是鲜卑族拓跋部建立的北魏，此后又分裂为东魏北齐和西魏北周。经过魏晋以来长期的民族流动和各族广泛接触，经过孝文帝的一系列改革，到北朝末，北方各民族达到了空前的融合。

十六国时期的主要政权
＞十六国时代是一个分裂和动乱的时代。从刘渊建汉国到北魏统一北方，历时达136年（304—439）。十六国的名称起源于北魏崔鸿著的《十六国春秋》一书。十六国在习惯上又称为"五胡十六国"。"五胡"是指建立这些政权的五个少数族，即匈奴、鲜卑、羯、氐、羌。十六国是指成汉、前赵、后赵、前秦、后秦、西秦、前燕、后燕、南燕、北燕、前凉、后凉、南凉、北凉、西凉、夏，也就是成汉、二赵、三秦、四燕、五凉和夏。十六国时期政权兴亡起落，甚为频繁，大致可分为三个阶段：第一阶段主要是汉、前赵与后赵的对立；第二阶段主要是前燕和前秦的对立；第三阶段是淝水之战以后更大的分裂。 ＞当然，"五胡十六国"只是大体上的说法。实际上除上述五个少数族外，还有卢水胡、谇、丁零等族；除十六国外，也还有西燕、冉魏、段国、代国、翟魏、仇池国、蜀、宇文部等，先后出现的政权达二十四个。 ＞十六国中除了成汉是李特领导的流民起义所建立的政权外，其余多为少数族统治者建立的封建割据政权。

汉、前赵与后赵的对立
＞公元304年匈奴族刘渊建汉，到刘聪继立，汉国由盛转衰。刘聪对他统治下的人民，实行胡汉分治的政策。他设立两套统治机构：设置左右司隶和内史统治汉人；在大单于下设单于左右辅和都尉统辖"六夷"（各少数族人），从中抽取丁壮当兵。胡汉分治的目的在于保持胡族军队，用来对付其他各族人民，实行军事统治。这是一种制造民族对立而不利于民族融合的政策。 ＞刘聪的统治十分残暴，在战争中大肆屠杀掠夺。汉国人民因不堪压迫纷纷逃亡。汉国内部也极不稳定。一些掌握军权的上层分子逐渐发展成为独立的割据势力。主要有坐镇长安的刘聪堂弟刘曜和以襄国（今河北邢台）为根据地的石勒。刘聪信任中常侍王沈等人。王沈专权，吏治败坏，贪污成风。公元318年刘聪死，子刘粲继位，外戚靳准政变，杀刘粲及刘氏宗室。关中刘曜起兵，杀靳准，即帝位，改国号为赵，以长安（今陕西西安）为都城，史称前赵。公元319年冬，割据河北的羯人石勒也称赵王，建立了后赵。前赵与后赵进行了频繁的战争。公元328年刘曜在与石勒的一次会战中失败被俘。329年，石勒攻入关中，前赵亡。后赵基本上统一了北方。公元330年石勒称帝。 ＞石勒在建立后赵、统一中原的过程中，在政治、经济、文化各方面采取了一系列措施：1.实行胡汉分治。石勒竭力提高羯人的地位，把羯人称为"国人"，不许汉人触犯他们。当时军队主要由羯人和六夷组成。2.征收租赋，重视农耕。他停止以前掠夺的做法，恢复魏晋户调制；派使者巡视州郡，"劝课农桑"。北方经济得到了一定程度的复兴。后赵铸有"丰货"钱。3.争取汉族地主阶级合作。攻下冀州后，他把一些"衣冠人物"集为君子营。下令"不得侮衣冠华族"。重用汉人张宾，任为右长史、大执法，主持朝政。4.提倡儒学和佛教。石勒在襄国立太学，在地方立郡国学。恢复了九品中正制的选举制度。他还提倡佛教，特别尊敬西域名僧佛图澄。在后赵境内，寺庙到处建立起来。〉在石勒统治时期，社会比较安定。这是十六国前期一个相对比较好的时期。石勒是少数族中一个较有作为的统治者。〉石勒的后继者石虎是一个暴君。公元349年他死后，诸子争立，汉人冉闵乘机夺取政权，次年建立大魏，史称冉魏。冉闵大肆屠杀羯人，共杀胡、羯二十余万人，民族矛盾尖锐。公元352年冉魏被前燕所灭。

前燕和前秦的对立 〉前燕是鲜卑族慕容部建立的政权。最早时在辽河流域发展。后移居大棘河（今辽宁义县）定居。当时河北汉族士大夫和劳动人民流亡来慕容部的不少。慕容廆设侨郡以统治百姓。公元337年慕容皝称燕王，这是前燕的开始。他用汉人封奕为相国，不断扩张土地，招徕流亡人口。公元342年迁都龙城（今辽宁朝阳）。为了发展农业生产，他把皇宫花园和打猎场地分给无田的贫民，无资产的还贷给耕牛。他十分重视文化教育，让大臣子弟到学校读书，自己常到学校亲自授课。这些措施加速了慕容氏的汉化。公元348年慕容儁继位后，乘机攻入黄河流域，灭冉闵，迁都到蓟（今北京西南）。于352年称帝，又迁都到邺（今河北临漳）。前燕在中原扩展，占有东至山东、南至汝、颍，西至崤关，北至云中的广大地区，与关中的前秦对峙，成为中原的两大割据势力。公元360年慕容儁去世，继位的慕容暐生活腐化，后宫四千余人，社会矛盾尖锐，公元370年被前秦所灭。〉前秦是氐族苻氏所建立的政权。苻氏原住略阳临渭（今甘肃秦安）。公元350年氐族苻洪自称三秦王，不久被人毒死。子苻健率众入关中。次年，即天王大单于位，建国号大秦，定都长安（今陕西西安），史称前秦。传至侄苻坚时，前秦开始强大。苻坚汉化较深，他重用寒人出身的汉人王猛，实行一系列有效的改革：1.抑制氐族豪强，加强中央集权，加强法治；2.奖励农桑，大力招徕流民，增加劳动力，兴修水利；3.注意缓和民族矛盾，实行"夷狄应和"的民族政策，废除胡汉分治；4.提倡儒学。恢复太学和地方学校，让公卿子弟入学受业。苻坚的政策使关陇地区经济文化逐渐恢复，国力充实。在灭前燕、仇池、前凉及代国之后，于公元376年统一了北方。前秦是十六国时期版图最大、国力最强盛的政权。

淝水之战与战后的北方 〉前秦统一北方后，不顾群臣谏阻，于公元383年大举伐晋，企图一举统一南北。东晋在谢安、谢石、谢玄等领导下，以少胜多，战胜了强大的前秦。淝水之战成为中国历史上著名的以少胜多战例。其根本原因是东晋进行的是反对民族征服的正义战争；谢玄组织的北府兵决心保卫江南，有较强的战斗力。而苻坚政权内部民族矛盾重重，骄傲自满，又缺乏周密计划，在战略部署和战术指挥上犯了严重错误，如战线太长，兵力分散；误用朱序，泄露军机；兵临淝水，仓促后退等。淝水之战稳定了东晋在南方的统治，促使前秦瓦解，使南北对峙的局面长期延续了下来。〉淝水之战后，公元385年苻坚为羌人姚苌所杀，前秦瓦解。原先在苻坚统治下的各少数族贵族，相继摆脱前秦控制，建立起独立政权。北方出现了更大的分裂。这些政权共有十二个：在关东（指函谷关或潼关以东地区）有后燕（384—409，鲜卑慕容垂）、南燕（398—410，鲜卑慕容德）、北燕（409—436，汉族冯跋）、西燕（384—394，鲜卑慕容泓）；关中（指函谷关或潼关以西地区）有后秦（384—417，羌族姚苌）、西秦（385—431，鲜卑乞伏国仁）、夏（407—431，匈奴赫连勃勃）；河西（黄河以西）有后凉（386—403，氐族吕光）、南凉（397—414，鲜卑秃发乌孤）、西凉（400—421，汉族李暠）、北凉（401—439，匈奴沮渠蒙逊），代北（代郡以北）有北魏的前身代国（315—376，鲜卑拓跋猗卢）。〉十六国后期政权林立，战乱频繁，但是在这种混乱中正孕育着统一。公元439年，北魏终于统一了北方。〉十六国时期的分裂动乱，的确给经济造成了很大的破坏，给人民带来了深重的灾难。但是，如果把这段历史看成"漆黑一团"，也是不科学的。从经济上看，北方人民为了对抗少数族侵犯，修筑了成百上千的坞壁。它在组织和维持生产上起了重要的作用。而有些少数族统治者，也实行了一些奖励农桑的政策。从文化上看，由于人口流动，文化向周边地区扩散。如河西诸凉，儒学就很发达。吕光征西域，也带回了许多西域文化，如龟兹乐等。佛教在这时期特别发展，建筑大量石窟，翻译众多佛经，出现不少有名僧人。从民族关系上看，大量少数族入居中原，在战争中又不断迁徙人口；而这种民族迁徙流动、交错杂居，正是在客观上促进了民族融合的进程。可见，对十六国这段历史，我们应该用一分为二辩证的观点来看待和评价。

东晋的建立 〉西晋末年"八王之乱"时，掌实权的东海王司马越策划在江南留下退路，永嘉元年（307），任命司马睿（司马懿的曾孙）为安东将军、都督扬州江南诸军事，进驻建邺（今江苏南京）。司马睿以王导为谋主；在王导的策划下，司马睿得到了南方大族的支持，在江南站稳了脚跟。〉西晋灭亡的消息传到了南方。公元317年司马睿称帝，即晋元帝。为避晋愍帝司马业的讳，把建邺改成建康。因建康在西晋都城洛阳的东面，故史称东晋。〉东晋是中国历史上在江南出现的第一个正统的政权。它的建立，有利于抵御北方少数族政权的南下，有利于组织和发展南方的社会生产，有利于保存和发展汉族传统文化，因而是有一定的进步意义的。

世家大族与东晋门阀政治 〉世家大族，或称世族、士族，门阀贵族，指的都是地主阶级中有特权的一个阶层。东晋和西晋虽然都是代表世家大族的政权，但西晋司马氏皇室的力量还比较强大，东晋则不同，司马睿"匹马济江"，他立国所依靠的是南北大族；而主要是北方南下的侨姓大族。参预和支持东晋政权的大族中，先后交替执政的有琅邪王氏（导）、颍川庾氏（亮）、谯国桓氏（温）、陈郡谢氏（安）。所谓"宰辅执政，政出多门，权去公家"，就是东晋政治的特点。〉东晋建立时，司马睿要拉王导一起坐在御床上接受百官朝贺。故民间谚语说："王与马，共天下。"马即司马氏的简称。说明东晋政权的确离不开琅邪王氏。当时王导为丞相，执政于朝内，其堂兄王敦为大将军，荆州牧，握有重兵，驻守荆州（治江陵，辖境在今湖北、湖南等地）。扬州是京畿所在，为立国的根本，也是重要的经济区（长江下游）。荆州位居长江中游，是军事重镇。王氏家族子弟大多在朝廷上居官。继王氏之后，是庾氏执政。

庚亮，颍川鄢陵（今属河南）人。妹为明帝皇后。成帝时专权，任中书令。后又镇守武昌，任征西将军，握重兵。此后是桓温掌权。桓温，谯国龙亢（今安徽怀远西）人，明帝婿。太和元年（371），桓温废海西公，改立简文帝，专擅朝政。他一再想加九锡，这是禅位前的一种荣典。但由于王、谢等大族的抵制，桓温篡位没有成功。桓温死后，谢安权重。谢安，陈郡阳夏（今河南太康）人。他由侍中、吏部尚书、中书，直升到司徒、太保、太傅，并都督十五州诸军事。他是继王导之后又一位杰出的政治家。 〉门阀制度在魏晋时形成，到东晋发展到鼎盛阶段。东晋政权靠大族得以建立，因而竭力维护和满足他们的利益。东晋的政治是门阀士族与皇权的结合，故称门阀政治。

东晋统治阶级内部矛盾 〉

东晋时期统治阶级内部矛盾主要有三类：一是南北士族地主之间的矛盾。东晋是依靠南北士族建立起来的；以北方大族为主。北方大族中著姓有百家，所以后来江南有《百家谱》。南方大族有吴郡的朱、张、顾、陆，会稽的虞、魏、孔、贺等。北方士族在政治上占据高位，排挤南方大族，引起南方大族的不满。王导虽然竭力调和南北士族矛盾，但并不能消除这些矛盾，由此引发了南方义兴大族周勰的起兵。二是皇权与大族的矛盾。东晋时大族的势力强过皇权，但皇帝不甘心受大族控制，想抑制大族势力，与大族发生矛盾。公元 322 年王敦起兵则是这一矛盾冲突的反映。三是大族与寒门庶族的矛盾。东晋门阀制度已发展到鼎盛时期。门阀士族通过九品中正制操纵选举，垄断中央和地方要职；官职有清、浊之分。士族多担任优闲酬丰的清官，低级的浊官照例由庶族寒门担任。士庶之间不能通婚、共座，车服异制。士族有占田、荫客、逍遥法外等种种特权，而庶族没有。这些都引发了士族与庶族寒门的矛盾。

东晋的北伐 〉

东晋时期的外部矛盾主要是汉族与北方少数族统治者的民族斗争。这时期出现了祖逖、殷浩、桓温等人的北伐。祖逖是一位具有强烈民族感情的杰出人物，他中流击楫，誓死收复中原，所部纪律严明，得到各地人民的响应，进屯雍丘（今河南杞县），收复黄河以南土地。但晋元帝怕他功高难制，派戴渊牵制他，最后祖逖忧愤而死。桓温三次北伐，主要是为提高个人威望，为篡权作准备，故无甚成绩。东晋政权和世家大族并无北伐决心，所以北伐多以失败告终。

东晋后期社会矛盾与孙恩起义 〉

东晋门阀士族享有各种特权，占有大量土地和佃客，生活极端奢侈腐朽，而人民却承受着繁重的赋役。范宁说："古时使人，岁不过三日，今之劳忧，无三日休停。"以至有人自残身体来逃避徭役。统治阶级内部也不断割据混战，先是王恭起兵，后桓玄攻入建康，称帝，建立"楚"国。最后刘裕攻灭桓玄，掌握了东晋大权。统治阶级内部斗争的激化更加剧了社会阶级矛盾。东晋政府控制的三吴（吴郡、吴兴、会稽）地区，负担特别沉重，成为社会矛盾的焦点，终于爆发了孙恩卢循起义。这次起义有上百万农民参加，历时十二年（399—411），是江南地区第一次大规模的农民战争。它沉重打击了门阀士族势力，使它一蹶不振，而东晋王朝也由此走向覆灭。

公 元 2 6 5 年 公 元 3 1 6 年

西晋时期全图

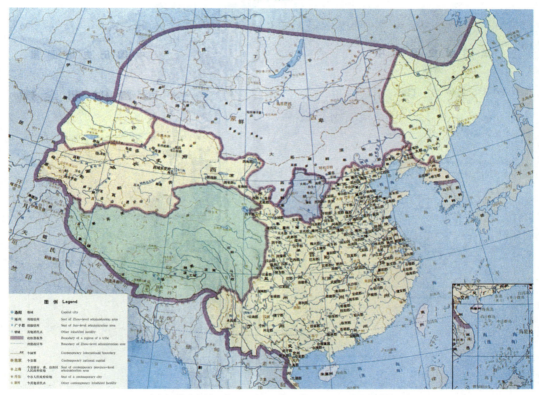

选自谭其骧主编《中国历史地图集》第三册：三国西晋时期

西晋世系表

1 武帝司马炎 → 2 惠帝司马衷 → 3 怀帝司马炽 → 4 愍帝司马邺

泰始元年（265），晋武帝司马炎从魏元帝曹奂手中接过政权，建立了西晋王朝。司马炎执政像曹丕执政一样，曹丕的魏政权是父亲曹操为他做好准备，司马炎的政权是祖父司马懿为他打下基础。

司马炎建立晋朝

西晋政权并没有通过大规模的内战，而是由"禅让"建立的。因为实际上，早在十六年前司马懿发动"高平陵事件"，魏国的政权已经落到了司马氏家族的手中。

足智多谋司马懿

司马懿是三国魏人，因为屡献奇策，颇为曹操所重。魏明帝即位，被倚为辅政大臣，在与诸葛亮所指挥的蜀军相对抗中举足轻重，威望日隆。齐王曹芳即位，与大将军曹爽共同辅政。后发动事变，除掉曹爽，并及爽党羽何晏、桓范等以宗亲男女一并屠戮，曹魏大权遂全落司马懿父子之手，为西晋的建立铺平了道路。此图出于明刊本《历代古人像赞》。

司马懿诡计多端

司马懿，河内温县人，属今河南，他出身官宦世族，是个诡计多端但表面上又显得十分宽厚仁慈的人。曹操在世时就看出此人有野心，曾对曹丕说："司马懿是不肯长久做人臣的，你要长个心眼。"但曹丕因为在他取代汉朝称帝时，司马懿起了很大作用，对他很信任。曹丕死后，明帝曹叡（rui）即位。这位帝王荒淫腐朽，大造宫室，搜罗美女，弄得国库空虚，百姓怨声载道。在这期间，司马懿在军事上取得了不少成就，同时也发展了个人的势力。

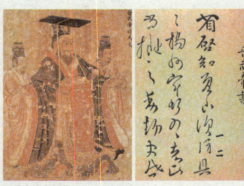

司马炎建立晋朝

司马炎是司马昭的长子，字安世。司马昭掌握了魏的国家大权，魏国皇帝基本上成了傀儡。后来司马炎接替父亲掌管魏国朝政，到了公元265年12月，司马炎在洛阳逼魏帝曹奂让出帝位，史书上同样写为禅让，其实都是武力威逼。但司马炎没有杀曹奂，而是封为陈留王。成语"司马昭之心，路人皆知"说的就是司马昭，他掌握朝政大权，但他自己不做皇帝，想效仿曹操让自己的儿子曹丕称帝那样，将帝位留给儿子司马炎去做。而司马炎终于没有辜负父亲的期望，夺得了帝位，建立了晋朝。其在位26年，280年，攻下建业，吴国灭亡，完成了统一事业。左图为司马懿，右图为司马炎及其书法。

司马昭之心　路人皆知

司马懿　司马昭
曹爽　晋武帝

韬晦　尊严

《晋书·宣帝纪》
《晋书·文帝纪》
《晋书·武帝纪》

人物　典故　关键词　故事来源

清·王素绘《杨香扼虎救父》

晋朝时，有一个叫杨香的小女孩，十四岁的时候，有一次她跟随父亲杨丰去田里收割庄稼。突然蹿出一只老虎来，叼住她的父亲就走。当时杨香手无寸铁，但她仍奋不顾身地扑向老虎，紧紧扼住老虎的脖子。老虎因喉咙被一直卡住，无法呼吸，终于瘫倒在地上，父女俩才得以虎口脱险。

高平陵事件

景初三年（239），魏明帝病死，齐王曹芳即位时年仅八岁，由司马懿和曹爽共同辅政。曹爽是曹真的儿子，任大将军，掌握军权，司马懿见他势大，便采取后发制人的策略，在家装病，提出要退居闲职。才

识平庸的曹爽果然上当，对他放松了警惕。嘉平元年（249），曹爽伴随曹芳去洛阳城南高平陵祭祀明帝。司马懿趁此机会纠集党羽突然关闭城门，发动政变。他软硬兼施，迫使大将军交出兵权，然后把曹爽一党全部杀光。从此，魏国政权便落到了司马氏家族手中。

司马昭之心，路人皆知

三年以后，司马懿死去，儿子司马师继续掌握大权。又过了三年，他废掉曹芳，另立十四岁的曹髦为帝。次年，司马师死，其弟司马昭当政。司马昭飞扬跋扈，凌驾皇帝之上，朝廷里的事都要他点头

西晋索靖书《出师颂》

索靖（239—303），字幼安，敦煌龙勒（今甘肃省敦煌市）人，西晋书法家。曾官尚书郎、雁门和酒泉太守，拜左卫将军。著有《索子》、《草书势》等。工书法，尤擅章草，传张芝草法而变其形迹，骨势峭迈，富有笔力。此幅索靖所书的《出师颂》可谓稀世墨宝。

才能办。曹髦一天天长大，对此很不甘心。他对左右说："司马昭之心，路人皆知，我不能坐受废辱。"于是在景元元年（260）五月七日夜里，下令殿中宿卫军士和侍从攻讨司马昭，他亲自举剑站在车上指挥。军士们冲出宫殿，直向相府杀去，行到半路，遇到一队士兵，带队的是司马昭的亲信、掌握禁军的中护军贾充。双方战斗起来，跟随贾充的太子舍人成济看到皇上亲自来了，问贾充怎么办？贾充大声喝道："司马公养着你们，正为今日，有什么可问的！"成济听他这样说，挥起长戈，直向曹髦刺去。只听"呀"的一声，皇帝死于车下。

消息传出，宫廷哗然。司马昭也很惊慌，忙召百官入朝商议。尚书左仆射陈泰说："今日之事，只有斩贾充，方可稍安天下。"但贾充是司马昭的心腹，岂

肯随便斩首，于是拿成济当替罪羊。成济心怀不平，临刑大骂不止。司马昭本想堵塞众人之口，结果反而欲盖弥彰。

司马炎装腔作势登上了皇帝宝座

曹髦死后，司马昭另立曹奂为帝。曹芳、曹髦和曹奂都是少年登基，史称"三少帝"。

景元四年（263），司马昭调集十八万大军，三路攻蜀，结果蜀亡，刘禅投降。司马昭自以为功高，准备篡位当皇帝。谁知正在这时，他突然因病不起，一命呜呼。

司马昭一死，篡位的事就落到儿子司马炎头上。咸熙二年（265）司马炎经过一番策划，让魏帝曹奂仿效尧舜，下诏"禅让"帝位，他自己装腔作势推让一番，最后在亲信大臣的"劝进"下，便半推半就地登上了皇帝宝座，建立了西晋王朝。这时，鼎立的三国还剩下一个东吴政权。

> **历史文化百科**

[不吃御食吃发酵的食物]

晋武帝司马炎时的大臣何曾十分喜爱美食。当时发酵的技术属于新产生的烹调手段，而何曾家的厨师正好掌握了这门技术，何曾就十分喜爱这种松软的食物。甚至每次觐见晋武帝时何曾都不吃精心准备的御食，只吃从自己家带来的发酵后的食物。

《晋书·羊祜传》

羊祜　贾充　堕泪碑　仁爱

人物　典故　关键词　故事来源

○○二

堕泪碑

人心是杆秤。一个人做了好事终究会受到人民的肯定和怀念。百姓为羊祜立庙祭碑，再次证明了这一点。

司马炎建立西晋后，除了稳定社会发展经济外，最重要的一件事，就是灭掉东吴，统一全国。他把这个任务交给了镇南将军羊祜（hù）。

坐镇襄阳，做灭吴准备

羊祜字叔子，泰山郡南城（今山东费县西）人，从小喜欢读书，善于谈论。十二岁丧父，孝敬叔父，人们把他比作孔子的弟子颜回。泰始五年（269），他上书司马炎提出六路灭吴之计。次年便被任命为都督荆州诸军事，坐镇襄阳，即今湖北襄樊市，做灭吴的准备。

羊祜初到襄阳时，襄阳比较荒凉。他首先开办学校，让远近百姓都来读书。为了收买吴国人心，规定凡是

投降过来想要留下的都可以留下，想回去的发给路费。他又分出一半士兵去屯垦八百顷农田，春播夏锄，经过几年努力，获得了丰收。他刚来时军粮积存不足百日，后来余粮可用十年无虑。

为了分化瓦解吴国军民，羊祜有意识地和吴国军民表示友好。每次对吴作战，总是定好日期，从不搞突然袭击。有些将帅想搞计谋，他就一个劲地请他们喝酒，使他们无法开口。有人俘虏了两个吴国小孩，他立即派人将他们送回。吴国对此十分感动，不久，将领夏详和邵颉便前来投降，二将的父亲也率领亲属一起来降。吴国将领陈尚、潘景在作战中被晋军杀死，羊祜称赞他们忠勇，用两口上等棺材装殓，让他们的子女前来迎丧，还为他们举行隆重的丧礼。吴另一将领邓香进攻晋国，羊祜下令只能活捉，不能杀，捉后又放他回去，邓香大为感动，就率部来降。羊祜行军吴

式样大方的西晋青瓷香熏

魏晋以来，上流社会熏衣、敷粉之风相当兴盛，于是青瓷中的香熏就应运而生。西晋的香熏由汉代的博山炉演变而来，大多做成球形，上部镂空成一排或三五排三角或叶形纹，以使香气能够大量逸出，下部接三足，置于大盘内，显得大方稳定。这件江苏宜兴出土的香熏体现了西晋的典型形制，顶部还饰有鸟形。

清·王素绘《王祥剖冰求鲤》

西晋王祥（184－268）从小就心地善良。他幼年丧母，继母朱氏对他不慈爱，时常在他父亲面前说三道四，搬弄是非。他父亲对他也逐渐冷淡。王祥的继母喜欢吃鲤鱼。有一年冬天，天气很冷，冰冻三尺，王祥为了能捕得鲤鱼，赤身卧在冰上。他浑身冻得通红，仍在冰上祷告。正在此时，河冰突然开裂。王祥正准备跳入河中捉鱼时，忽从冰缝中跳出两条活蹦乱跳的鲤鱼来。王祥喜出望外，将鲤鱼带回家供奉继母。

国境内，如需粮食，割了稻谷，总是用绢偿还。他外出打猎，也总是限在晋国境内，偶有禽兽先被吴国人打伤后被晋兵捉到，就一律送回吴国。羊祜的种种做

法赢得了吴国军民的钦佩，他们不叫他的名字，都称他为"羊公"。

"羊公"并没有忘记灭吴，他实际上正加紧做着灭吴的军事准备。羊祜认为伐吴必定要借助长江上游之势，因此推荐益州刺史王濬为监益州诸军事，秘密造船。

陈述灭吴之计，受保守派阻挠

在一切准备就绪后，羊祜上表建议灭吴了。他说："机遇虽是天意，但大功必靠人去实现；商量参谋

的人固然要多些，但下决心只赖陛下。现在孙皓的暴虐超过刘禅，吴国人民的困苦重于蜀民，而大晋兵多粮足，盛于往时，正是平吴的最好时机。"但是当时以太尉录尚书事贾充为代表的保守派却极力反对，他们说吴有长江天险，又善水战，北人难以取胜；加之河西地区鲜卑树机能举兵反晋以来，已先后有三个刺史败死，有这样的后顾之忧存在，兴兵讨吴不是时候。

望碑堕泪思羊祜

羊祜是西晋著名政治家、军事家，出身于名门世家。他相貌英俊，德才兼备。魏末历任中书侍郎、秘书监、相国从事中郎等职，掌管军事机要，入晋升任尚书左仆射，卫将军。羊祜对东吴军民实行怀柔政策，在东吴将士中德声大振，与其对峙的吴国主帅陆抗也为之悦服。因积劳成疾辞世，连东吴将士也为之泪下。羊祜政绩突出，文学成就也很高，被时人称为"文为辞宗，行为世表"。

不久，羊祜生病了。他带病到洛阳面陈伐吴之计。武帝以他有病不宜入宫，命中书令张华前去听取计谋。羊祜对张华说："如今吴主十分酷虐已失民心，正可不战而克。此时如不伐吴，万一孙皓死去，吴国另立英明君主，到时虽有百万之众也难过长江，且将永留后患！"张华十分赞同他的见解，可是由于保守派的干扰，伐吴之举仍然未能实施。

百姓立碑，缅怀功德

羊祜壮志未酬，在他五十八岁那年，终因病重不治而去世。他去世之际，襄阳人正逢集市，听到消息，自动罢市，人人失声哭泣，连吴国边境上的士兵也流泪不止。羊祜一生清正廉洁，多余的俸禄就分给同族或战士，家里没有多余财产。他生前酷爱山水，常偕好友邹湛去岘山饮酒吟诗。他曾对邹湛说："自有宇宙便有此山，从来多少贤达人士来此登临，然而都已湮没无闻，令人伤感。我死后如还有人知道，我的灵魂仍要登临此山！"邹湛说："公德冠四海，道嗣前哲，必定与此山一同流传。唯有我辈才是湮没无闻的人呢！"羊祜死后，襄阳百姓就在这里为羊祜建庙，并且立了碑。每逢清明，总要来祭扫一番，人们缅怀他的崇高品德和功绩，面对他的碑，常会情不自禁地伤心落泪，因此被后人称为堕泪碑。

> **历史文化百科**
>
> 〔羊祜〕
>
> 　　羊祜（221—278），出身官僚家庭。知识渊博，擅长文辞。魏末，任中领军，统率禁兵。西晋建立后，他与晋武帝筹划灭吴。泰始五年（269）以尚书左仆射都督荆州诸军事，出镇襄阳。在镇十年，开屯田，储军粮，作灭吴准备。平日则与吴将互通使节，各保分界。屡请出兵灭吴，未能实现。临终，举杜预自代。羊祜每次晋升，常自谦让，因而名望远播，受到朝野推崇。著有《老子传》。

〇〇三

势如破竹

气可鼓不可泄。办事要一鼓作气。杜预伐吴，正在乘胜前进时，保守派出来阻挠，杜预讲了"势如破竹"的道理。

羊祜病重期间，推荐了杜预代替自己，羊祜死后，杜预便开始讨伐吴国。

"杜武库"

杜预，字元凯，京兆即今陕西长安县人，祖父、父亲都做大官。他少年就胸怀大志，通晓经学、礼制、历法、律令、算术和工程，外号"杜武库"。西晋建立后，历任河南尹、度支尚书。杜预虽然是一个书生，但是博学多能，也擅长于军事谋略。

搬走拦路石

杜预上任伊始，就出其不意地突然发兵攻击吴国驻防西陵的名将张政，大获全胜。西陵即今湖北宜昌，他估计张政吃了败仗定会隐瞒不报，就故意把战俘押送到建业即今南京市，归还吴国。孙皓知道后大为恼火，就把张政调走。继任的留宪是个平庸无能之辈。杜预就这样轻而易举地搬走了一块拦路石。

西晋持盾武士俑
盾是武士与敌短兵相接时的装备，武士左手持盾（古又称干），右手举起，似乎是拿戈。盾用来保护自己，戈用来进攻。

六路伐吴势如破竹

咸宁五年（279）十一月，晋武帝发布诏书，大举伐吴。从安徽、江苏到巴蜀，兵分六路，由司马伷、王浑、王戎、胡奋、杜预、王濬分别统率。六路大军二十多万人马，东西万里，水陆并进。吴军顾首顾不了尾，不知如何防卫才好。

第二年正月，王濬率八万巴蜀水军乘战船直指东吴而下，吴国连忙下令封锁江中险要，用粗铁链横在江上，又做了长达一丈的铁锥暗置江中，想以此阻挡晋军的舟船。王濬针锋相对地造了几十只大木筏，在上面缚上草人，披甲执杖，故布疑阵。另外又挑选懂水性的士兵放筏先行，顺流而下，这样一来，江中的铁锥尽扎在木筏上被带走了。王濬接着又扎了又长又粗的大火把，在上面浇上油，遇到铁链就点火燃起来，不一会工夫就把铁链烧断了。王濬就此攻破吴军封锁，攻

> **历史文化百科**

〔杜预〕

杜预（222—284），西晋政治家、军事家、经学家。博通古今。晋初与贾充等制定律令，并作注解。历任河南尹、秦州刺史、度支尚书。奏立屯田、兴常平仓、制定课调。咸宁四年（278），任镇南大将军、都督荆州诸军事，镇襄阳。至镇修缮甲兵，打败吴名将张政。次年，两次上表要求北伐。太康元年（280），统兵西上，攻克江陵（今属湖北），又沿江而下，进入秣陵。以平吴功，封当阳县侯。多谋略，有"杜武库"之称。立功之后，耽思经籍。撰有《春秋经传集解》、《春秋释例》等。其《集解》是最早的《左传》注解，收入《十三经注疏》中。杜预学问广博，通晓历史上兴亡成败的道理。常说："立德，我难以达到，立功、立言，我有可能达到。"

世界大事记

巴尔米拉女王芝诺比阿进占埃及，宣布摆脱罗马独立。

〈晋书·杜预传〉 故事来源

杜预 王濬 人物

势如破竹 典故

谋略 关键词

占许多城池，一举攻克了西陵（今湖北宜昌附近），杀死吴都督留宪。这时，杜预派周旨带八百士兵黑夜渡江袭击乐乡，即今湖北松滋，在巴山上插上许多旗帜，并且燃起火把，吴军见了，以为晋国大军已飞渡长江，纷纷溃逃。不久，晋军攻克江陵，长江以东许多州郡相继投降。为了加速最后胜利，部署新的进军，杜预召开了军事会议。这时贾充等保守派又出来阻挠，说是存在百年的强敌不可能一下消灭，目前春天水涨，疾病将生，不如等来年冬天再继续攻伐。杜预据理反

文韬武略杜武库

杜预是西晋著名的军事家、政治家、科学家、学者，为人谋略多智，被称为杜武库。杜预为人心胸广阔，顾全大局，而且有先见之能，被名将羊祜推荐为接班人，在消灭东吴的战争中，发挥了极大的作用。作为一个学者，他还著有《春秋经传集解》三十卷，是《左传》注本流传最早的一种。

宋刻本杜预撰《春秋经传集解》

《春秋经传集解》西晋杜预撰，是现存最早的关于《春秋左氏传》的注释。全书共三十卷，在编排上沿袭马融、郑玄"分传附经"的先例，序文云"分经之年，与传之年相附"，使原来分别成书的《春秋》和《左传》合为一书。此书广泛引述刘歆、贾逵、许淑等人的说法，加以总结发挥，在文字训诂、文义诠释及制度、地理说明等方面均有独到之处，在历史上享有很高的学术权威。唐代修《五经正义》，就是以杜预的《集解》为基础。

驳说："战国时燕国大将乐毅凭借济西一战打败了强大的齐国。当今战士士气高涨，如同刀劈竹筒，劈开头上几节，以下自会迎刃而解，再无碍手之处，还要等待什么？"杜预说的正是成语中"势如破竹"的意思，将领们听了这样的比喻，无不信心十足，决心乘胜前进。

吴国灭亡，全国统一

杜预所言果然不错，这一年的二月，王濬就攻下夏口、武昌，破浪东下，所到之处吴军纷纷投降。王浑率军也在版桥大败吴丞相张悌。到了三月，王濬的舟师已到达建业城下，旌旗蔽日，杀声震天。吴国上下十分恐惧，许多士兵丢下武器，临阵脱逃，吴主见大势已去，只得反缚双手带了棺材来到王濬军门投降。王濬亲自为他解缚，下令烧掉棺材，以礼相待，他代表西晋政权接收了吴国图籍。当时在籍的共有四州、四十三郡、五十二万三千户、二十三万士兵和男女人口二百三十万。于是，西晋统一了全国。

○○四

晋武帝选美女

历史上荒淫好色的皇帝不少，但像晋武帝那样的并不多。荒淫过度的后果是短命。这也是自食恶果。

焚烧"雉头裘"

咸宁四年（278）十一月，一次上朝时，晋武帝当着文武百官的面把一件极为珍贵的"雉头裘"烧毁了，下令以后谁再敢贡献这类东西就要加罪。原来这件衣服是太医院医官程据献的，全部用光彩夺目的野雉头毛制成，可以说是稀世珍宝。百官看了，既赞叹不已，又感到可惜。晋武帝这一举动，是为了让人们知道他是一个崇尚节俭的皇帝。

说实在的，在统一全国、安定社会方面颇有功绩的晋武帝，虽然作了这样的姿态，但他毕竟是门阀贵族出身，政权是靠父祖得来的，并不懂得创业的艰难，加上社会的稳定繁荣，还是促使他摆脱不了地主阶级中特权阶层腐朽的本性，最终仍是个荒淫无度的皇帝。《晋书》评论他说："明达善谋，能断大事，平吴之后，遂怠于政术，耽于游宴。"

选天下美女后宫达三万

晋武帝的荒淫集中表现在选美女这件事上。泰始九年（273）他下诏选中级以上文武官员的女儿入宫。次年，又选下级官员及普通士族家的女儿入宫。他选美女时，下令天下人一律不准婚结，一定要经他挑选后才可婚嫁。他派太监乘了车马到全国各地去挑选美女，然后带回宫中，先让杨皇后挑拣。杨皇后名艳，是个妒忌心很强的女人，她只挑又长又白的人，容貌漂亮的一概不要。大臣卞藩的女儿十分美丽，武帝用扇子掩了面悄悄对她说下家女儿不错，她却不选。晋武帝很不高兴，就亲自去挑选。凡是被看中的都用红布系在手臂上。公卿大臣的女儿，如司徒李胤、镇军大将军胡奋、廷尉诸葛冲等人及世家大族的女儿都充任三夫人、九嫔之列；司、

冀、兖、豫四州的刺史、将吏家的女儿则充任良人以下的等级。汉朝后宫名号有十四个等级，良人已是其中比较低下的一种。高门大族的女儿怕被选中，故意弄得蓬头垢面，穿着又破又脏的衣服。经过一年的挑选，共选了小将吏以下的女儿五千人入宫，被选中的离别父母时无不号啕大哭。

晋武帝生性好色，平吴以后，他就对孙皓后宫的美女大感兴趣。孙皓本也是有名的荒淫皇帝，他的后宫有许多漂亮的姑娘。晋武帝干脆把这些美女统统收入自己后宫。这样一来，加上他自己陆续挑选的，他后宫中的美女已超过三万人。光这些人的脂粉钱一年就不知要花掉多少钱财！

荒淫过度，一病不起

面对众多美女，晋武帝每夜不知上哪一家好。他就坐着羊拉的华丽宫车，随它拉到哪家门口，就在哪家过夜。宫女们为了引来羊车，就在门口插了不少羊喜欢吃的竹叶，又在路上洒了羊爱舔食的盐汁。后来，家家都这样做，结果羊也不知去哪家好了。

▶历史文化百科◀

〔后宫制度〕

后宫制度即后妃和宫女制度。秦始皇建立了皇帝制度，由此，皇帝母亲称皇太后、祖母称太皇太后，正妻称皇后，妾皆称夫人，又有美人、良人等各级称号。汉妃妾增至14级，每级品位按外朝官等级排定。此外，皇帝还可选数以千计的美女进宫。汉武帝时诸宫美人可有七八千人。妃嫔称号历代多有设置。魏晋因循西汉之制，逐渐形成三夫人、九嫔、二十七世妇的嫔妃系统。三夫人位比三公；九嫔位比九卿。南朝宋明帝时，在九嫔之外增加亚九嫔，梁、陈承宋之制。北魏孝文帝推行汉制，后宫人数激增，等级也更森严。

羊车游幸

晋武帝统一全国后，生活安逸，便过起了淫逸的生活，他下诏选美，充入后宫。灭掉东吴以后，又把吴宫中5000名雪肤花貌、玉骨冰肌的美女分别储入后宫，加上以前旧有的，不下万人。晋武帝退朝后，乘羊拉的车，在后苑闲逛，他没有一定的去处，但凭羊在哪里停住，哪里就会有一群美人出来接驾，他就宿在哪里。美女们为了能让羊车在自己宫门前停下来，想出了一个主意，在门户上插上竹叶，地上洒满盐水，羊见竹叶便停下来吃，见盐水也停下来舔，美女们便可出来接驾，武帝也就在此留宿。时间长了，羊也不上当了，那些美女们也只好望羊兴叹了。左图出于《帝鉴图说》，右图出于明刊本《东西晋演义》。

杨皇后于晋武帝选美的第二年就去世了。她死前怕武帝将备受宠爱的胡奋女儿胡贵嫔立为皇后，影响自己儿子的太子地位，就哭着对武帝说："我叔叔的女儿杨芷，有大德，人也漂亮，恳求陛下立她为皇后。"

武帝流泪答应了。两年以后，杨芷被立为皇后。杨芷做了皇后后，她的父亲杨骏和叔叔杨珧、杨济便开始掌握朝廷大权，人们称为"三杨"。

武帝由于荒淫过度，终于一病不起，太康十年（289）十一月去世，死时年仅五十五岁。

> 历史文化百科 <

〔园林艺术的典范：金谷园〕

魏晋南北朝时期园林艺术的典范是西晋石崇的金谷园。金谷园位于洛阳西北郊，集生产、游乐于一体。园中建有大量楼观，用于生产的鱼池，还从园外引入金谷涧水，开凿人工河渠。园中林木繁茂，以柏树为主，为文人雅士所钟爱。

〇〇五

"太康之治"

西晋统一全国后，颁布了一些加速土地开垦的法令，所以生产发展较快，出现了太康年间，即从公元280年至290年这段时间的繁荣，历史上称为"太康之治"。史书记载当时的情况是：人们安居乐业，赋税平均，粮食有了剩余，牛马布满田野，甚至不必关门防盗。这些记载可能有些夸张，但这一时期社会比较安定繁荣也是事实。

一食万钱还说无下筷处

但是，西晋是代表世家大族的政权，本身十分腐朽。享有种种特权的达官贵人们，生活上处处追求豪华奢侈，衣服车马都是极其漂亮高贵，吃的更是山珍海味，比起皇帝来毫不逊色。例如太尉何曾，每天的伙食费就要上万

王恺与石崇斗富

王恺是晋文帝司马昭妻文明皇后的弟弟，官拜后将军，颇得武帝的宠爱和器重，于是大权在握，欺压百姓，聚敛财富。他与当时的散骑常侍石崇、景献皇后从父的弟弟羊琇三人共称"三大富豪"。他们为证明谁才是最多财富的拥有者，竟然用谁更为奢侈来一比高下。王恺用糖浆代水刷锅，石崇就用蜡烛当柴做饭，王恺出门做成了40里长的步障，石崇就做成50里，还用锦缎；石崇用香料和泥涂墙，王恺就用赤石脂刷墙，很想胜过石崇。当时晋武帝为了帮舅舅王恺占得上风，就赐他一株高二尺多的珊瑚树。王恺拿给石崇炫耀时，被石崇一下用铁如意打碎，石崇取出家藏的珊瑚树，二尺多高的异常之多，三四尺高的竟然也有六七株之多，都比王恺的要珍奇，王恺目瞪口呆，惊羡万分。此图出于明刊本《东西晋演义》。

豪门斗富

在门阀制度下，门阀贵族因为有种种特权，所以其奢侈和浪费是惊人的。"奢侈之费，甚于天灾。"西晋短期而亡并不是偶然的，而是与社会腐败之风分不开的。

钱，还说没有什么可下筷的。其子何劭更加奢侈成性，裘皮大衣和玩物，新的压旧的，堆得像山高；每顿饭都要有从四面八方搜来的奇珍异兽，每日不下二万钱，超过了父亲的一倍。

豪门互比财富和奢侈

西晋最富的有三个人：一是羊琇，是司马师妻景献皇后的堂弟，官至中护军、散骑常侍，掌握禁军，二是王恺，是司马昭妻文明皇后的弟弟，即晋武帝的舅舅，官至后将军；三是石崇，是开国元勋、司徒石苞的儿子，曾任散骑常侍、侍中、荆州刺史。羊琇、王恺是外戚，即皇后家族的人，石崇是功臣之后，也是大官僚。这三个人不仅个人生活尽奢靡，还要相互比赛，看谁生活过得最奢侈。王恺用麦糖水洗刷锅碗，石崇就用白蜡当柴烧；王恺用紫色丝绸做长达四十里的步障，即设置在夹道的屏风，用来遮尘土，石崇就用织锦花缎做步障，长达五十里；他还用花椒和泥巴抹墙，花椒是一种香料，用来抹墙，不但保暖性好，还有香味，原来只有皇后住的房子才用这种材料抹墙，称为"椒房"。王恺不服气，便用赤石脂涂墙。赤石脂是一种贵重药材，用它涂墙，色彩红亮，像蜡一样细腻、光泽。晋武帝为了支持王恺斗富，送给他一株珊瑚树，高有二尺。王恺拿到石崇面前炫耀，石崇不屑一顾，随手

公元269年 公元269年

世界大事记　高卢巴高达（意为"战士"）运动兴起。

何曾 石崇
傅咸 王恺

太康之治

富有 享乐

《晋书·石崇传》
《晋书·何曾传》
《晋书·傅咸传》

人物　典故　关键词　故事来源

清·华嵒绘《金谷园图》

石崇（246—300）字季伦，小名齐奴，渤海南皮（今属河北）人。少时敏慧，勇而有谋。因伐吴有功，被封为安阳乡侯。元康初，石崇出任荆州刺史，曾劫远使商客而暴富，后在河阳置建别墅金谷园，与王恺斗富。石崇有歌妓绿珠，美艳无比，还善吹笛。侍中中书监孙秀派人求之，石崇不与。孙秀于是劝当时专权的赵王伦矫诏杀崇，绿珠亦跳楼而死。此幅《金谷园图》描绘的正是石崇在金谷园中与绿珠吹笛寻欢的场面。

拿起铁如意将它打得粉碎。王恺正要发作，石崇冷笑道："你不用急，我马上赔你。"他让奴婢取出六七株珊瑚，每株都高达三四尺，重叠的枝条一层一层数不清，色彩鲜艳如玉，说："这没有什么稀奇，随你自己挑选。"王恺看得目瞪口呆。经过这番较量，王恺才自愧不如。

视人命如儿戏

这二人不仅挥金如土，而且视人命同儿戏。两家都有大批奴婢，他们随意杀戮。王恺有一次宴客，命一个美女在旁吹笛助兴，一时失调，王恺就命人拉到台阶前活活打死。石崇每次摆酒宴，总有许多美女献舞、劝酒。如有哪个客人饮酒不干杯，那个劝酒的美女就要被杀。有一次，王敦故意不饮酒，石崇就一连杀了三个美女。其凶狠残忍，到了何等程度！

奢侈甚于天灾

在这帮门阀贵族们纵情声色、纸醉金迷的时候，有一个头脑清醒的大臣已看到了问题的严重性。这人名叫傅咸，他在给皇帝的奏疏中说："奢侈之费，甚于天灾。古代地少人多，而尚有积蓄，是由于节俭；现今地广人稀，而常感不足，是由于奢侈。要想使人崇尚节俭，一定要先抑制奢侈的风气。"傅咸说得一点也不错，天灾的损失是有限度的，奢侈风气造成的危害却是无止境的。权贵们纵情挥霍社会财富，广大劳动人民却饥寒交迫，这样下去他们怎么会不起来反抗呢？

历史文化百科

〔盖头源于魏晋〕

中国传统婚庆中使用的盖头源于魏晋时期，具体源于魏晋时期盛行的"拜时婚"。拜时婚是快捷简便的婚礼的意思，拜时婚上新娘以纱巾蒙面并由丈夫揭开，拜完舅姑后就完成了婚娶的全部礼仪。东晋之后，拜时婚逐渐消失，而盖头之制被保留了下来。

鲁褒写《钱神论》

> 奢侈浪费的生活需要金钱做后盾。西晋门阀贵族爱钱如命，把钱当作神物来崇拜。整个社会形成金钱崇拜风。

爱钱如命，号称"钱癖"

放荡奢侈的生活，需要大量的钱财，因此，世家大族个个爱钱如命。

王戎位至司徒，属"三公"高官，但他到处霸占良田，又造了许多水碓，靠舂米发财。他每晚不停地拨着算盘，生怕人家少给了他钱。尽管钱多，却又极为吝啬，女儿出嫁，借了他数万钱，没有按时还他，女儿回娘家他便不理不睬，直等女儿把钱还了，他才露出笑脸。侄子结婚时他只送一件单衣，婚后却又向侄子讨回。他家李树结的果子又大又甜，他怕别人买去种后和自己竞争，竟先把果核钻去了再卖。

太子少傅和峤家产丰厚，同样十分吝啬。人们讥笑他对钱有特殊爱好，称他为"钱癖"。

"陛下卖官钱入私库"

西晋大臣如此贪钱，也是上行下效。皇帝就卖官鬻爵。有一天，晋武帝问大臣刘毅："卿看我可以比得上汉朝的什么皇帝？"刘毅是个敢说实话的直臣，答道："可比桓、灵。"桓帝、灵帝是东汉末年有名的昏君。晋武帝不高兴地说："不至于吧。我平定东吴，统一全国，勤恳治理国家，怎么将我同桓、灵相比？"刘毅说："桓、灵卖官，钱入公库，陛下卖官，钱入私库，这样看来，恐还不如桓、灵！"晋武帝听了，更不痛快，但是刘毅讲的确是实话，没法否认，便随机应变地哈哈一笑说："桓、灵在世，没有人敢这么说话，我的朝廷里有你这样的直臣，说明我还是比他们高明。"这话一讲，他就体面地下了台阶。一旁被刘毅的话吓出一身冷汗的大臣们赶紧齐声颂扬，不禁又把晋武帝捧得晕头转向起来。惠帝时国家更加腐败，官场就像市场一样，什么官位都可以买卖。

《钱神论》切中时弊

对于社会上不顾一切追求钱财的腐败风气，有一个南阳人鲁褒写了一篇《钱神论》，全文大意如下：

历史文化百科

〔西晋的钱币〕

西晋政府没有铸钱，主要是沿用汉魏五铢钱和古钱。但西晋地方上有偶有铸钱，现传世的"太平百钱"，据考证是西晋益州刺史赵廞割据成都改年号为太平（300—301）时所铸。1980年在成都西门外出土"太平百钱"钱范（制钱模具），说明此钱铸于成都。钱大小不一，一般直径2.5厘米，重3.2克。

西晋"亲晋胡王"铜印（上图）

"亲晋胡王"铜印是西晋政府颁发给北方少数族首领的印章。当时的北方少数族主要有匈奴、氐、羌、乌桓、鲜卑、羯等。

鲁褒
刘毅
晋武帝

《晋书·鲁褒传》
孔方兄

《晋书·和峤传》

人物　典故　故事来源

铜钱的形状外圆内方。

它转动像流水，堆积像山冈。

它在市场交换，不怕损丧，时而流动，时而收藏。

它不会缺少，不会消亡，人们把它当神当宝加以供养。

它被称为"孔方兄"，人们对它亲如兄长。

人们失去它就贫弱，得到它就富昌。

它无足而行走，无翼而飞翔。

难以启齿的事有了它再无阻挡，严肃的脸也会变得欢畅。

钱少的人居后，钱多的就在前方；居后的是臣仆，在前的是君长。

君长们生活宽绰有余，臣仆们生活贫穷难当。

把钱比作流水，是因为它能流向任何角落和远方。

京城里昏昏欲睡的读书郎，一见到钱就精神昂扬。

有钱神保佑，总能逢凶化吉，遇难呈祥，何必苦读诗书做文章。

刘邦虚写贺钱送吕公，吕公也会高兴，何况真钱送上。

卓文君和司马相如能脱下布衫穿起锦绣衣裳，就因卓王孙有钱相帮。

由此可见，说钱是神物，毫不虚诳。

它无德而受人尊敬，无势而令人赞扬。

它能叩开宫廷大门，接近皇上。

式样大方的西晋青瓷香熏（局部）

它能使死变活，化危险为安康。

它也能使活变死，变飞黄腾达为卑贱下场。

打官司无钱不胜，有冤不得伸张。

做官无钱官运不会亨通，官名不会显扬。

有了它门庭若市，高朋满堂；失了它门可罗雀，常客也不再往。

常言道："军队无钱财，谁再把兵当；军队无奖赏，有几人马革裹尸，驰骋沙场？"

朝中无靠山，不如种田回家乡；虽有靠山没有钱，也好比想飞没有翅膀。

所以说，洛阳贵族，当朝卿相，谁不对"孔方兄"又拥又抱，你争我抢。

鲁褒是个贫穷的知识分子，他的这篇文章确实切中时弊，因此，写出来以后，大家都转抄、传诵。

晋金环、金粟珠、金约指、金顶针
环径2.7厘米，粟珠高1.2厘米，1957年在辽宁省北票市房身一、二号墓出土，自古以来，人均有爱美之心，女人尤甚，我们从这一组文物可以看出，当时人对生活的追求，已不止饱暖二字上了，他们要丰富的生活，提高自己的身价，于是就做了这些精心的点缀。

中国大事记

晋制定王国置军制度。大国置上中下三军，共五千人；次国上下二军，三千人；小国一军，一千五百人。

兄弟不相容

晋武帝明知自己儿子司马衷是个白痴，也要把皇位传给他，而不愿传给有德有才的弟弟齐王司马攸，这是名副其实的"家天下"。

立世子，起争议

晋武帝司马炎的弟弟司马攸，原是司马昭的次子，小字桃符，从小聪明好学，文章写得好，待人有礼貌，又常常接济他人，因此受到人们尊敬，名声远在司马炎之上。祖父司马懿在世时十分器重他，见长子司马师没有儿子，就把司马攸过继给他。司马师逝世时司马攸年仅十岁，哭得十分伤心，人们都称赞他有孝心。司马昭成为晋王后曾抚着自己的坐椅说："这就是桃符的座位。"他不仅看重司马攸的德才，而且因司马攸过继为司马师的儿子，司马师既是长子，又立有大功，多次想立司马攸为世子。

在古代，立世子就意味着将来继承皇位，这引起了司马炎的恐慌。他的谋士羊琇等人为他出谋划策，建议他多关心国家大事，对重大问题准备一些意见，以便司马昭问起时能顺利对答。司马昭提出欲立司马攸为世子后，这些大臣便纷纷出来提意见。山涛说："废长立少违反宗法礼制，会造成不良后果。"贾充说："中抚军（司马炎）有当皇帝的品质，世子的位子不能改变。"他说的中抚军即指司马炎。何曾、裴秀也说："中抚军聪明英武有超世才能，他头发拖地，双手过膝是帝王之相。"司马昭拗不过大家，就在咸熙元年（264）十月，立

清·王素绘《杨香扼虎救父》（局部）

司马炎为世子。他预感到将来兄弟会不和，就在临终前拉着二人的手讲述汉朝文帝杀弟淮南王、曹丕逼曹植七步成诗的历史故事，要司马炎将来与弟弟和睦相处。后来太后在弥留之际也告诫司马炎说："桃符性急，你身为兄长也并不宽厚，我一旦撒手而去，恐你们不能相容，现在把他交给你，希望你好生照顾。切记，切记！"

齐王深得人心

司马炎当了皇帝后，大封宗室，司马攸被封为齐王。他当时总管军事，处理内外大事，并未去封国，却把封国的租赋收入分送给患有疾病和家有丧事无钱殡葬的人；一部分出借给无钱购买种子的贫苦农民，让他们秋收后再还。他见当时社会奢侈成风，又提出"去奢即俭，不夺农时，毕力稼穑，以实仓廪"的建议。加上他为人谦虚，讲信誉，深受大家拥戴。

传子还是传贤

晋武帝晚年，百官见他的几个儿子都很懦弱，太子司马衷又是个白痴，因此都希望司马攸继位。

憨态可掬的西晋青瓷熊形尊（右页图）
这只尊出土于江苏江宁出土，被塑成熊形，正蹲地吃食，形象憨直可爱，身上饰以细密的直线条纹。

《晋书·齐王攸传》
《资治通鉴
魏纪十～晋纪三

晋武帝　司马攸　荀勖

正直　专制

人物　关键词　故事来源

而中书监荀勖（xù）、侍中冯纨等一些常受到司马攸批评的大臣，怕司马攸当皇帝后对自己不利，就在晋武帝面前唱反调，说："陛下万岁之后，太子就站不住了。"武帝问为什么？荀勖答道："朝廷内外都归心于齐王，太子还能站得住吗？如若不信，下令让齐王到自己的封国去，朝廷上下定会反对。"武帝将信将疑，就在太康三年（282）下诏任命齐王攸为大司马、都督青州诸军事，赴任青州，即在今山东。大臣们果然纷纷上书反对，征东大将军王浑、扶风王司马骏、光禄大夫李憙、中护军羊琇、侍中王济、甄德等都上表进谏，王济、甄德的妻子常山公主、长广公主还哭哭啼啼在武帝面前要求留下齐王。武帝见情况果真如此，不禁十分恼怒，就一定要齐王到青州去。

被逼离京，病死途中

齐王知道荀勖、冯纨等人诋毁自己，既怨又恼，生起病来。他向武帝要求留在洛阳守先帝陵墓，武帝不允，派御医去替齐王看病。医生受了荀勖等人的好

西晋周处墓中的铁戟

这两把铁戟出土于江苏宜兴市周处墓中。周处少年在乡中作恶，被乡人将其与猛兽、蛟龙并称为三害。后周处改恶从善，297年，西北地区氐族、羌族变乱，他率军五千抵抗七万氏羌军队而阵亡，后归葬宜兴。

处，就在武帝面前谎称齐王没有什么病。实际上齐王的病一天重似一天，在朝廷的不断催逼下，他只得拖着病体离开京城，勉强上路，没几天，就在路上吐血而死，年仅三十六岁。

消息传到京城，晋武帝想起先帝和太后临终的嘱咐，也有些伤心。一旁的冯纨竟然安慰他说："齐王名过其实，而天下人都归心于他，现在自己死去，正是国家的福事，陛下何必为此悲痛呢？"

晋武帝宁愿把皇位传给白痴儿子，也不愿让给有德有才的兄弟。真是名副其实的家天下。

陆机代表作《辩亡论》

陆机（261—303），字士衡，西晋著名文学家、书法家。曾任平原内史，故世称"陆平原"。其祖父陆逊、父陆抗皆为三国时吴国名将。陆机14岁时，父亡，即领父兵为牙门将。20岁时，吴灭，与其弟陆云退居故里华亭，闭门苦读，积有十年，写下代表作《辩亡论》两篇，作为对吴国兴亡的一番检讨。图为唐写本《辩亡论》。

〔西晋分封制〕

西晋接受曹魏集权而被异姓篡位的教训，实行分封制。泰始元年（265），分封宗室27个王：一个叔祖父，6个亲叔叔，3个亲兄弟，17个同族的叔伯和兄弟。几年以后，又陆续增封。前后共有57个王。规定大国有民户2万，置上中下三军，共5000人；次国民户1万，置上下二军，共3000人；小国民户5000以下，置一军，1500人。同时大封功臣和异姓世家大族为公侯，一次就封500多人。这些人形成一个庞大的贵族地主阶层。

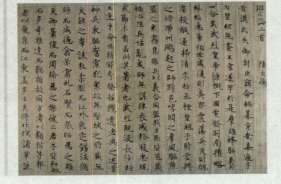

贾充 贾南风 晋武帝

荒淫 谋略

《晋书·惠贾皇后传》

人物　关键词　故事来源

〇〇八

贾充嫁女

贾充为不去西北，想出了嫁女一法，竟然让武帝同意了这门婚事。于是一个白痴太子配了一个残忍的淫妇，西晋王朝的前途也就可想而知了。

为不去西北想出嫁女办法

泰始五年（269），河西走廊一带鲜卑族秃发树机能起义，秦州刺史胡烈战死。主管该地区的扶风王司马亮被罢了都督雍、凉诸军事的官职。

当时担任朝廷尚书令、车骑将军的是贾充，因当年帮助司马昭杀死曹髦，又帮晋武帝获得太子地位而受宠。此人一向察言观色，奉承拍马，与中书监荀勖、越骑将军冯纨等结成一伙，为刚正的侍中任恺、中书令庾纯等人所蔑视。任、庾二人见河西战事失利，就建议派贾充去主持西北战事。晋武帝认为建议甚好，就任命贾充为使持节，都督秦、凉二州诸军事。

贾充接到任命，暗恨任恺等人，但又没有办法拒绝。在荀勖等人为他饯行的宴会上，贾充把自己的心思告诉了荀勖，荀勖说："要辞掉任命只有一个办法，就是把女儿嫁给太子，这样才可能避免离开京城。"贾充一听，觉得有理，但又不知谁能帮他去办这件颇为棘手的事，荀勖自告奋勇地说："我可以试试看。"

说服武帝同意婚事

晋武帝原先是打算要太子娶镇北大将军卫瓘的女儿，贾充指使妻子郭槐去贿赂杨皇后左右的人，怂恿杨皇后说服晋武帝改娶贾充的女儿。不久，朝廷设宴会讨论太子娶亲的事。杨皇后便建议纳贾充的女儿，晋武帝仍主张纳卫瓘的女儿，他说："卫公女有五大优点，贾公女却有五大缺点。卫家家风好、多子、貌美、身材苗条、皮肤白；贾家家风妒忌、少子、貌丑、身矮、皮肤黑。"但杨皇后却讲贾充女南风素有美德，荀勖和冯纨也一唱一和，趁机进言，说贾充的女儿才色绝世，如果成为皇太子妃，将来一定能辅佐君王，有皇后的美德。晋武帝在他们的劝说下，就同意了这门婚事。由于要筹备婚事，贾充自然就不去西北了。

泰始八年（272）二月，皇宫里举行了盛大的皇太子婚礼。当时司马衷年方十三岁，贾南风却长他两岁。

贾南风淫荡而残忍

贾南风不仅相貌黑丑，而且心术不正，生性淫荡而又残忍。有一次她见太子喜爱一个宫女，妒火中烧，她就用戟掷向她怀孕的肚子上，胎儿随即落地

西晋高昌绢画星象图（上图）

三国两晋南北朝时期的天文观测精细，历法推陈出新，这件发现于新疆吐鲁番的高昌时期墓葬中钉于墓顶的绢画，中央绘伏羲女娲交尾像，四周画满连线星座，表示天象。体现了当时人对天象的认识。

贾后淫荡

贾后专权朝政以来，生活上愈来愈荒淫放荡。她与太医令程据等可以自由出入宫掖的官员淫乱，弄得朝野尽知。自从大权在握，她更毫无顾忌，大肆搜罗男宠供其淫乐，搞得人人皆知，沸沸扬扬。她手下有批人专门给她到处物色健美的少年，秘密送到宫中。洛阳城南住着一位小吏，长得相貌堂堂，英俊潇洒。有一天，在路上被人带到贾后住处，与她同床共枕，极尽欢宴。临出来时，还赠给华丽的衣服。一段时期，经常发生俊美须眉男子失踪的事，原来都是被贾后弄到宫中，供其淫乐后，被秘密杀死埋掉了。唯有这个小吏，因为人长得不但端丽，而且生性乖巧，能说会道，很得贾后怜爱，这样他才捡了一条性命，活着出来。此图出于明刊本《东西晋演义》。

而死。晋武帝得知大怒，想废掉她。皇妃赵粲劝武帝说："贾妃年轻，妒忌是女人的天性，将来年龄大了自会改好。"杨珧也为她说情，对武帝说："陛下忘了贾公闾的功劳了吗？"贾公闾即指贾充，晋武帝这才勉强息怒，没有废她。

惠帝即位后，贾南风立为皇后，她的淫荡本性变本加厉，甚至与太医令程据私通，内外都知道，但是无人敢说。她还经常把美少年引入宫中供她取乐。有一次，人们发现洛阳城南一个长得十分美貌的小官吏，穿了一件名贵华丽的衣服，怀疑他是从皇宫里偷来的，在大家的追问下，小官吏说出了这件衣服的来历。原来有一天他在路上遇到一个老太婆，说家中有人生病，算命先生说要一个城南少年去驱邪，请他去帮帮忙，一定重重有谢。他随老太婆回去，老太婆把他藏在一个大箱子里，然后上车，大约走了十多里路，经过六七道门，开箱让他出来。只见房屋金碧辉煌，陈设华丽无比，问是什么地方？回答说是天宫。于是让他香汤沐浴，以美味佳肴款待，然后换上

漂亮衣服，去到一个房间。在房内看见一个年约三十五六岁的妇人，身材矮小，皮肤黝黑，眉下有痣。和他一起睡觉吃饭，尽情欢乐。妇人留他住了几天，才送他回去，临别时就送了他这件华丽的衣服。大家一听，这个矮小丑陋的妇女分明就是贾后，就笑笑散去。据传被贾后招去的美少年，大多被她玩弄后暗杀了。只有这个小吏，因为贾后特别喜欢，才让他活着出来。

＞历史文化百科＜

〔贾充〕

贾充（217—282），西晋大臣。字公闾，平阳襄陵（今山西临汾）人。父贾逵，魏豫州刺史，阳里亭侯。贾充少年时，其父去世，他袭父爵为侯，拜尚书郎，后任黄门侍郎、典农中郎将。魏末为大将军司马、右长史，是司马炎的亲信，参与司马氏代魏的密谋。晋建立后，贾充任车骑将军、散骑常侍、尚书仆射，后为尚书令。又以一女为太子妃，一女为齐王妃，深得司马氏宠信。晋伐吴，贾充虽以大都督统帅六师，却无南伐之谋，又恐大功不捷，故主张腰斩主战派张华。及平吴，惭惧而请罪。晋武帝以其开国元勋，亦无深责。

世界大事记

波斯国王迫害摩尼教徒，约于此时处死摩尼。摩尼（波斯人，约216—约276），摩尼教创始人。倡行二元论教义，主张精神为善，物质为恶，两者结合，而成世界。

〇〇九

晋惠帝　贾妃　愚蠢

《晋书·惠帝纪》《晋书·荀勖和峤传》

人物　关键词　故事来源

白痴皇帝

一个愚蠢如猪的人却要他来管理国家大事，这个国家还会搞得好吗？晋武帝和大臣都不愿改变这局面，是因为各有各的打算。

太子从小愚蠢

司马衷是晋武帝的次子，泰始三年（267）立为皇太子。司马衷从小就十分愚蠢。有一天他在华林园玩耍，听到蛤蟆叫，问左右侍从："它们这么叫是为了官家，还是为了私家？"左右听了暗暗好笑，又不能不回答。只好说："在官地的是为官家，在私地的是为私家。"后来，发生了饥荒，许多百姓饿死，他又问："百姓肚子饿，为什么不吃肉糜粥？"人们听了，更是啼笑皆非。

"这个座位可惜！"

司马衷如此低能，怎么能继承皇位，管理国家大事？许多大臣为此感到忧虑。尚书令卫瓘多次想说又不敢说。咸宁四年（278）十月，晋武帝在陵云台设宴，卫瓘见机会来了，便假装喝醉酒，跪在武帝座椅前说："臣有事启奏。"武帝说："公有什么话要说？"卫瓘摸摸座椅说："这个座位可惜！"武帝不像儿子那么傻，自然听出了他话中的意思，却假装不解地说："公真的喝醉了吗？"卫瓘一听此言，知道武帝已决心要传位给太子了，从此就不再进言。

弄虚作假应对考核

不过，晋武帝确实也不放心，他要考考太子究竟低能到什么程度。有一次，他要将该由尚书处理的事让太子去决断，这引起了贾妃的恐惧，怕太子对答不好会动摇太子的地位，连忙请人代太子草拟对答问题的诏书，其中有不少引经据典的地方，亲信张泓说："太子从不学习，陛下是知道的，现在答诏引经据典，陛下定要怀疑，追查起来岂不坏事？不如不引古义，直接表达自己的意见为好。"贾妃大喜，就命张泓为太子另草了

诏书，让太子抄录后交给武帝批阅。武帝见太子的答诏拟得还不错，十分高兴，就给卫瓘看，卫瓘明知有讹，却不敢说穿，心中十分不安。

荀勖与和峤态度不同

对太子的低能深为忧心的还有一位大臣，就是中书令和峤，他对武帝说："太子忠厚老实，而当今世道险恶，处处弄虚作假，恐怕不能对付这许多事情。"晋武帝听了默不作声，他又何尝真正放心呢？有一次，和峤与中书监荀勖同在武帝身边，武帝对他们说："太子近来上朝，我看他有所长进，你们一起去看看，也可和他多谈谈社会上的事。"两人就一起去太子处，回来后两人态度截然不同。荀勖大讲太子见识和道德确有长进，和峤却说太子和以前差不多，没有多少变化。武帝听了和峤的话，露出不悦的神色，一言不发就起身走了。这事被贾妃知道后，对和峤恨之入骨。后来惠帝即位后，贾后让惠帝问和峤："你以前说我不能当好接班人，现在怎么样？"和峤说："臣过去的确对先帝说过这话，我的话没有说中，这是国家的福分，我怎敢逃避罪责。"惠帝毕竟愚钝，和峤如此一搪塞，他竟再也问不出其他的话来。

> ### 历史文化百科
>
> **【卫瓘】**
>
> 卫瓘（220—291），字伯玉，河东安邑（今属山西）人。少孤，袭父爵为阆乡侯，魏末官至侍中、廷尉卿。晋初，任征东将军，进爵为公，都督青州诸军事、青州刺史。后授征北大将军、都督幽州诸军事、幽州刺史。咸宁（275—279）初，拜尚书令，加侍中。太康（280—289）初，迁司空。卫瓘学问深博，明习文艺，善草书。惠帝即位，辅佐朝政。八王之乱爆发，瓘及子孙九人为贾后所杀。

中国大事记　晋军到达建业（今南京市），孙皓出降，吴亡。全国统一。晋颁布占田、课田和户调的法令。

周处除三害

周处除去了白额虎和蛟龙二害后，却对自己能否改正过错缺乏信心。幸得学者陆机陆云的帮助，他终于成为一个有所作为、受人称赞的人。

下决心除去三害

周处是义兴阳羡（今江苏宜兴南）人，父亲周鲂，曾做过吴国鄱阳太守，但在周处年幼时便已去世，因而周处从小没有受到很好的家庭教育，长大后力大无穷，喜欢骑马打猎，性格暴躁，经常横行霸道，欺压乡里，村里百姓对他既害怕又厌恶，把他和南山上的猛虎、大河里的蛟龙合称为"三害"。猛虎是一只经常伤人的白额虎，蛟龙形似大鳄，有鳞甲，是一种很凶的大鱼。

有一天，周处在路上遇见一位老人，满脸忧愁，就上前问道："老人家，今年风调雨顺，五谷丰收，你为什么还愁眉苦脸呢？"老人叹口气说："唉！你有所不知，我们村里有三害，使人不得安宁，我怎么高兴得起来呢？"周处问："什么是三害？"老人答道："南山上的猛虎，大河里的蛟龙，还有……"他不说下去了。周处急了，又追问："还有一害是什么呀？"老人过了好一会，才照实说道："我说了你不要

西晋骑俑

骑俑的侧面，可看出马有护甲、马镫、辔饰、马鞍等，这样骑士容易驾驭马，可以空出一手拿武器。

生气，还有一害指的就是你周处呀！"周处一听乡亲们把自己比作猛虎和蛟龙，大受震动，他呆呆地想了很久，下决心要改正自己的过错，便对老人说："老人家，你放心，如果乡亲们因为有这三害而忧愁，那我一定为他们除去三害。"老人说："如果你能除去三害，那不单单是除去了害人的野兽，简直是村里的大喜事呀！"

杀死白额虎和蛟龙

周处告别老人，回家准备了弓箭、刀棒，先上山去打白额虎。他到山上找了半天，终于发现老虎的踪迹，然后躲在树后，一箭射去，正中老虎前胸，白额虎被射死了。接着，他又来到大河边，纵身跳入河中去杀蛟龙。蛟龙在水中，不能用弓箭，周处便手执钢刀游过去与它搏斗，蛟龙被周处刺了一刀，顿时发作起来，张开血盆大口来咬周处，周处一跃骑到蛟龙背上挥刀一阵猛刺，蛟龙血流如注，把河水都染红了。蛟龙虽然受了伤，仍然顽强挣扎，双方在河中搏杀，一会儿沉入水底，一会儿浮出水面。整整斗了三天三夜，游了几十里，周处终于把蛟龙杀死了。

改正过错，重新做人

周处回到村里，乡亲们正在互相庆贺，原来他们以为周处已经被蛟龙咬死了。周处知道了这些情况后，又一次深切地感受到自己的过错是多么严重。他十分痛心，下决心要改过自新。

周处
陆机 陆云

勇敢 善行

除三害

《晋书·周处传》

人物 典故 关键词 故事来源

周处除三害

周处（242—297），字子隐，义兴阳羡人。其祖父周宾为三国东吴咨议参军，后转广平太守。父周鲂为东吴名将，任鄱阳太守，赐爵关内侯。周处历任东吴东观左丞、晋新平太守、广汉太守，迁御史中丞。他为官清正，不畏权贵，因而受到权臣的排挤。西晋元康六年（296），授建威将军，奉命率兵西征羌人，次年春于六陌（今陕西乾县）战死沙场。死后追赠平西将军，赐封孝侯。周处自幼父母双亡，年少时臂力过人，好驰骋田猎，不修细行，纵情肆欲，横行乡里。乡邻将他与当地南山猛虎和长桥恶蛟并称为"三害"。周处闻讯后，自知为人所厌恶，于是入山射虎，下水搏蛟，经三日三夜，在水中追逐数十里，终于斩杀孽蛟，并发愤改过自新，从此折节读书，拜文学家陆机、陆云为师，于是才兼文武。此图出于清金古良《无双谱》。

三国两晋时期的下层百姓（局部）

为了使自己成为一个有道德有知识的人，周处去请教吴郡著名的学者陆机、陆云兄弟。他找到陆云，说了自己除害的经过，然后说："我现在决心改正过错，但已虚度了年华，想重新做人恐怕来不及了。"陆云说："古人特别看重早上认识了过错晚上就改正的人。你还年轻，前途无量。人最怕的是没有志向，只要你立志去做，还怕美名不传扬出去吗？"周处听了这一番话，心里亮堂起来，受到极大鼓舞。

回家后，周处便开始认真读书学习。他严格要求自己，不再欺侮人，而是尽力去帮助人家。他的实际行动终于改变了大家对他的看法，得到了人们的称赞。后来，地方州府的官吏知道了他的事迹，就推荐他做了吴国的东观左丞。西晋建立后，他继续出任官吏，为官清正廉洁，不避豪强，还注意团结少数民族，更受到各族人民的爱戴。周处少时不读书，后来知过必改，发愤学习，死后还留下了《默语》三十篇、《风土记》、《吴书》等不少著作。

周将军处

> 历史文化百科

[魏晋南北朝地方制度]

魏晋南北朝地方行政为州、郡、县三级。州长官为刺史，郡为太守，县为县令。当时刺史多以都督兼任，并加将军之号。其不加将军者，称为"单车刺史"。都督诸州军事本是武官，故所管辖的地区亦为军区性质，这样，刺史兼任都督就成为地方总揽军事民政的最高长官。出征时，往往加上"使持节"、"持节"、"假节"等称号，即具有诛杀中级以下官吏、无官职之人、犯军令之人等的特权。魏晋等朝，都督兼州刺史比单任都督或刺史高一品。

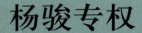

杨骏专权

晋武帝一死，晋朝廷马上动乱起来。杨骏变二人辅政为一人辅政，掌握朝政大权。贾后发动政变，诛灭杨氏三族，控制了晋朝廷。

篡改遗诏，掌握大权

晋武帝即位十年后，到了永熙元年（290）由于荒淫过度，身体垮下来了。他病重时下诏指定自己的叔父汝南王司马亮（司马懿四子）和杨皇后的父亲杨骏共同辅政。诡计多端的杨骏从中书监华廙（yì）手中借来诏书，趁武帝昏迷时让杨皇后问道："杨骏一个人辅政吧。"武帝迷迷糊糊地点了点头。这样，遗诏就变成了杨骏单独辅政。杨骏一人兼任太尉、都督中外诸军事、侍中、录尚书事，独揽了朝权。

晋武帝死后，太子司马衷即位，即晋惠帝。司马亮遭到排斥，心有冤屈却不敢入宫，只在大司马府门外哭了一通，当夜就出发去了河南许昌。

杨骏掌握朝政后，为了收买人心，大封百官，普升一等；参预丧事者加二等。左军将军傅祗对杨骏说："皇帝刚刚去世，这样封赏不宜。"杨骏不听。石崇和何攀也上奏说："现在封赏比大晋建立和平吴时还多，如果每个皇帝即位都大行封赏，几代以后，人人都成公侯了。"杨骏也置之不理。

为了独揽大权，杨骏任外甥段广为散骑常侍，掌管机密；任张劭为中护军，掌握禁兵。所有诏书先经杨骏同意，再让惠帝、杨太后过目后发出，目的是不让贾后插手。

贾后政变诛灭杨氏

贾皇后对杨骏专权十分恼火，她联合了被杨骏排挤的殿中中郎孟观、李肇，宦官董猛等人，想发动政变，搞掉杨骏。她派李肇到河南去联合汝南王司马亮，司马亮没敢答应。又去联络都督荆州诸军事的楚王司马玮，司马玮是武帝的五子，年少气盛，一口应允。他要求入朝，杨骏以为让他到洛阳来便于控制，就同意了。

元康元年（291）二月，楚王司马玮带兵来到洛阳，他又联合了惠帝异母兄弟都督扬州诸军事、淮南王司马允一起进京。

经过一番策划，三月八日夜晚，惠帝下了诏书，称杨骏谋反，废去他一切职务，以侯归第，侯即临晋侯。杨骏得到消息，慌忙召集众心腹商量。太傅主簿朱振说："现在宫内有变，一定是宦官们与贾后勾结。公可焚烧云龙门示威，要求搜出肇事者，同时开万春门，引东宫和外营兵，宣称拥戴皇太子到宫中去捉奸凶，宫中害怕，定会把奸凶斩首送

古代的尿壶：西晋虎子
关于虎子的用途有两种说法，一说是尿壶，一说是盛水器，一般都认为是前者，大多为墓葬品。这件青瓷虎子具有典型形制，壶身塑成兽形，四足，开口向斜上方，顶部装有提柄。

简洁的西晋四叶人物镜

古镜除照面的功能外，还用于男女传情，同时还是陪嫁，相互馈赠的礼品，地方进献皇帝的贡品，也是皇帝赏赐臣下的礼品。古镜的另外一种作用是辟邪消灾，降妖镇魔。民间办丧事时邻居常以镜悬门，以辟不祥。古代寺庙建筑正脊和壁上嵌镜，以及武士胸前的护心镜，实为驱除魔鬼而设。出土的古镜多是随葬品，据考古发现，铜镜多悬于墓室棺椁上方四周，取"以镜悬棺"之义，是为了驱邪辟妖，保护死者不受侵扰。

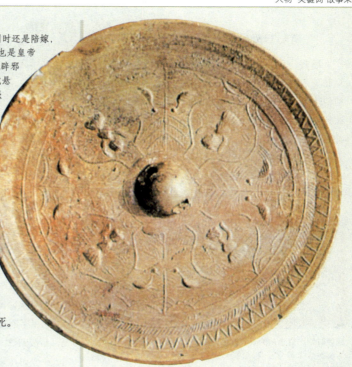

出。"杨骏心虚胆怯，吞吞吐吐地说："云龙门是洛阳宫正南门，魏明帝盖此花费巨万，烧掉岂不可惜。"此时，宫中卫兵已包围相府，放火烧了起来，射手在相府围墙顶上拉弓猛射，箭如雨下，杨骏家兵都不敢出来。杨骏只身逃到马厩中，最后被宫中卫兵抓出用戟刺死。杨骏被诛三族，牵连而死的达数千人。

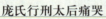

庞氏行刑太后痛哭

杨骏死后，贾后亲党上奏说："皇太后与奸党同谋，应该废为庶人。"惠帝只得下诏废杨太后为平民。

亲党又上奏说过去因皇太后的缘故，杨骏妻庞氏没有行刑，太后既已废为庶人，庞氏也应该处死。惠帝只得也依从照办。庞氏临刑时，杨太后抱住母亲号啕大哭，向贾后不断叩头，说愿意称妾以换取母命，贾后不允，庞氏终于被杀。不久，杨太后也饿死了，时年三十四岁。贾后迷信，怕杨太后在阴间向武帝诉说，特地下令把她覆身埋葬。

▷历史文化百科

〔杨骏〕

杨骏（？—291），字文长，弘农华阴（今陕西渭南）人，初为高陆令，咸宁二年（276），其女杨芷立为武帝皇后。杨骏因此迁居重位，升车骑将军，封临晋侯。杨骏与弟杨珧、杨济均居显位，权倾天下，时称"三杨"。武帝临终，下诏封杨骏为太尉、太子太傅、假节、都督中外诸军事、侍中、录尚书，总揽朝政。杨骏以外戚专政，引起司马氏宗室及开国元勋不满。惠帝继位，贾后为夺取政权，与楚王玮合谋发动政变，骏逃于马厩被杀。

憨态可掬的西晋青瓷熊形尊（局部）

中国大事记

尚书左仆射刘毅请废"九品中正制"。认为此制未见得人，而有"八损"。疏有"上品无寒门，下品无势族"之语。

○一二

贾后权势日盛

杨骏一死，贾后请汝南王司马亮与太保卫瓘共为录尚书事，同辅朝政。司马亮为了收买人心，以诛杨骏事论功行赏，大封官将，封督将侯的就有多达一千八百一十一人。御史中丞傅咸对司马亮说："这样封赏，自古从未有过。没有功劳的人也受封赏，岂不让人人希望国家有祸乱吗?"又说："杨骏任用亲信，天下哗然。如今

魏晋时期民俗生活的真实写照

嘉峪关古墓葬中所保存的颜色鲜艳的砖壁画令考古专家们惊叹不已，在中国的墓葬史界和美术史界引起了不小的轰动。魏晋时期社会动荡，有关绘画文献记载非常零星、简略，绘画的实物资料更是凤毛麟角，壁画多出自民间画师之手，形象生动、鲜明质朴的绘画手法描绘了墓主人的现实生活。彩绘砖中有大量的牛、马、羊、鸡、骆驼、猎鹰等画面，再现了"河西畜牧为天下饶"的景象。

历史文化百科

〔楚王司马玮〕

楚王司马玮（271—291），字彦度，司马炎第五子。初封始平王，历屯骑校尉。后徙封于楚，都督荆州诸军事、平南将军，转镇南将军。武帝死，调至中央为卫将军，领北军中侯，总领禁军。八王之乱，杨骏被诛，司马亮、卫瓘专政，司马玮甚不满，贾后利用他杀死司马亮及卫瓘，然后又诬陷司马玮矫诏害死二公父子，意在不轨，而判处死刑。

一箭双雕

司马亮、卫瓘辅政后，与贾后发生矛盾。贾后利用楚王玮杀二大臣又诬楚王玮矫诏，杀玮，完成了她的"一箭双雕"。

您的门前车马塞路，加之女婿夏侯骏无功提升少府，流传四方，都将对您不利。您应处之以静，除非大事，还是少管为好。"可是这些肺腑之言，司马亮根本听不进去。

贾后权势日盛，外甥贾谧（mì）、族兄贾模、堂舅郭彰等都成为亲信和权贵。母亲郭槐与贾谧出门时，甚至有许多人在路旁望尘而拜。

下手诏诛杀二大臣

楚王玮被封为卫将军、领北军中侯。他性格倔强固执、残忍好杀。司马亮想夺他的兵权，让他回自己封国。楚王玮十分恼怒，他手下的孙宏、岐盛劝他投依贾后。贾后见司马亮、卫瓘不愿做自己的傀儡，于是就利用楚王玮来除掉司马亮。永康元年（291）六月，贾后让惠帝下手诏给楚王，称"司马亮和卫瓘想做伊尹、霍光，专擅朝政。命你带领淮南、长沙、成都王屯驻宫门，免去司马亮和卫瓘官职"。太监夜晚把诏书送给楚王玮，楚王想到朝廷复核一下，太监说："时间紧迫，

文房用具：西晋青瓷蛙形盂

水盂是研磨时用来盛水的文房用具，是文人的日常用具之一，常雕成拟物形状增添生活情趣和审美品位。这只水盂融合了青蛙的形态，为人们喜闻乐见，在当时是属于比较精细的。

世界大事记

罗马戴克里先为皇帝（284—305）。戴克里先改元首制为君主制，整顿税制和币制，颁布限定物价敕令，改革军队、镇压人民运动，大肆迫害基督教徒。

贾后
汝南王亮
楚王玮

权术
冤狱
一箭双雕

《晋书·汝南王亮传》
《晋书·楚王玮传》
《晋书·惠贾皇后传》

● 人物　● 典故　● 关键词　● 故事来源

这是密诏，赶快执行吧。"楚王玮本来就想报复司马亮，此时不再多虑，就带了北军，又召集洛阳内外的军队，宣布"二公图谋不轨，我今受诏都督中外诸军，以顺讨逆。亮、瓘官属，一无所问；若不奉诏，军法从事"。

军队包围了司马亮的府第。部下劝司马亮说："这是奸谋。府中军队尚多，可以抵抗。"司马亮说："我的赤诚之心，可以告示天下。"他未加抵抗，最后被杀。卫瓘府也没有抗拒，卫瓘和他的子孙全都被杀。

以矫诏罪杀死楚王

楚王玮杀了司马亮和卫瓘后，岐盛进计说："现在应该趁北兵威势，杀贾后、郭槐，以安定天下。"楚王玮一时犹豫未决。第二天早上，太子少傅张华对贾后说："楚王杀了司马亮和卫瓘，天下的威势都在他那里，皇上如何自安？应以'专杀'的罪名除去楚王。"贾后本来就想借此除去楚王，对此十分赞同。于是由

表现厨事场面的西晋备厨图

这幅墓室壁画表现两个厨房小吏跪在地上清洗鸡禽的情况，是为了给厨房准备做菜用的材料，生活气息极为浓厚。甘肃省博物馆藏。

惠帝下令派殿中将军王宫率士兵举了"驺虞幡"去抓楚王。驺虞是一种仁兽，不吃任何有生命的东西，这幡是用来解除兵权的。楚王府的士兵一见驺虞幡，纷纷放下武器一哄而散。此时楚王身边只剩下一个小奴，他驾牛车送楚王去秦王柬处，半路被抓，押入皇宫。不久，惠帝下诏："楚王假冒皇帝名义杀害两个大臣，又想杀死其他大臣，图谋不轨，应该处死。"楚王临刑时从怀中掏出惠帝命他逮捕汝南王亮的青纸诏书，表白他是冤枉的；但已经晚了，没有人理他。楚王被处死时年仅二十一岁，手下的公孙宏、岐盛也同时被杀，而且都株连三族。

贾后先杀司马亮，又杀司马玮，这就是她精心策划的"一箭双雕"。

太子天资聪颖

楚王玮死后，贾后掌握大权，贾氏和郭氏中人都成了朝中显贵；贾后又让庶族出身的张华任侍中、中书监主持朝政。张华办事稳重干练，在他执政的九年中，西晋朝廷还比较安定。

惠帝和贾后结婚之前，曾与侍候他的才人谢玖生过一个儿子，名叫司马遹（yù）。这个孩子天资异于常人，在他五岁时，一天晚上宫中起火，晋武帝登楼张望，司马遹拉着他的手将他拉入暗间，晋武帝问他何故，他答道："黑夜仓卒，要防万一，不让别人瞧见你。"又一次他随武帝来到猪圈，见猪都很肥壮。司马遹说："猪已肥壮，何不杀了慰劳将士，再养下去岂不浪费粮食？"武帝由此对这个孙子另眼看待。他说："这个小孩像我祖父，也许能振兴我们家族。"

贾后阴谋，太子被废

永熙元年（290）惠帝即位后，司马遹被封为皇太子。贾后怕将来太子得政对自己不利，就一面假装怀孕，把肚子装得大大的，后来又把妹妹贾午刚出世的儿子抱来冒充顶替；一面又到处宣扬太子的种种不

青瓷鹰形双耳盘口壶（上图）
盘口壶出现于东汉，一直沿用到唐朝，是一种盛酒器。西晋时流行一种鸡头壶是从盘口壶变化而来的，而这只壶则雕成鹰形，属于鸡头壶形制，壶腹还刻有羽翼状的花纹，是一种比较特别的装饰风格。

贾后害太子

贾后阴险毒辣，怕太子得政对己不利，施阴谋加害太子。但她最终也中赵王伦的反间计被逼喝下金屑酒，真是"螳螂捕蝉，黄雀在后"。

是，做舆论准备，以便将来用自己的儿子取代太子。

元康九年（299）十二月，贾后决定废掉太子，假称惠帝有病，召太子进见。太子到了，贾后又不让相见，把他安排在另一房间，然后派婢女陈舞拿了三升酒和一大盘枣子，逼他吃下去。太子推说不会喝酒，陈舞冷冷地说："皇帝赐给你的酒你不喝，这是不孝不忠，难道酒中有毒吗？"太子没有办法，勉强喝了，不久便昏昏沉沉神志不清了。这时另一小婢送来一个箱子，内有诏书，对太子说："陛下要你抄一遍，等着要，快抄。"太子已经神志模糊，催得又急，没有细看就匆匆抄了一遍。他做梦也没有想到，抄写的内容竟是："陛下宜自了，不自了，吾当入了之；中宫宜速自了，不自了，吾当手了之。"以下还有"要写书

▶历史文化百科◀

[张华]

张华（232—300），字茂先，范阳方城（今河北固安西南）人，少孤贫，学识渊博。著《鹪鹩赋》，声名始著。晋初，拜黄门侍郎，封安内侯，迁中书令。力排众议，定灭吴计。及举兵，为度支尚书，供应军粮。封广武县侯，名重一时。草定仪礼、宪章、诏诰。惠帝即位，为太子少傅，遭杨骏忌，不预朝政。以计诛楚王玮，拜侍中、中书监。后任司空。尽力匡辅，维系朝廷。受贾后重信，多方规劝，作《女史箴》，阻害太子之谋。后以反对赵王伦，为伦所杀。著有《博物志》。

司马遹 晋惠帝 张华　谎骗 权术　《晋书·惠贾皇后传》《晋书·愍怀太子遹传》

人物 关键词 故事来源

西域佛画有翼天人

佛教在两汉之际由印度传入我国，到了魏晋更是加深其影响，这种影响的加深带动了佛画的发展。图为大耳圆脸的有翼天人，是魏晋早期佛画的代表。新疆出土，印度新德里国家博物馆藏。

给母谢妃相约，到时内外一起动手，不能犹豫，以防后患"等等话语。太子抄得歪歪斜斜，有的字只写了一半，贾后将其补全。随即把太子的手笔拿给惠帝去看。惠帝一看吃惊不小，原来诏书中的"自了"就是了结自己生命的意思，"中宫"即指皇太后贾后了，这事非同寻常，便立即召公卿大臣一起商讨，说："如果真是如此，应该赐死。"大臣们心知其中有阴谋，但是害怕贾后，没有人敢出来说话。只有张华坦诚进言说："自古以来常因废嫡太子而招致祸乱，国家得天下时间不长，愿陛下详察。"大臣们从上午议论到太阳西斜也未有结果。贾后怕夜长梦多，就说那就先废太子为庶人吧，惠帝同意，下了诏书。

行反间计，贾后被杀

太子被废，朝廷内外群情愤慨。张华的小儿子劝说父亲辞官。张华留恋官位，没有同意。右卫督司马雅通过赵王伦（司马懿九子）的亲信孙秀劝说赵王："中宫凶狠妒嫉，与贾谧一起诬害太子。现今国家没有继承人，大臣定会起事。公过去与贾后亲密人所共知，一定认为废太子一事公亦参预，一旦有事，必受牵连，何不先谋对策？"又说："太子聪明刚强，公如恢复太子地位，他必不肯受制于人。公过去依附贾后，今虽对太子有功，他总认为公是为逃脱罪责才有

此举的。将来略有不是就难免被诛。不如拖延时间，贾后定会杀害太子。到时公再出头废贾后为太子报仇，非但得以免祸，而且可成大事。"赵王伦十分赞同。

孙秀于是大行反间计，一面指使人传言宫中人要废皇后，恢复太子地位。贾后听了十分恐惧，派宫婢穿了百姓衣服去民间打听，果然如此。一面赵王伦和孙秀又劝贾谧早日掉掉太子以绝众望。于是贾后派太医令程据调制毒药，假称皇帝诏命派太监孙虑到许昌毒杀太子。孙虑逼太子吃药，太子不肯，孙虑就把太子杀了。

永康元年（300）四月，赵王伦邀同齐王冏（司马昭孙，司马攸子）、梁王肜（róng）占领内宫，抓了贾后。五天后逼她喝金屑酒而死。贾后亲党及有威望的大臣张华、裴頠也同时被杀。

＞历史文化百科

〔相墓术的鼻祖〕

郭璞（276－324）是晋代人，字景纯，博学多才，通晓占筮、望气等术，民间把他奉为风水祖师。《葬书》伪托郭璞之名，却是相墓术的鼻祖级作品。

○一四

司马允之死

赵王、孙秀权势显赫

赵王伦杀了贾后及其亲党后，掌握了朝中大权，皇帝成了他的傀儡。他以皇帝名义封自己为使持节、大都督、都督中外诸军事、相国、侍中。儿子、亲信也全都封王加官，孙秀当上了中书令，权势显赫，威震朝廷。百官们纷纷都去讨好他。这孙秀出身小吏，长期在赵国做官，靠拍马献媚一步步往上爬，掌握大权后就为所欲为，不可一世。

赵王伦、孙秀掌权后权势显赫，为所欲为。淮南王司马允性格刚毅，起兵反赵王伦，兵败被杀。孙秀趁机打击报复结过怨的人。

淮南王允起兵失败

淮南王司马允是武帝的儿子，性格刚毅。贾后被废后任中护军，深得宫中将士尊敬。他看出赵王伦有野心，就秘密豢养死士，准备诛杀他。赵王伦得知情况后，于永康元年（300）八月调任他为太尉，名为升官，实际上是夺他兵权。此时孙秀又写了诏书，以谋反罪逮捕他手下属官。司马允一看诏书是孙秀手笔，不禁大怒，立即杀了两个令史，大声对左右说，"赵王造

《晋书·赵王伦传》

《晋书·淮南忠壮王允传》

赵王伦 孙秀 司马允

人物 故事来源

反了，我要率兵讨伐他，愿意参加的站出来。"当时就有许多人参加了他的队伍。司马允率领队伍冲向宫门，尚书左丞王舆将宫门紧闭。队伍便转到赵王伦的相府。司马允的将士极有战斗力，一交战就大败赵王伦军队，打死千余人。队伍在承华门前排开阵势，弓弩齐发，飞矢像雨点般射进相府。太子左率陈徽想在宫内与司马允里应外合，就对惠帝说："形势危急，应取出白虎幡令双方停战。"惠帝是个白痴，他不知白虎幡是鼓励士兵冲杀的，就令司马督护伏胤带四百士兵高举白虎幡奔出宫来。赵王的儿子侍中汝阴王司马虔暗中策动伏胤帮赵王伦对付司马允，说："将来一定和你共享富贵。"伏胤就出来声称有诏书支持淮南王，

晋凤纹嵌玉金饰

长14厘米，宽5厘米，1957年出土于辽宁省北票市房身二号墓。民间说起贵重的物品，统统用金镶玉来形容，二者色泽鲜润，质地精良，结合定是十分完美，这件饰品就充分体现了黄金与美玉的属性，玉居其中，金在四边，而有起舞的凤凰和其他图案陪衬，就愈见神采了。

司马允不知是计，出阵受诏，伏胤趁机拔刀把司马允杀了。司马允的队伍当即溃散，他的两个儿子和部属、亲友都惨遭杀害。陈徽诳骗惠帝动用白虎幡，原想帮助司马允一举取胜，想不到反而救了赵王伦，害了司马允。

孙秀趁机打击报复

司马允被杀后，孙秀的权势更大了。他蓄意报复过去结过怨的人。如当初当小吏时曾被潘岳责打过；石崇的外甥欧阳建曾与赵王伦有过矛盾；向石崇要歌妓绿珠遭到拒绝等。此时，借口他们参与司马允作乱，一一予以杀害，有的甚至被灭了族。

清·王素绘《王裒闻雷泣墓》（左图）

西晋王裒（？—约311），字伟元，侍奉他的母亲特别孝顺。他母亲生性胆小，惧怕雷声，王裒经常在打雷的时候，到母亲身边给其壮胆。母亲去世后，王裒将她葬在山林中寂静之处。一到刮风下雨听到震耳的雷声，王裒就跑到母亲的坟墓前跪拜，并且低声哭祷："儿王裒在此陪伴，母亲不要害怕。"

小巧玲珑的西晋琉璃杯

这只西晋的琉璃杯由白和青两种颜色组成，质地纯净，式样玲珑精细，小巧可爱，是琉璃器中的精品。

> **历史文化百科**

〔中书令〕

中书令与中书监是中书省的最高长官。魏晋以来，中书省主管机要，负责草拟诏旨，审理奏章，成为政府的出令机构，而尚书省成为执行机关。因其靠近皇帝，多由宠臣担任，故又称"凤凰池"。时大臣若由中书监出为尚书令，被视为降职。如荀勖由中书监改任尚书令，对人说，"夺我凤凰池"。东晋南朝，中书监权任益重。

〇一五

赵王称帝大封朝官

司马允被杀后，在孙秀的策划下朝廷给赵王伦加"九锡"。这是古代帝王尊礼大臣的九件宝物；这仪式往往是"禅让"的前奏。

赵王伦为了当皇帝，就使人假传宣皇帝司马懿的神语："伦宜早入西宫。"西宫就是皇帝所住的禁中，意思就是说赵王伦应该早些当皇帝。经过一番紧锣密鼓的策划，便逼迫惠帝发布禅让诏书，交出玉玺。永宁元年（301）正月，赵王伦终于乘坐法驾进入西宫，登上皇帝宝座。赵王伦当了皇帝后，立长子司马荂为皇太子，其他几个儿子都封了王。狐群狗党个个加封，孙秀任侍中、中书监、骠骑将军、仪同三司，张林任卫将军，其他亲信，各有卿、将、列卿诸中郎将等官职，一直到最低的士卒都加了爵位。由于封官太多，官帽上做尾巴的貂不够用，只好用狗尾巴代替。民间讽刺说，"貂不足，狗尾续"。这一年，全国所举贤良、

"貂不足，狗尾续"

赵王伦称帝后，大封百官。一月后，齐王同发难，各地纷纷起兵，直指洛阳。赵王伦在内外夹击下，兵败而死，他当皇帝不过百日。

秀才、孝廉一律不经考试即可做官；守令在大赦之日任职的全都封侯。由于封侯太多，铸造铜印都来不及，就用木刻代替。

赵王伦及其党羽都是一群贪图荣利的小人，彼此争权夺利，相互妒忌，狗咬狗的事经常发生。百官的任免转换像流水一般。张林未获开府，与孙秀发生矛盾，他给太子写了封信说："孙秀专权，重用小人，扰乱朝廷，该杀。"太子把信给赵王伦看，赵王伦又给孙秀看。结果，张林及其家族全都杀死。

齐王同发难，各地起兵

司马伦称帝一个多月，齐王司马同（jiǒng）首先发难。齐王同派遣使者带了檄文通知成都王司马颖（司马炎十六子）、河间王司马颙（司马懿弟孚之孙）、常山王司马乂（司马炎六子）以及南中郎将新野公司马歆，一直发到各地的州、郡县及封国。檄文中说："逆臣孙秀，迷误赵王，当共诛讨。有不从命者，诛三族。"

使者到了邺城，即今河北临漳，司马颖与邺城守令卢志商量，卢志说："赵王篡位，人神共愤，殿下顺

 056

> 历史文化百科 <

[狗尾续貂]

貂是一种有珍贵毛皮的鼠类动物，其尾常用来作官帽装饰。赵王伦大封百官，貂尾不足，用狗尾充数。后世用"狗尾续貂"讽刺封官太滥，又比喻把差的东西补续在好的东西后面，见好不收，使前后不相称。

西晋青瓷猪圈（上图）

青瓷猪圈、羊圈、鸡鸭笼是魏晋南北朝墓葬中常见的明器，反映了当时农业生活的实情。图为西晋时期江南的青瓷猪圈明器。

从百姓愿望，以顺讨逆，百姓不召自来，攻无不克。"司马颖当即任命卢志为咨议参军，联合兖州、冀州刺史发兵向洛阳进军，到朝歌，即今河南淇县，已有人马二十万。

司马乂是武帝第六子，原封长沙王，因是楚王玮之弟，被贬常山王，他也积极响应齐王。

司马颙在襄阳得到齐王檄文，不知如何是好。参军孙洵说："赵王虽是公的叔父，但凶逆无道，天下当共诛之，亲疏算得了什么？"司马歆也响应了齐王。

司马颙是司马懿弟弟安平王司马孚的孙子，坐镇长安，官封平西将军。他开始倾向于赵王伦，但后来看看各地都反对赵王，而且齐王与成都王有几十万兵

魏晋的弓、箭、箭服、弓袋、刀鞘

尼雅遗址位于新疆和田地区民丰县北的塔克拉玛干沙漠中，据考古学家考证，该遗址是汉晋时期的西域小城邦精绝国故址，其出土文物揭示了汉晋王朝与尼雅地方统治集团的密切关系，深化了对"丝绸之路"南道的认识。本图即是出土于该地的魏晋时期的弓、箭、箭服、弓袋、刀鞘。

马，势力强大，就改变了主意。他本已派张方领兵去帮助赵王伦，这时又派人火速追到张方，要他倒戈，讨伐赵王伦。

赵王兵败被杀

齐王、成都王和河间王起兵后，赵王伦和孙秀惊恐万状。他们派了六路大军分头抵抗，但很快被成都王打败，成都王军队渡过黄河，直指洛阳。京城中乱作一团，有的说"出战抵抗"，有的说"烧宫室，诛杀异己"，有的说"乘船入海"。这时左卫将军王舆带领七百禁军，打出了反赵王旗号。他们冲进中书省，放起一把火。孙秀冒烟外逃，被禁军砍死。王舆把大臣请进宫来，逼赵王伦写了诏书："我为孙秀所误，激怒了三王，现孙秀已死。应迎太上皇复位，我将回家养老。"于是，大臣们把惠帝迎回皇宫。几天后，赵王伦被赐金屑酒而死。他坐皇位前前后后不过一百天，可是一场战争却死去了近十万人。

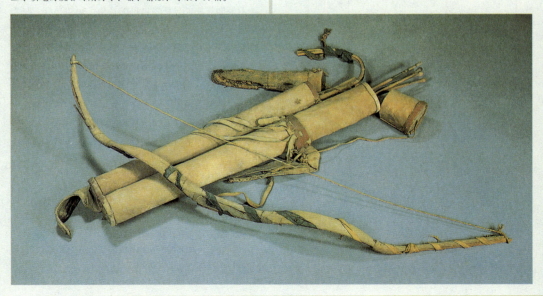

成都王功大不居回到邺城

惠帝复政后，改元永宁，时为公元301年。这年六月齐王同率领部队进入洛阳，十万大军装备精良，威风凛凛。惠帝下诏以齐王同为大司马，加九锡；成都王颖为大将军，都督中外诸军事，录尚书事，加九锡；河间王颙为侍中、太尉；常山王乂为抚军大将军，后又复封长沙王；新野公歆进爵为王，都督荆州诸军事。齐、成都、河间三府，各置属官四十人。

新野王歆对齐王同说："成都王颖是帝弟，同建大勋，应留下共同辅政，否则就夺去他的兵权。"卢志却对成都王说："这次渡河打败赵王主要是您的功劳，

工艺精良的晋金铃

通高2.1厘米，腹径2厘米，1957年出土于辽宁省北票市房身二号墓。这一组金铃造型精巧，工艺精良，如果佩在身上，试想惊人的光泽、动听的"鸣叫"，都会叫人心旷神怡，就犹如沐春风、饮美酒、上楼台一样，快乐只有本人才能知晓。

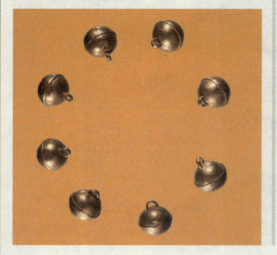

重蹈覆辙

惠帝复政后，成都王功大不居，回到邺城。齐王志溢意满，沉湎酒色，终于重蹈覆辙，兵败而死。

现在齐王想与您共同辅政；两雄不能并立，您应趁母亲有病，回自己封地，这样功大不居，委朝政于齐王，就能大得人心。这才是上策。"成都王颖赞同，就向皇帝大称齐王同功德，然后说母亲有病要回邺城，即刻出发。齐王同得知消息，大惊，追到颖的队伍，颖痛哭流涕，只谈母病，不谈政事。这事传出后，朝廷内外都称颂成都王。成都王到邺后，又出谷十五万斛赈济灾民，造棺八千具，殓祭死难士兵，辞谢加九锡的殊礼，更得到大家的好评。

齐王沉湎酒色不听忠言

齐王同辅政后，志溢意满，便大规模修造王府，拆毁了附近几百幢官私住房。王府规模与皇宫相差无几，后房设置钟鼓乐器，前厅可以表演歌舞。他整天沉湎于酒色，也不去上朝，只坐在家中选派百官，用人不根据才能，只任用自己的亲信，亲信葛旟、路秀等五人都封为公，号称"五公"。殿中御史桓豹向朝廷奏事，没有先通过齐王府，竟受到齐王拷打。针对这些情形，南阳处士郑方上书说："现今大王有五失：一安而忘危，宴乐过度；二宗室骨肉存在隔阂；三对边境少数族闹事不予重视；四大战后对穷困百姓缺乏救济；五平定乱党赏罚不及时。"孙惠上书说："大名、大权、大威都不应长久留恋。明公应该功成身退，让

世界大事记

罗马阿非利加省爆发阿拉狄翁领导的奴隶起义。

齐王冏 享乐 河间王颙 骄傲

《晋书·齐王冏传》 《晋书·成都王颖传》 《晋书·河间王颙传》

人物 关键词 故事来源

重任给长沙、成都二王，自回封国，这样定有好名声。继续贪恋权势十分危险。"曹摅也劝说："事物忌讳大盛，大王如能居高思危，放弃权力，是大好事。"可是这些语重心长的话齐王冏根本听不进去。王豹写信给齐王冏说："元康以来，宰相在位者无一人善终，这乃世势造成，并非他们都是坏人。公克平祸乱，安定国家，仍蹈他们的覆辙，想长存岂是易事？河间、成都、新野三王正当强盛之年，富戎马，处要害，公独在京都，专掌大权，要想求得安定岂不更难？"王豹建议以成都王为北州伯，治邺城；齐王为南州伯，治宛城，分黄河为界，共同夹辅天子。长沙王乂见信对齐王冏说："这小子是离间我们骨肉，应该打死。"齐王冏不分青红皂白，就将王豹鞭打而死。

内外夹击下，齐王兵败被杀

齐王冏因河间王颙早先曾依附赵王伦，心里总怀忌恨。齐王的翊军校尉李含对齐王手下有些人不满，单骑逃奔到长安，假称受皇帝密诏，使河间王颙杀齐王冏。河间王于是上表陈述齐王冏罪状，说他"沉湎酒色，不恤百姓，树立私党，排斥忠良，操纵王爵，贿赂公行，不守臣节，妄想篡位"，提出应以成都王颖为宰辅。十二月，表到洛阳，齐王冏大为恐慌，忙召集百官商量对策。大臣多劝他让位给二王，从事中郎葛旟怒气冲冲地说："汉魏以来，王侯让出权力回家的有能保全妻儿的吗？讲这些话的人应该斩首！"百官们吓得不敢再说话。

西晋陶俑

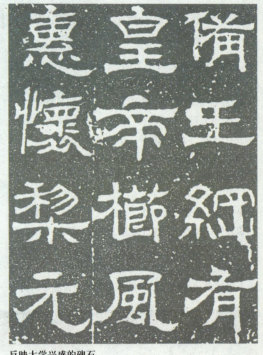

反映太学兴盛的碑石

西晋皇室在都城洛阳的辟雍立的碑石，1931年出土。辟雍为古代太学，晋武帝于咸宁四年（278）至太学立此碑。碑用整块石料刻成，插在覆斗形碑座上，通高3.22米。正面刻碑文1500字，记晋武帝设立学官，兴办太学，亲临辟雍视察讲演，以及皇太子再次来此之事。背面刻学官博士、礼生弟子400余人的姓名和籍贯。碑刻反映出当时太学的兴盛。

当河间王的军队攻打洛阳时，在洛阳的长沙王乂带领百余士兵向齐王府发动攻击。齐王冏宣称"长沙王乂假奉诏书"，长沙王声称"大司马谋反"。当夜二王就在城内大战起来，飞矢如雨，火光照天。打了三天三夜，齐王冏失败，被捉到惠帝前，惠帝本想留他一命，一旁的长沙王乂却喝令左右立即推出斩首，于是齐王冏及其亲党被灭三族，共有两千多人死于非命。

火烤长沙王

长沙王乂在洛阳控制惠帝，成都王颖和河间王颙发动二十多万军队向洛阳进攻，双方激战，最后在洛阳的东海王越逮捕长沙王，送于张方，被火烤而死。

成都、河间二王联合攻击长沙王

齐王同死后，留下来的三个王又有了矛盾。河间王颙本来以为齐王同会擒长沙王乂，然后以为乂报仇为借口，宣告四方共讨同，同时废惠帝，立成都王颖为帝，自己为宰相。想不到乂杀了同，他的计划落空，而自己和颖又都在藩国，不知如何是好。

长沙王乂虽在京城，但大小事都要与弟成都王颖商量，颖实际遥控着朝廷。颖自以为功高，骄奢淫逸，百事废弛，比齐王同有过之而无不及。颖想为所欲为，觉得在洛阳的长沙王乂是一大障碍，总想除掉他。恰巧河间王颙也想除去乂。于是，二人就欲联合攻乂，参军邵续进谏说："兄弟如同左右手，明公想统治天下而先斩去一只手，这样行吗？"颖不听。八月，颙、颖二王共同上表称："司马乂论功行赏不平，与羊玄之、皇甫商等人专擅朝政，杀害忠良，请皇上诛杀羊玄之、皇甫商，贬司马乂回家。"

数十万大军激战洛阳

在京城的长沙王乂岂甘示弱，他让惠帝下诏书说："颙敢于举大兵进攻京师，朕将亲自率领六军诛杀奸臣，命长沙王乂为太尉、都督中外诸军事，统率全军抵抗叛军。"河间王颙以张方为都督，率七万兵马，自函谷关向东进攻洛阳，成都王颖的军队屯在朝歌，以陆机为前将军、前锋都督，率二十万人马南下攻打洛阳。九月，张方攻入京城，大肆抢掠，杀死数万人。十月，司马乂与陆机军战于建春门，机军大败，

世界大事记

罗马帝国约于此时编成《格雷戈里安努斯法典》。厄基利兹于埃及举兵反叛罗马，宣布独立。

《晋书·成都王颖传》
《晋书·长沙王乂传》

成都王颖　长沙王乂

溃败　残忍

人物　关键词　故事来源

魏晋大袖衫

溃逃士兵跳入七里涧，涧水都被堵塞不流。

长沙王乂带着惠帝进攻张方军队，张方士兵见皇帝来到，纷纷退跑，死五千多人，退屯十三里桥。众军想乘夜逃走，张方说："胜负乃兵家常事，我们应出其不意加以反击。"于是又偷偷进逼洛阳，修筑工事，准备军粮。长沙王乂胜利后放松了警惕，结果被张方军打得大败。

朝廷官吏认为长沙王乂和成都王颖既是兄弟，应劝说他们和好。于是推中书令王衍等人到司马颖军

墓室砖画与壁画排布
（左页图及右图）

这是甘肃嘉峪关新城魏晋墓中的壁画，嘉峪关墓是魏晋时期南方墓室绘画风格的代表，沿袭东汉风格。绘画简洁自由，流畅奔放，以红色为主要装饰色调。壁画中表现了牧马、打猎、出行等生活画面。

中，劝他与乂以陕西弘农一带为界，分地而居，司马颖不同意，继续进军至洛阳附近。

张方的军队掘开了洛阳城东水堰千金堨的堤，把水放了。洛阳用水发生了困难，碾米的水碓也无法使用了，只得命奴婢们用手舂米，于是米价高涨，一石涨到万钱。皇帝的命令仅在洛阳一城有效。长沙王司马乂派刘沈凑合了万余人去进攻河间王颙的老巢长安，河间王急了，调张方军回去救援。

洛阳兵变，长沙王被火烤

长沙王乂多次与成都王颖的军队交锋，前后斩获六七万人。战争虽然取得了胜利，但洛阳的禁卫军将领们已经不想再打下去。司空、中书监东海王越就秘密与宫中的将领们里应外合，于永兴元年（304）一个夜晚逮捕了长沙王乂，上奏皇帝，免去他的官位，把他关在金墉城。一面下令大赦，改元永安，打开城门，向成都、河间王军队投降。一面秘密通知张方，由张方派人带兵三千到金墉城，将长沙王乂送到自己的营房，置在火堆上，活活烤死。乂喊冤的惨叫声响彻四方，连张方的士兵见此惨状都流下泪来。

〉历史文化百科〈

〔张方〕

张方（？—306），晋河间（今河北献县东南）人。以勇武为河间王司马颙赏识。太安二年（303），颙与成都王颖讨长沙王乂，以为都督，自函谷关进逼洛阳，决千金堨，水碓皆涸，使公私困迫。次年正月入洛阳，杀长沙王乂，大掠官私奴婢万余人，西返长安，军中乏食，杀人杂牛马肉同食。被颙任为右将军、冯翊太守。汤阴之役后，占洛阳，挟惠帝至长安。为中领军、录尚书事，领京兆太守。永兴二年（305）东海王越攻颙入关中，颙欲与越和解，恐方不从，遣郅辅杀之。

公元295年　公元295年

晋惠帝　成都王颖　张方

《资治通鉴·晋纪七》《晋书·惠帝纪》

残忍　掠夺

人物　关键词　故事来源

〇一八

世界大事记　戴克里先围攻埃及亚历山大城。波斯攻占罗马保护国亚美尼亚。

东海王讨伐成都王失败

永兴元年（304），长沙王乂死后，惠帝下诏以成都王颖为丞相，加东海王越守尚书令。颖进入洛阳后又回到邺城。令亲信石越率五万士兵驻守在洛阳十二城门，殿中人士凡是颖看不顺眼的统统被杀，保卫皇宫的宿卫兵也都换了新的。

河间王颙上表请立丞相司马颖为皇太弟，这就意味着他成为皇位继承人。颖又被任都督中外诸军事，他把皇帝用的车马服饰全部迁到邺城。颙也因功被任为太宰、大都督、雍州牧。

司马颖开始过起奢侈荒淫的生活。所用的都是奸佞小人，经常胡作非为，这样一来大失众望。七月，司空东海王越便以皇帝名义宣布戒严，讨伐司

西晋青瓷神兽尊（左页图）

出土于江苏宜兴城内的西晋平西将军周处的家族墓地，对了解当时族葬有一定意义，出土遗物以青瓷器为主，质地纯洁坚致，釉色光亮滋润，是西晋青瓷的标准器，与宜兴南山窑青瓷成分一致，接近后来南宋官窑青瓷成分，说明其制作技术颇为进步。

惠帝迁长安

成都王颖控制朝廷后，过起荒淫生活。东海王越以皇帝名义伐颖，结果失败。颖在王浚和鲜卑进攻下，挟惠帝南奔洛阳。张方将洛阳洗劫一空后，把惠帝挟持到了长安，受河间王颙控制。

马颖。颖的亲信石越逃回邺城。司马越发檄文召集四方兵马，自为大都督，奉着惠帝向司马颖进伐。部队到达安阳时，已有十余万兵马，邺城吃紧，由石越率五万军兵出城抵抗，由于司马越军疏忽大意，结果竟失败了，官兵纷纷逃散，惠帝脸颊中了三箭，躲到草丛中被俘，随身带的玉玺也丢了。司马颖派人把惠帝迎到邺城。东海王越灰心丧气地逃回东海。

成都王挟惠帝回洛阳

正当司马颖自以为可以挟天子以令诸侯的时候，河北的安北将军王浚联合鲜卑务勿尘进军声讨司马颖。司马颖派石越率军抵挡，被王浚军打败。邺城大震，百官士兵纷纷逃散。司马颖与帐下数十人带着惠帝南奔洛阳。王浚部队进入邺城除了大肆抢劫杀戮外，又掠夺妇女，王浚下令："敢私藏妇女者斩。"掠夺者怕被查出，就把抢来的八千多个妇女全部推到易水中淹死。

张方洗劫洛阳　惠帝迁长安

惠帝回到洛阳。这时洛阳实际上已被张方控制。司马颖是败军之将，不能干预

汉魏洛阳故城

汉魏洛阳故城是河南洛阳市范围内具有代表性的古代大型遗址，位于洛阳市及其下辖之偃师市、孟津县相毗邻处。故城北负四百里巍巍邙山，南临千年洛河，古城垣逶迤于伊洛平原之上。汉魏故城由宫城、内城、外郭城构成，是我国规模最大的古城址。在我国城市发展史上，占有重要的地位，它对隋唐长安城与东都洛阳城的建筑形制有显著影响。

惠帝迁长安

晋惠帝被劫往邺城，成都王司马颖满以为可以挟天子以令诸侯了，却遭到开国元老、录尚书事王沈的儿子、被他任命为安北将军的王浚十万军队的攻击，他只得带上晋惠帝逃回洛阳，又落入张方的掌握之中。张方的军队在京城抢劫了许多财宝，急着要带回家去，他以为洛阳不是久留之地，想把晋惠帝迁到长安去。尽管晋惠帝不愿去长安，但张方很是凶暴，不去不行。到长安后，住进了河间王的征西将军府。光熙元年（306）十一月十日夜，晋惠帝司马衷吃了有毒的面饼，死于洛阳显阳殿。此三图出于明刊本《东西晋演义》。

朝政。张方军队在洛阳时间一久，财物也快抢完了，就吵着要回长安。十一月，张方带兵上殿，同时带来皇帝坐的车子，逼着惠帝上车。惠帝要张方把宫人、宝物带走，张方借此机会又大肆抢掠宫中的财宝和妇女，把精心绣织的流苏宝帐、五彩羽毛、名贵丝绒全都割断用来垫马鞍，魏晋一百多年积累起来的宫廷珍宝被洗劫一空。张方还想一把火烧掉皇宫和宗庙，以断绝人们回洛阳的念头。有人劝他说："董卓无道，焚烧洛阳，至今还被人咒骂，你何必步他的后尘呢！"张方这才作罢。

惠帝到了长安，河间王颙率领百官及士兵三万人在霸上迎接，惠帝便以司马颙的征西将军府作为皇宫。十二月，下诏司马颖重新为成都王，以豫章王司马炽为皇太弟，东海王越为太傅，与颙共同辅政。但是东海王不要这个空头官衔，司马颙就此独揽了大权。

▶历史文化百科

〔八王世系〕

八王之乱中的八王世系是：

汝南王司马亮——司马懿四子

楚王司马玮——司马炎五子

赵王司马伦——司马懿九子

齐王司马冏——司马炎弟司马攸之子

长沙王司马乂——司马炎六子

成都王司马颖——司马炎十六子

河间王司马颙——司马懿侄太原烈王司马瓌子

东海王司马越——司马懿侄高密王司马泰长子

公元296年 <公元296年>

世界大事记

罗马军陷亚历山大城，重新征服埃及。波斯于卡雷（今哈兰）大败罗马人。

东海王越
方

成都 河间
王颖 王颙

八王
之乱

谎骗

《晋书·东海王越传》《资治通鉴·晋纪八》

人物 典故 关键词 故事来源

〇一九

东海王越施离间计

永兴二年（305）七月，东海王越下檄文到各州郡，声称要集合义师，奉迎天子还都洛阳。响应的有范阳王虓（xiāo）、王浚等，他们推举为盟主。没有随帝去长安的朝廷官吏差不多都投到了越的门下。

河间王颙听说司马越在山东起兵，十分恐惧，他借惠帝的名义发出征讨诏书，任命张方为大都督，统率十万精兵进行征讨。东海王盟军的人马也不少，王浚还带来了鲜卑乌桓骑兵助战。在一触即发之际，东海王又施出和谈一手，实际上是为了离间河间王与张方。光熙元年（306）正月，他派缪胤为使者去长安，对河间王说："张方挟持皇帝到长安，全国痛恨，这事不能一错到底。"他劝河间王把惠帝送回洛阳，并说兄弟之间有事总可以商量。河间王与东海王原是远房兄弟，听了缪胤的话，河间王倒有了罢兵的意思，无奈张方反对，说："我们据形胜之地，国富兵强，奉天子号令，谁敢不从，怎么能拱手受制于人。"由于张方掌握了兵权，河间王也无法坚持自己的意见。

西晋持刀俑

刀是切、割、砍、铡的工具，此持刀武士是步兵俑，其双手持刀，说明此刀也是近身格斗时使用的，晋代民谣中称勇士陈安"七尺大刀分如湍，丈八蛇矛左右盘，十荡十决无当前"。

八王之乱的结束

东海王施出离间计，使河间王杀了大将张方，最后惠帝回到洛阳后被毒死，成都王和河间王也相继被杀。八王死了七王，一场战乱终于结束。

河间王颙中计杀张方

河间王参军毕垣曾被张方侮辱过，怀恨在心，这时便对河间王说："张方屯军霸上，按兵不动，看来有异心，他的亲信郅辅定知此事。"河间王派人找郅辅来询问。郅辅走到半路，毕垣迎上去说："张方想谋反，人家都说你知情。王问你将如何回答？"郅辅大惊说："我实在不知道张方谋反的事。这事怎么办？"毕垣说："大王如问起来，你只能说是，辩解必有大祸临头。"郅辅来到河间王处，河间王问："张方要谋反，你知道吗？"郅辅答："是。"又问："派你去杀张方，如何？"郅辅再答："是。"颙于是写了封信，派郅辅送给张方。郅辅带刀进入张方营房，门卫并不怀疑。郅辅把信交给张方，趁张方在灯下看信之际，拔出刀来砍下张方的头，随即回报河间王。河间王把张方的头送到东海王越处请和，谁知越并不同意，反而加紧进攻。河间王这才知上了当，事已至此，只好把郅辅杀了解气。

惠帝回洛阳后被毒死

东海王派祁弘率领鲜卑兵西攻长安，河间王单身匹马逃入太白山。祁弘进入长安，鲜卑部众大肆掠夺，杀死两万多人，百官也大都逃散。六月，祁弘奉惠帝回到洛阳。

汝南（今河南东南）　长沙（今湖南）
楚（今湖北中部）　成都（今四川）
赵（今河北西南）　河间（今河北东南）
齐（山东省）　东海（今山东南部）

八王之乱

晋惠帝元康元年（291），皇后贾南风为了专政，先后杀汝南王亮、楚王玮，夺得大权。此后，赵王伦捕杀贾后，废惠帝而自立。齐王冏在许昌，成都王颖在邺，河间王颙在关中，相继起兵讨伐，战火从洛阳迅速燃遍大河南北和关中地区。战争中，赵王伦、齐王冏、长沙王乂、河间王颙、成都王颖先后被杀。光熙元年（306），东海王越毒死惠帝，另立皇太弟炽为帝，是为怀帝。"八王之乱"历时16年而结束。这场战乱严重破坏了社会生产，也从根本上动摇了司马氏统治的基础。右二图出于明刊本《东西晋演义》。

在祁弘率兵攻入关中时，成都王颖从武关逃奔新野，后又逃到朝歌，被顿丘太守冯嵩抓获，送到邺城范阳王虓处。十月，被虓长史刘舆杀死。

十一月，惠帝吃了一块面饼，突然中毒死了。有人推测可能是司马越下的毒手。接着皇太弟司马炽即位，就是怀帝。

十二月，司马越让怀帝下诏书请司马颙来京城任司徒之职，颙很高兴，但刚到新安，就被南阳王模派的将领梁臣暗杀。

八王之乱的结束

怀帝即位后改年号为永嘉，时为公元307年。至此，除东海王越外，八个王在互相残杀中死去了七个，即汝南王亮、楚王玮、赵王伦、齐王冏、长沙王乂、成都王颖和河间王颙。前后持续十六年之久的"八王之乱"宣告结束。旷日持久的动乱中，不仅社会生产受到极大破坏，还给内迁各族统治者造成了割据称雄的机会，不久，西晋就灭亡了。

李特　范长生　李雄　赵廞　罗尚　正义
《晋书·李特传》《晋书·李雄传》《晋书·罗尚传》

人物　关键词　故事来源

〇二〇

在"八王之乱"的混战过程中，南方各地发生了流民起义。其中以李特的起义规模最大。

大成国和范长生

李特领导流民进入益州后，进攻成都，赶走益州刺史赵廞，后又大败新任刺史罗尚，但他放松警惕，最后被杀。李流通过与大地主范长生合作，攻入成都，建立了大成国。

流民进入益州，李特进攻成都

李特是巴氐族，为人沉着坚毅，善于骑射。晋惠帝元康年间关中地区发生瘟疫饥荒，天水、略阳等六郡流民十多万人，成群结队向梁州、益州等地流动。梁州即今陕西南部，益州在今四川境内。沿路饥民也纷纷加入流民队伍。李特及兄弟李骧、李庠、李流在流民中悉心照料老弱病残，受到大家拥护，成为流民的领袖。

流民进入益州后，分散在各地为地主佣耕，或开荒种地。益州刺史赵廞（xīn）因赵王伦废杀贾后时，也株连杀了他的长子，早有反叛西晋割据称雄的野心。他见十多万流民进入他管辖的地区，认为是扩充势力的极好机会，立即开仓放粮，收买人心，并拉拢流民领袖，任命李庠为部曲督，招合六郡流民中强壮的人组成军队。永康元年（300）十一月，西晋朝廷要调赵廞到京都当大长秋，即皇后的侍从官，赵廞正式打出反晋的旗号。宣称自己为大都督、大将军、益州牧。任命李庠为威寇将军，带兵把守关中进入益州的要道，防备晋军的讨伐。李庠精通兵法，武艺高强，深得部下拥护。赵廞既要利用他，又妒忌他的才能。不久，就找个借口把他杀了，还把他身边的宗族三十多人也都杀了。

李特、李流等立即率众撤到流民最多的绵竹地区，即今四川德阳北，集合了七千多人进攻成都。赵廞的将吏们吓跑了，赵廞偷偷带了家眷从小河逃命，途中被部下所杀。

官府逼遣还乡，李特首战告捷

赵廞死后，西晋朝廷任命罗尚为益州刺史，他限令流民在七月以前归还本乡。当时流民分散在各地帮人种庄稼，七月正是雨季，道路泥泞，行进困难，庄稼又未收，也没有路费。听说官府逼遣，人人忧愁。李特代表流民向罗尚要求等秋收以后再走。罗尚不允，流民们只好聚集到李特身边。李特在绵竹设立了大营，收容流民，不多日，就聚集了两万多人。

永宁元年（301）十月，在罗尚身边掌兵权的广汉郡太守辛冉派三万步兵和骑兵偷袭李特大营。流民早有准备，军队一进入营地，埋伏着的几万流民就手执大刀长矛，高喊着冲杀出来，把晋军杀得尸体遍野。

中国西部古代民俗生活的壮丽画卷

嘉峪关壁画墓室内最引人注目的还是刻在墓壁上的砖壁画艺术，除极其珍贵的"驿使图"外，还有农耕、采桑、畜牧、井饮、狩猎、屯垦、营垒，以及庖厨、宴饮、奏乐、博弈、出行、坞壁、穹庐、车舆、丝束等。专家们认为，这些墓砖壁画艺术内容丰富，形象生动，为我们研究魏晋时期的政治、经济、军事、文化、民俗民风及农牧、气候等提供了翔实的实物资料。

李特首战告捷，乘胜包围了成都，罗尚闭城固守。李特自称使持节、大都督、镇北大将军；少子李雄为前将军。他"约法三章"，开仓赈济贫民，整肃吏治，礼贤下士，深得流民拥护。

李特遇害，李雄建立大成国

取得一连串胜利后，李特放松了警惕，他把义军主力分散到地主坞堡去就食。李流劝他最好把大姓的子弟带来作人质，李雄也劝他不要大意，但李特没有听他们忠告。太安二年（303）二月，罗尚突然从成都发兵，袭击李特大营，各地坞堡主也纷纷响应晋军。李特奋战二日，终因寡不敌众而失败，李特惨遭杀害。

嘉峪关壁画墓

嘉峪关壁画墓发掘了八座，其中六座是壁画墓，共保存壁画六百余幅，多数一砖一画，也有大幅壁画。取材均来自现实生活，主要反映古墓主人豪华生活，描绘平民生活也有二百多幅，其中农桑畜牧等生产活动又占多数。用色单纯，色彩总体效果热烈明快。为研究河西石窟寺艺术渊源的珍贵资料。

李特死后，李流领导流民继续战斗。这时流民军中饥荒严重，李流通过徐舆游说青城山的大地主范长生，得到了粮食补充。青城山在成都附近，是道教的洞天福地；范长生是天师道教主，他既是宗教领袖，也是地主武装首领。

起义军军威复振，又向罗尚进攻。永兴元年（304）十月，义军攻入成都，罗尚潜逃，整个蜀地为起义军掌握。这时李流已死，李雄自立为成都王，不久，即位称帝，国号大成；拜范长生为丞相，尊称为"范贤"，后又加为天地太师，封西山侯，免除其租税。李雄废除晋法，与民约法七章。由于赋税、劳役都比西晋减轻，深受百姓的拥护。

但是，范长生等许多地主分子进入了起义军队伍，大成国实际上已逐渐成为封建割据政权。咸和九年（334）李雄死后，后继者大多昏庸残暴，奢侈无度。永和三年（347），大成政权终于为桓温所灭。

张昌　刘尼　刘弘　正义
《晋书·张昌传》《晋书·刘弘传》　陶侃

人物　关键词　故事来源

壬午兵和流民

李特在四川起义后，西晋政府征发荆州地区百姓前往益州镇压。诏书是太安二年（303）三月九日发出的，这一天是壬午日，所以称为"壬午诏书"，征发的兵就叫"壬午兵"。荆州人民本来就不愿意长途跋涉到四川去打仗，诏书催逼又急，规定经过地界停留只要五天，州郡长官就要免职。因此郡守县令都亲自出来驱赶壬午兵，引起极大不满。这一年江夏丰收，江夏即今湖北安陆，许多流民就聚到这里来。这样，逃避远征的壬午兵和流民就结合起来，成为后来张昌起义的基本队伍。

建造宫殿，"百鸟朝凤"

张昌是蛮族人，年轻时做过平氏县（今河南桐柏县西北）的县吏，武艺高超。他曾经为自己占卜，说将来会富贵，又常常对同伙们讲述打仗的战术，同伙们都笑他自不量力。李特起义后，张昌在安陆县的石岩山聚集了数千人，不久，壬午兵和流民也纷纷参加进来。张昌认为时机成熟，便发动起义。江夏太守弓钦派兵去镇压，被打得大败。张昌攻克江夏郡，获得了许多武器物资。他见山都县（今湖北襄樊市西北）的县吏丘沈长得一表人材，就把他当作"圣人"，让他穿了皇帝的衣服，坐了华丽的车子，改姓名为刘尼，说是汉朝皇室的后代。张昌自己改姓名为李辰，

嘉峪关墓室内部

从嘉峪关墓室内部构造来看，八座砖壁画墓的修筑方式和结构有惊人的相似之处，设计完美，十分讲究。魏晋墓葬群和砖壁画的发现，无疑填补了中国绘画艺术史上的一个空白点，给当代提供了研究历史文化和绘画艺术的实物资料，具有十分深远的意义。

百鸟朝凤

张昌起义后，取得了很大的发展，控制了荆、江、扬、徐、豫五州大部分地区。但由于农民固有的弱点，如缺乏政治经验、内部涣散等，最后被政府军镇压。

任相国，兄张味为车骑将军，弟张放为广武将军，各领部众。张昌在石岩山上用石头建造起宫殿，在山顶上用竹片编织成一只大凤凰，披上五色彩绸，在它身旁放了许多肉，引来许多飞鸟。张昌就说这是"百鸟朝凤"。于是宣布年号为"神凤"。各种仪礼都仿照汉朝。他又散布流言说江淮以南都要造反了，朝廷调集了许多官军，要把起义者斩尽杀绝。一传十，十传百，搞得人心惶惶。于是长江、汉水一带的百姓纷纷竖起义旗响应张昌，不到一个月，队伍已发展到三万余人。这些人都用红布裹头，两鬓上贴了毛，手握大刀长戟，见到官军就砍，锐不可挡。

西晋《摩诃般若波罗蜜经》

《摩诃般若波罗蜜经》在甘肃敦煌藏经洞发现。此为第十四卷。此经卷书法尚存隶意，茂密淳朴，有两晋风范。

起义从发展至失败

张昌派大将黄林率二万部众攻豫州，又派人攻破武昌，杀了太守。后来亲自率领队伍进攻宛城，打败了西晋前将军赵骧，杀了西晋平南将军羊伊。接着，攻下襄阳杀了新野王司马歆，另派石冰打败扬州刺史陈徽，占领扬州各郡；更派陈员等人攻下长沙、武陵、零陵各郡。于是义军控制了荆、江、扬、徐、豫五州的大部分地区。

张昌任命了一批贫苦的百姓做郡县官吏，这些人没有政治经验，又不能控制部下的违纪行为，义军内部开始涣散。这时西晋朝廷派刘弘为镇南将军、都督荆州诸军事、荆州刺史，他令南蛮长史陶侃为大都护，进据襄阳，打败了

张昌，大肆屠杀义军，被迫投降的也有万余人，张昌只得退出荆州。

朝廷再派刘乔为豫州刺史，从东向张昌进攻，攻下江夏，杀死张昌所立的皇帝刘尼。

在晋军的追赶下，张昌逃到下俊山，此山在今湖南岳阳以东，陶侃包围了山林，反复搜寻，到永兴元年（304）秋天，张昌终于被捕牺牲。

西晋青瓷神兽尊（局面）

▷历史文化百科◁

〔永嘉之乱〕

晋惠帝永嘉（307—313）年间，八王之乱使社会经济遭到严重破坏。匈奴贵族刘渊利用各族人民起义的时机起兵反晋，刘渊死后子刘聪继位。公元311年他派石勒在苦县歼灭晋军十余万，同时派刘曜攻破洛阳，杀晋怀帝及王公士民数万人，纵兵烧掠，挖掘陵墓，都城洛阳成为废墟。不久，在长安即位的晋愍帝投降，西晋灭亡。这一事件历史上称为"永嘉之乱"。

在北方各族人民的反晋斗争中，一些少数族上层分子认为这是实现自己政治野心的极好机会，纷纷扯起反晋的旗帜，扩大自己的势力。

刘渊称汉

西晋末年，北方各少数族贵族纷纷起兵。首先发难的是匈奴贵族刘渊，他建立了汉国，在平阳称帝。由此拉开了五胡十六国时代的序幕。

立志文武双全

首先起兵反对西晋统治的是匈奴贵族刘渊。东汉时南匈奴入居今甘肃、陕西、内蒙古和山西北部后，曹操将其分为左、右、南、北、中五部，以匈奴贵族为五部帅。晋武帝将五部帅改为五部都尉，共领匈奴三万余户。五部中左部最大，有一万多户，都尉是刘豹。刘渊是刘豹的儿子，当时以"任子"身份住在洛阳。任子就是人质。他在洛阳交游汉族官僚士人，受汉文化影响很深。幼时还读过《诗经》《尚书》和《史记》《汉书》《孙吴兵法》等书。他曾对同学朱纪、范隆说，他每看

《汉书》，总觉得"随陆无武，绛灌无文"。意思是说随何、陆贾两个名士没有武略和将才，绛侯周勃、颍阴侯灌婴两个武将没有治国的文才。他认为十分可惜，因此立志要文武双全。他一边读书，一边习武。刘豹死后，晋武帝放刘渊回去继承左部帅，后又拜为北部都尉。由于他轻财好施，待人诚恳，赏罚分明，匈奴五部中的豪杰都来投奔他，幽州、冀州一些儒生名士也不远千里到他那里交游访问。

离石起兵，反晋队伍扩大

八王之乱以后，刘渊的堂祖父、曾当过匈奴左贤王的刘宣与部众们商议："过去我们祖先与汉朝约为兄弟，患难与共，汉亡以后，魏晋交替，我单于虽有虚号，但没有一尺封土，连王侯也和普通编户一样。现在司马氏骨肉相残，四海鼎沸，正是我们兴邦复业的大好时机。左贤王刘渊英姿绝人，才能超世，若不是为了让他来兴邦立国，上天决不会虚生此人。"五部首领们都赞成他的看法，于是派呼延攸到邺城悄悄告诉刘渊。刘渊很高兴，便去向成都王请假，说家有丧事需要回去料理，成都王未允。后王浚进攻邺城，刘渊又劝说成都王让他回去发动匈奴五部前来援助，这才获准。

用于盛酒的西晋青瓷扁壶（上图）
扁壶在魏晋时期是一种盛酒器具，有方、圆两种样式，壶腹皆呈扁平形，小口短颈便于倒酒，两侧置耳以利系绳，出游时可随身携带，一路游一路饮。这只扁壶出土于江苏金坛，双耳塑成动物形，壶腹刻有奇异图案和文字。

> **历史文化百科**
>
> **〔随陆无武，绛灌无文〕**
>
> 随，指随何，汉初辩士，刘邦击楚，奉命出使淮南，说服淮南王英布归汉。陆，指陆贾，汉初政论家，善口辩，曾出使说服南越王尉佗归汉，并向刘邦建议用儒士治天下。绛，指绛侯周勃；灌，指灌婴，二人均出身贫贱，随从刘邦起兵，转战南北，屡建军功，汉初又参加平定异姓各诸侯王之乱。刘邦死后，吕氏擅权，他俩与陈平合谋诛诸王，拥立代王为汉文帝，俱官至丞相。这段话是指随、陆二人均为文士，不会打仗；绛、灌二人都是武将，没有学问。形容文武不能双全，才能有欠缺。而刘渊的抱负就是文武双全。

三国两晋时期的下层百姓

西晋时期的明器。女俑上身袒露，疑为奴隶身份，三国两晋南北朝时期的奴隶可分为官奴和私奴，成为奴隶的有罪犯、战俘和被征服的人，也有因生活困顿、战乱而自卖为奴的。私家奴隶多从事农耕、手工业制造、经商和家务等多种劳务。男俑是儿童形象，穿"吏服"，这一时期的"吏"承担各级官府的公务、劳务，有的还要参加战斗和农业劳动，并向官府缴纳高额收成，这种吏的征选年龄是13—60岁，有时甚至扩大到8—80岁，社会地位低于普通平民。

永兴元年（304），刘渊回到今山西孝义的左国城，随即在离石（今山西吕梁）起兵。北方各族人民长期受西晋压迫，听到刘渊起兵，纷纷响应，一二十天内聚集了五万部众，一些西晋失意的将吏和名士也前来投靠。

建立汉国，平阳称帝

不久，成都王司马颖被王浚率领的鲜卑兵打败，挟惠帝南奔洛阳。刘渊本想派兵救援，刘宣反对说："晋室无道，把我们当作奴隶，因而左贤王不胜其忿。现在司马氏父子骨肉相残，正是我们匈奴恢复王业的大好机会。鲜卑和乌桓均可为相助的力量，怎能把朋友当敌人呢？"刘渊采纳了他的意见，决定起兵反晋，立国号为汉，自称大单于，又称汉王，表示他既是北方各少数族的首领，又是刘汉封建正统的继承者。他说："灭晋像摧枯拉朽一样容易，晋朝的百姓恐未必心向我们；但是汉朝立国长久，恩德结于人心，我们祖先与汉和亲，约为兄弟，兄亡弟继，不是很正常的吗？"

刘渊改年号为元熙，以刘宣为丞相，刘宏为太尉。又录用了一些汉族地主官僚，如范隆、朱纪等人。刘渊的军队很快攻下了太原等地，赶走了并州刺史司马腾。在东方起兵失败的羯人石勒等率众前来投靠。刘渊势力大增，攻降了许多地主武装，屡败晋军，势力很快从山西发展到了河北、山东。永嘉二年（308），便在平阳，即今山西临汾称帝，积极准备灭晋。

刘渊进攻洛阳

刘渊称汉后，各地烽烟滚滚，不少人想起兵称王。永嘉元年（307）二月，青州东莱（今山东莱州）人王弥自称征东大将军，进攻青、徐二州。王弥武艺高强，又懂兵法，出没无常，人称"飞豹"。他与阳平人刘灵一起投奔刘渊，刘渊任王弥为青、徐二州牧，都督缘海诸军事，封东莱公。王弥进攻青、徐、兖、豫四州，杀守令，第二年四月便攻下许昌。

王弥劝刘渊早日称帝。刘渊遂于十月即帝位，国号大汉，年号永凤，定都今山西隰县的蒲子城，不久又迁都平阳，即今山西临汾。

西晋灭亡

西晋王朝的末代君主晋愍帝司马邺14岁即皇帝位。匈奴汉国中山王刘曜驱军大进，攻打长安。建兴四年（316）冬十一月十日，晋愍帝向刘曜递交降表。第二天，愍帝乘羊车，光着上身，口衔玉玺，带着棺木，出长安东门，去刘曜军营投降。刘曜以礼接待晋愍帝，焚烧了棺木，接受了玉玺，为他解开绑绳，表示接受他的投降。至此，西晋宣告灭亡。西晋从司马炎称帝到司马邺投降，共经历了52年。此图出于明刊本《东西晋演义》。

西晋灭亡

在刘渊、石勒、刘聪、刘曜等少数族贵族进攻下，西晋终于灭亡了。在这过程中，洛阳遭到怎样的破坏？西晋皇帝受到怎样的侮辱？请读本篇故事。

石勒在河北也有很大发展。他进攻魏郡、汲郡、顿丘，五十多个坞堡主向他投降，石勒封他们为将军、都尉，挑选五万壮劳力充实自己军队。后又攻陷巨鹿、常山以及冀州各郡县坞堡一百多个，部众扩大到十余万人。

刘渊既得王弥、石勒及鲜卑、氐等各族首领的帮助，逐渐攻取了洛阳四周之地，对洛阳形成了包围的态势。称帝后，他便派其弟刘聪与王弥进攻洛阳。在洛阳掌权的东海王司马越见洛阳危急，便率领甲士四万人和大批朝臣，以讨伐石勒为名东驻今属河南的项城，这样洛阳防守就十分空虚。

石勒杀晋王公贵族

永嘉四年（310）七月，刘渊病死，弟刘聪杀渊子刘和继为汉帝，继续进攻洛阳。次年二月，司马越忧死项城，太尉兼尚书令王衍被推为统帅，领兵护送东海王遗体去东海国，石勒得知消息，追至苦县宁平城（今河南鹿邑西南），将晋兵紧紧包围，十万晋军不是中箭身亡，就是自相残杀而死，尸体堆积如山。石勒劈开棺木，焚烧了东海王尸体。王衍及众多王公贵族被俘，石勒问他们西晋朝廷为何败亡，王衍想活命，拼命开脱自己罪责，自称从年轻时起就不想做官。石勒冷笑说："你年轻时就到朝廷做官，一直身居重任，怎说没有做官念头？晋朝灭亡，天下大乱，不是你的罪过，又是谁的责任？"命左右押他出去。其他的王公贵族也都讲了许多为自己开脱的话，只有襄阳王司马范神态严肃，大声呵责那些西晋王公："今日的事，还有什么可说的！"石勒的部下孔苌对石勒说："这帮人都是晋王公，终不肯为我所用。"石勒点头说："虽

公元308年

须处死他们，但应让他们死得体面些，不必用刀。"于是在深夜，命士兵把墙推倒，这些王公贵族顷刻被压成了肉酱。

洛阳被劫掠一空

在洛阳的晋怀帝孤苦伶仃，苟晞送来一千斛粮食和五百士兵，请怀帝迁都到仓垣，即今开封东北。怀帝有些心动，但公卿大臣们留恋家财，都不想去。然而洛阳饥荒越来越严重，甚至出现了人吃人的惨事。百官纷纷逃出洛阳，这才同意跟随怀帝离开洛阳，不料中途遇盗，只得再回到洛阳。

永嘉五年（311）刘聪派前军大将军呼延晏进攻洛阳，刘曜、王弥、石勒也引兵前来会战。王弥与呼延晏攻克宣阳门，进入南宫太极殿前，放纵士兵大肆抢掠，把宫中珍宝、宫女一抢而空。怀帝从华林门逃出，想西逃长安，被匈奴兵抓获。刘曜攻下西明门后进到武库，杀了太子司马诠，又发掘帝王陵墓，焚烧皇宫寺庙，许多辉煌建筑毁于烟火。刘曜把惠帝羊皇后占为己有，将晋怀帝和玉玺一起带往平阳。

> **历史文化百科**
>
> 〔杯弓蛇影〕
>
> 晋朝乐广是有名的清谈家，他有个好朋友已经有许多日子不到乐广家里来访谈了。有一次乐广在路上遇见了他，问他长久不来的原因。那人答道："上一次在您家，承蒙您请我喝酒，我正想喝，忽然见杯中有一条蛇，害怕极了，喝完回家后就生了一场大病，所以不敢再来。"乐广知道后，就再次请他，在同一座位上让他喝酒。然后问道："你在酒中还见到了蛇吗？"客人答："仍见到蛇，和以前一样。"乐广告诉他，这是因为屋角上挂了一张弓，它的影子照在杯子上的原故。客人知道了事实真相，心情豁然开朗，病也就好了。后来把"杯弓蛇影"比喻成疑神疑鬼，妄自惊慌。

怀帝被杀 愍帝投降

建兴元年（313）元旦，刘聪在光极殿大摆酒宴，命怀帝穿着青衣为大家斟酒。晋臣庾珉、王隽等不胜悲愤，不禁号啕大哭。刘聪大怒，把他俩和十多个晋大臣一齐杀死，后怀帝也被杀了。在怀帝被俘以后，豫州刺史阎鼎与雍州刺史贾疋等曾拥立武帝之孙司马邺于长安，号称皇太子。四月，怀帝噩耗传到长安，皇太子举哀，即皇帝位，是为愍帝。当时长安城中一片荒凉，到处是断垣残壁，粮食奇缺，米一斗竟值黄金二两，饿死的人不计其数。太仓也只剩面饼数十只，只得磨屑烧粥给愍帝吃。十一月，愍帝再也支持不下去，只好坐着羊车，光着膀子，口含传国玉玺，向刘曜投降。维持了五十二年的西晋王朝终于灭亡。

生动快乐的西晋吹骑俑

这个陶俑表现人物骑在马上的形象，人物头戴高冠，吹一乐器，马匹腿部抽象成简单的圆柱形，显出可爱小巧的形象，马匹和人物身上都雕有圆点花纹，造型生动。出土于湖南长沙。

《晋书·刘敏元传》

刘敏元　管平

坚强　胸怀

人物　关键词　故事来源

刘敏元救孤老

刘敏元舍身救一个无亲无故的孤老，其道德和精神甚至感动了强盗，最终把二人都释放了。

在"永嘉之乱"中，最遭殃的是广大百姓，不少人遭到抢掠杀害不说，甚至不少人被杀了充饥。

舍身救孤老

今山东潍坊市东南的北海，有个读书人，名叫刘敏元，喜欢读《周易》《太玄》一类书，虽处乱世，仍不忘用道德规范约束自己，决不随波逐流，改变自己的志向。永嘉之乱时，他与同县一个七十多岁的孤老管平一起从山东向西逃难，走到荥阳，遇到一伙趁火打劫的强盗。刘敏元年轻跑得快，回头不见了管平，便重新回到原地，果然看见管平被强盗绑着，他就对那些强盗说："这个老头是个孤老，没有多少年可活了。我情愿代替他，请诸位大人把他放了吧。"一个强盗问："这个老头是你什么人？"刘敏元答："是同乡人，他孤苦伶仃，与我相依为命。诸位大人如要抓他做苦力，他已老得做不动；如要吃他的肉，那肉已老，不如我刘敏元。务求可怜他把他放了吧！"有几个强盗动心了，但其中一个强盗瞪着眼睛大声对刘敏元说："我们不放过这个老头，还怕得不到你吗？"刘敏元见他这样，就拔出剑来大声说："我回来就不打算活，但要先杀了你再死。这老头穷苦不堪，神灵尚且可怜他；我和他既非骨肉亲人，也不是师生朋友，但他老而无依，我不能撇下他不管，所以情愿代替他。其他大人都有怜悯之心，唯有你却说出这种不知羞耻的话来！"

"这是个忠义之士"

刘敏元又回过头去对强盗头目说："你们这些人都可做一番事，上可做到汉高祖、光武帝，下不失为陈胜、项羽。但应取之有道，使所到之处都称颂你们的功德，怎能容忍这类小人损害你们的形象，我要为各位大人除去小人！"说着就用剑刺向那个强盗。其他人见状连忙出来制止，他们互相商量说："这是个忠义之士，杀害了他会不得人心。"于是把刘敏元和管平都一起释放了。

宋刻本《陆士龙文集》

《陆士龙文集》，西晋文学家陆云撰。陆云(262—303)字士龙，吴郡（今江苏苏州）人，著名文学家陆机之弟。陆云从小好学，有才思，5岁能读《论语》、《诗经》，6岁能作文章，与兄陆机齐名。16岁时被举为贤良，西晋末年官拜清河内史。所作诗颇重藻饰，以短篇见长，为文则清省自然，旨意深雅，语言清新，感情真挚。主张"文章当贵轻绮"，实开六朝文学的先声。

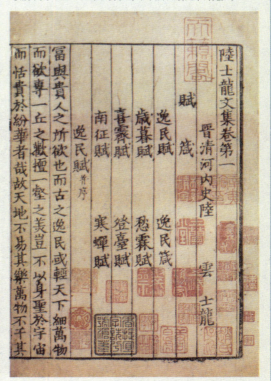

公元309年

○二五

中国大事记

刘渊迁都平阳（今山西临汾）。石勒集衣冠人物为"君子营"，用汉人张宾为谋主。

清谈误国

玄学或清谈是魏晋时期带有时代特征的社会思潮。什么是玄学或清谈？它讨论些什么问题？对社会有什么影响？这些问题我们应当有所了解。

魏晋时期的社会思潮

清谈又称玄学，是魏晋时期出现的一股社会思潮。它把儒家学说与道家学说相结合，特别看重《老子》《庄子》《周易》这三部书，专门讨论一些抽象的脱离实际的问题，如有与无、才与性（即才能与道德）、名教与自然（即政治制度和道德与天道和人类本性）、言与意（即语言与思维等等关系）。曹魏正始年间（240-248）的学者王弼、何晏是最早的代表人物，后来有被称作"竹林七贤"的嵇康、阮籍、山涛、刘伶、向秀、王戎、阮咸七人。到了西晋，不少官僚也参加到清谈中来，成为一种社会风气。西晋清谈的著名人物是王衍和乐广。

清谈领袖王衍和乐广

王衍，字夷甫，琅邪临沂，即今山东临沂北人，生得面清目秀，皮肤白嫩。有一次见到山涛，山涛对他大加称赞。对人说："哪里的婆娘能生出这么清秀的孩子。"后来又说："将来耽误天下苍

道藏辑要本《庄子》

魏晋读书人喜好老庄，善清谈，肯定儒家的名教之治和道家的自然无为思想，合儒道为一。图为清刻道藏辑要本《南华真经》（即《庄子》）。

生的，怕就是这种人！"晋武帝听到他的名声，问王戎："王夷甫可以比作谁？"王戎答道："无人能与他相比，也许只有从古人中才可找到与他相匹配的人。"

泰始八年（272），尚书卢钦推荐他任辽东太守，他不去。他平时从不谈人世间的具体事务，只谈论一些抽象的问题。后来虽然出任尚书郎和元城令，仍然终日清谈。他特别崇拜王弼"天地万物皆以无为本"的观点，当时一位名叫裴颜的哲学家提出"崇有论"反驳王弼，王衍就大大不以为然。

清谈往往采用主客问难的方式。谈主必须手执麈（zhǔ）尾，作为道具，以助谈锋，有点像乐队的指挥棒或教师的教鞭。麈本是大鹿，在群鹿行进时，麈尾摇动，可以指挥群鹿。只有善于清谈的大名士才有执麈尾的资格。王衍拿着玉柄麈尾，与雪白的手臂相映成辉。有时讲得不够确切，就随口改正，被人们称作"信口雌黄"。原来古时抄书修改时就用一种名叫雌黄的矿物涂抹。此话原无贬意，只是形容他口才出众。由于王衍常任高官，所以成为年轻人仿效的榜样。浮夸放诞也就成为社会风气。

与王衍齐名的是乐广。乐广幼年神态清秀，夏侯玄认定他将来必为名士。他生

西晋青釉鸡笼

长14厘米，1982年出土于江苏常熟市石梅西晋墓，虽是随葬品，但富有生活气息，我们还可通过此器物看到当时人们生活的情景，人们很善于饲养，拱形的鸡笼有"T"形喂食口，上面还有通气口，里边公鸡、母鸡各一，隐约可见，看样子还住得很舒服。

活俭朴，从不与人争物质利益，特别善于玄谈，常能用简短的话阐明深刻的道理，使人特别佩服。裴楷与他长谈后钦佩不已地说："我比不上他。"尚书令卫瓘说："曹魏玄学家云世后，常担心这种玄言难免绝灭，如今在乐广身上又重新听到了。"他命自己的儿子们去向他学习。并说："这人像水镜，见了使人心里亮堂，又如拨开云雾见到了青天。"王衍也说："我和别人说话已经觉得自己的话十分简洁，见到乐广，才知自己的话太繁琐了。"

"清谈误国"

由于崇尚清谈，有些人就因善于清谈而做了官。如司徒王戎问阮瞻："儒家圣人看重名教，老子、庄子看重自然，其含意是相同还是不同？"阮瞻回答了三个字："将无同"，意即差不多相同。王戎十分赞赏他的简要回答，即任命为官，当时人称之为"三语掾"。

在清谈风气下，有些人甚至走到了放纵任性的荒诞境地。这些人虽然做了官，但玩世不恭，整日喝酒，甚至散发裸身。如谢鲲任官后，任性放达，不拘小节，去调戏邻家的姑娘，被投来的梭子打断了牙

齿。毕卓为吏部郎，常因喝酒耽误公事。官吏们不去处理实际问题，终日谈玄，这种风气必然给国家带来严重的后果。王衍在被石勒杀死前叹道："我辈如不崇尚虚浮，合力来治天下，恐怕还不至于到今日的地步！"清初大学者顾炎武认为，正是清谈使晋朝"国亡于上，教沦于下"，这就是历史上所谓的"清谈误国"。但是玄学和清谈专门研究抽象的概念，在中国哲学史上还是有历史地位的。

美观可爱的西晋青瓷狮形器

这件器物可能是盛水用的，塑成可爱的狮子形状，狮头微微抬起像在讨好主人，四足简化成短柱形用以支撑，身体雕有漩涡状花纹。

公元310年 公元310年

中国大事记 汉刘渊死，太子和即位，刘聪杀和，夺得帝位。幽、并、司、冀、秦、雍六州大蝗，食草木，牛马毛皆尽。

〇二六

陈寿写《三国志》

三国的历史家喻户晓。这是因为元末明初的《三国演义》影响巨大。但演义并不是历史。只有《三国志》才是学习和研究三国历史的最可靠的第一手资料。那么这部书究竟是怎样写成的呢？

魏晋时期史学家陈寿（223－297或236－300），写了一部《三国志》记载魏、蜀、吴三国鼎立时期的历史，共有六十五卷。这部书与《史记》《汉书》《后汉书》合称为"前四史"，是二十四史中最早也是写得较好的四部史书。

仕途坎坷

陈寿是蜀汉巴西安汉人，即今四川南充人，少年时爱学习，拜同郡著名学者谯周为师，后来在蜀汉任观阁令史。蜀汉后期朝政大权落在太监黄皓手中，大臣们都巴结讨好他，但陈寿却不愿这样做，因此受到排挤，被降了官。后来又因父亲生病时让婢女去送药，被人视为不孝，受到非议，由此久久不能做官。西晋建立后，

陈寿撰成《三国志》

太康六年(285)，陈寿撰成《三国志》。陈寿(233－297)，字承祚，西晋巴西安汉（今四川南充东北）人。自幼好学，曾师从谯周，蜀汉时历任卫将军主簿、东观秘书郎、散骑黄门侍郎等职。入晋后，又历任著作郎、治书侍御史等职。太康元年(280)晋灭吴后，他搜集魏、蜀、吴史料，终于撰成《三国志》65卷。在中国古代纪传体正史中，《三国志》与《史记》《汉书》和《后汉书》并称为前四史。《三国志》是纪传体三国史，分魏、蜀、吴三志，其中《魏志》30卷，《蜀志》15卷，《吴志》20卷。只有纪、传而无表、志。《魏志》前四卷称纪，《蜀志》《吴志》有传无纪。

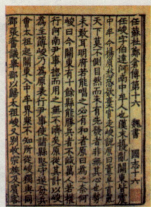

司空张华赏识他的才华，感到因上述这些事不让他做官太不公平，就让他出来任佐著作郎，平阳侯相。

撰写《三国志》

在陈寿写《三国志》以前，魏、吴两国已有本朝人写的史书，如王沈《魏书》四十八卷，鱼豢《魏略》八十九卷，韦昭《吴书》五十五卷等，陈寿写魏、吴两国的历史主要就是根据这些史书。但蜀国无史，必须直接搜集资料。陈寿本是蜀人，蜀亡前即注意蜀事，他采集的材料虽不及魏、吴官史那样丰富，但终于凭此完成了《蜀书》。陈寿的书出来后，上述有关三国的史籍相继散佚。这样一来，陈寿的《三国志》便成为后人研究三国史事的唯一完整的史书了。

陈寿有很好的史学和文学修养，他叙述史事简洁、清楚、有条理，而且取材严谨。他对三国的重大史事，一般都能直笔撰写，如对曹魏和吴国的赋役苛重，就如实作了揭露。他把三国分为三书编写，在断代史中也别具一格。不过《三国志》也有不足之处就是文字过

皇家精写、士夫珍藏的明内府抄本《三国志》

这部明内府精抄本《三国志》六十五卷全帙，红格，半叶10行，行21字，小字双行，字数同，匡高24.5厘米，宽17.5厘米，黄绫裹背，是当时原装。观其楷墨，抄写时间应当早于明嘉靖年间重抄的《永乐大典》。

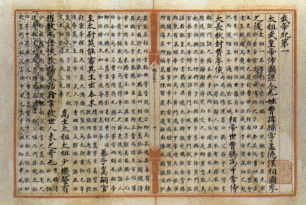

于简略，对一些重大事件言之不详；对一些重要科学家如马钧、张仲景没有专门为之立传。此外，它也没有表和志。

裴松之注和《三国演义》

在陈寿死后一百三十多年，南朝宋裴松之为《三国志》作注。裴注引各家史籍达二百一十种，注文超过原书数倍。这些史籍后来大部佚失，赖有裴注，才得从中见到概略。裴注兼容并包，广集诸说，求同存异，自己不加评判，例如曹魏屯田、马钧生平等都在裴注中保存了大量资料，补充了原书的遗漏和简略。

《三国志》以曹魏为正统，魏国君主称纪，如记曹操生平的为《武帝纪》，曹丕为《文帝纪》等，而吴、蜀君主则称传。这是因为陈寿是西晋人，西晋政

万卷楼：陈寿读书处

万卷楼是西晋著名史学家、《三国志》作者陈寿青年时代读书的地方，位于四川南充西山风景区，始建于三国蜀汉建兴年间（222—237）。现存的万卷楼于1990年重建，庭院中央的陈寿青铜塑像形态逼真，手抱竹简，神韵飞扬。

权是从曹魏手中取得的，所以以曹魏为正统，以吴、蜀为僭伪。到了东晋，有个史学家习凿齿，就改为以蜀汉为正统，这是因为东晋政权偏安江左，时势与蜀汉相仿。后来到了北宋，上承五代，进而消灭割据诸国，情况又与西晋略同，所以司马光、欧阳修、苏轼等人又以曹魏为正统。南宋偏安江南，与东晋相同，南宋统治者把金朝比做曹魏，把南宋比做蜀汉，所以又以蜀汉为正统，如朱熹写的《资治通鉴纲目》就是这样。

元末明初，罗贯中以民间评话为基础，写成了著名小说《三国演义》。因为南宋以来，汉族人民早把北方统治者和侵略者比作曹操，所以生活在红巾起义环境中的罗贯中，根据当时人民的思想感情和愿望来否定曹操。《三国演义》后来又被编成各种戏剧，就使三国故事家喻户晓，所以人们一提到曹操，就想到他是一个奸臣。

《三国志》是历史著作，是了解研究三国历史的第一手可靠的史料；《三国演义》是文学作品，它以《三国志》为素材，又加以艺术加工，塑造了不少典型人物，使作品更加生动。但它叙述的事有些有历史根据，有些则是虚构，有的则加以夸张，如诸葛亮借东风之类，在历史上是没有的。所以不能按《三国演义》来了解三国的历史。

《晋书·裴秀传》

裴秀 善思

人物 关键词 故事来源

公元311年

公 元 3 1 1 年

〇二七

中国大事记

汉刘曜攻入洛阳，杀士民三万余人，俘晋怀帝。自洛阳陷落，中原士大夫大批南迁。

裴秀绘地图

裴秀利用自己的职位和知识，组织人力，完成了历史地图《禹贡地域图》和晋地图《地形方丈图》，虽然这些图已佚，但他却留下了"制图六体"的重要理论，被人称为"中国科学制图学之父"。

我国地理学起源很早。相传夏朝大禹铸造过九鼎，鼎上各有不同地区的山川、草木和禽兽图。到西周时，周公营建成周，即洛阳，曾把洛邑的地图献给成王。战国时荆轲刺秦王，就是假装献地图，"图穷而匕首见"。汉代地图已表现出相当高的水平，1972年长沙马王堆出土了三幅用帛制的地图，即地形图、驻军图、城邑图，水道大部分接近于今天的地图。

西晋绘制大型地图的历史条件成熟

西晋建立统一全国后，社会相对稳定，政治、经济、军事、文化教育各方面都需要更准确详细的全国地图，秦汉以来数学、天文学、测量学的发展，也为绘制准确详细的地图创造了条件。这时，出现了一位著名的地理学家裴秀，他绘制了历史地图《禹贡地域图》、晋地图《地形方丈图》，又总结了前人制图经验，提出了绘制地图的理论"制图六体"，为我国地理学的发展作出了贡献。

裴秀（224－271），字季彦，生于今属山西的河东闻喜，出身世代官宦家庭。祖父裴茂做过东汉的尚书令，父亲裴潜做过魏的尚书令，裴秀自己也任西晋的尚书令。祖孙三代当宰相，这在历史上是少见的。

裴秀从小聪明好学，八岁能作文章，十岁时由于表现突出，被人称为"后进领袖"。他先在曹爽手下做官，后投靠了司马氏集团。虽任高官，仕途并不顺当。有人攻击他假公济私，有人说他强占官田，晋武帝虽一再为他开脱，但迫于舆论，后来只好把他调任官位虽高却无实权的司空。

《禹贡地域图》

司空的职责是掌管各地道路和国家的地图、户籍、工程等。这反而使他有了接触更多的地理和地图知识的机会，他决心绘制新的《禹贡地域图》。

裴秀组织人力对《禹贡》所记山岳、湖泊、河道、高原、平原、沼泽以及古代九州的范围作了详细考订，结合晋时十六州下的郡国县邑和疆界变化，参照古今地名，弄清了古代各诸侯国间结盟定约的古迹及古今水陆交通的变迁，一时弄不清的就暂时存疑，古代有名而今查不到的则都一一注明。经过这样深入的考证，终于在门客京相璠等人的帮助下绘制成了《禹贡地域图》十八篇。这

粗朴的西晋男仆俑

这个男仆左手可能拿的是擀面杖，右手可能是菜刀，由此可知他也许是厨房里的一名佣人。雕塑的技法比较古朴，承袭汉代风格。

技艺成熟的西晋青瓷盆（右页图）

青瓷是中国著名的传统瓷器，青瓷釉料中含有铁，烧成后釉色青绿。魏晋时期，青瓷烧制技术日臻成熟。这件出土于江苏宜兴的晋代青瓷，选土、提炼釉料的技术已相当先进，接近于南宋官窑的水平。

西晋青瓷神兽尊（正面）

是见于文字记载的最早的大型历史地图集。裴秀把这本地图集献给晋武帝，被当作重要文献珍藏起来。

"制图六体"理论

裴秀为《禹贡地域图》写了一篇序言。在这篇序言中，提出了著名的"制图六体"，就是分率、准望、

道里、高下、方邪和迂直。分率是按比例反映地区长宽大小的比例尺；准望是确定各地间彼此的方位；道里是各地间的路程距离；高下、方邪、迂直是说明由于地形高低变化和中间物的阻隔，各地道路有高下、方斜、曲直的不同，制图时应取两地间的水平直线距离。这六条制图原则又是互相联系和制约的，六个方面必须综合运用，才能制定出科学的地图来。

这些制图原则是绘制平面地图的基本科学理论。直到明末意大利传教士利玛窦所绘有经纬线的地图在中国传播以前，一直被我国地图绘制者遵循着。

《地形方丈图》

裴秀还绘制了一幅《地形方丈图》，这是简缩的晋地图。过去有人绘制过一幅《天下大图》，用缣八十匹，阅读、携带、保存都不方便。裴秀运用"制图六体"的方法，把它缩绘成《地形方丈图》，标明名山、大川、城镇、乡村，大大地方便了阅览，这图流传了好几百年。可惜《禹贡地域图》和《地形方丈图》今都已不存。

裴秀的制图六体理论在世界地图史上有重要地位。有人把他称为"中国科学制图学之父"，并不过誉。

裴秀在四十八岁那年，不慎服食"寒食散"致死，人人都感到非常可惜。

晋凤纹嵌玉金饰（局部）

> 历史文化百科

〔太康体〕

西晋太康年间出现了一批诗人，有三张（张载与其弟张协、张亢）、二陆（陆机与弟陆云）、二潘（潘岳与侄潘尼）、一左（左思）。这些人中最有文学成就的是左思和陆机。太康年间出现的诗风又称太康体，其特点是注重炼字析句，追求词藻华美，渐流于轻绮靡丽。

○二八

洛阳纸贵

左思为了写《三都赋》，多读书做准备，求为秘书郎。经过十年艰苦努力，终于写成。人们竞相传抄，一时洛阳纸贵。其成功的经验，对今人仍很有启发。

西晋太康年间，文坛上出现了一篇到处传颂的作品，这就是左思的《三都赋》。

决心写《三都赋》

左思，字太冲，今山东淄博市东北的临淄人。少年时书法和音乐学得不好，他的父亲生气地对朋友说："这孩子的学业比我小时候差得远了。"左思听后很难过，暗下决心发愤用功。经过不断努力，学业上终于有了很大进步。他虽然口才不好，相貌平平，也不善交际，但却写得一手好文章。

左思开始写赋。赋是一种讲究文采、韵律兼有诗歌和散文性质的文体，在汉代风行一时。左思花了一年时间首先写成《齐都赋》，受到好评。他接下来想写《三都赋》，描写魏都邺城、吴都建业、蜀都成都的繁华景象。邺城即今河北临漳，建业即今江苏南京。这时妹妹左芬被征入宫，他就把家搬到了京城洛阳。为了读更多的书，他请求朝廷让他做秘书郎，这是管理图书的官，晋武帝同意了。这样，皇宫里收藏的图书他都能阅读、参考了。左思便开始闭门构思写作。当时著名文人陆机来到洛阳，听说此事哈哈大笑，在信中对弟弟陆云说："这里有个北方佬，想写《三都赋》，我看他写出来恐怕只能覆盖酒坛子。"

十年构思，反复推敲

左思不管别人讥笑，专心致志写他的《三都赋》。他在房间、走廊、厕所都挂上纸笔，想到好的句子就立刻记下来。经过十年构思努力，反复推敲修改，他终于写出了《三都赋》。

《三都赋》通过东吴王孙、西蜀公子、魏国先生三个假设人物的互相倾诉，写出了三个名都的历史、特产、风土人物等概貌。不仅文字优美，辞藻华丽，而且注重史实，字字都有来历，如写名山大川城邑他都核对地图，写鸟兽草木都查验地方志，写风俗、歌谣、音乐、舞蹈也都根据当地实际情况，决不虚构杜撰。

名人赞扬，蜚声文坛

《三都赋》虽然完成了，由于人微言轻，并未受到重视。左思自以为《三都赋》不比班固、张衡的《两都赋》《二京赋》差，怕因人废言，就拿了作品去请著名学者皇甫谧看。皇甫谧读后，不仅大加赞赏，还为赋写了序言。诗人中书著作郎张载和学者中书郎刘逵也分别为《吴都》《蜀都》作了注解。尚书郎卫权更为《三都赋》作了"略解"。司空张华读了此赋，不禁感叹道："这是班固、张衡一流的水平呀，使人读后余味无穷。"有了这些名人的称赞和推荐，《三都赋》立即蜚声文坛。在洛阳的文人和高门豪富之家竞相传抄，一时间洛阳的纸张都贵起来了；这就是成语"洛阳纸贵"的来历。曾经讥笑过左思的陆机看了《三都赋》后，也不能不由衷地表示赞叹，觉得不该小看别人。他自己本来也打算写《三都赋》，想想超不过左思，就放弃了。

历史文化百科

[龙驹凤雏]

西晋文学家陆云与兄陆机齐名，当时人称为"二陆"。东吴尚书闵鸿见到少年时的陆云才能出众，就说："这小儿如果不是龙驹，就必是凤雏。"后来陆云果然在十六岁时就被举贤良，为太子舍人。又历任尚书郎、侍御史、太子中舍人等职。后世就把"龙驹凤雏"比喻为才华出众的孩子，常用作恭维语。

〇二九

"华亭鹤唳，可复闻乎"

陆机离开家乡华亭（今上海松江）到洛阳做官，可惜他不善搞政治，更无军事作战经验，最后被听信谗言的成都王颖所杀。"华亭鹤唳，可复闻乎"，写出一个文人的悲哀。

少年崭露头角

陆机和陆云是兄弟俩，吴郡华亭人，华亭即今上海松江。他们的祖父陆逊是吴国丞相，父亲陆抗是大司马。陆机相貌堂堂，文章出众，少年时就崭露头角。在他二十岁时，吴被西晋灭亡，他闭门读书十年，学问又有很大长进。他想到祖父、父亲都是东吴名将名相，而吴国却因孙皓腐败而灭亡，真是惨痛教训，就写了一篇《辨亡论》，论述先辈的功绩和孙皓为什么灭亡的道理。

兵败建阳门

西晋建立后，陆机与陆云到了洛阳，在张华、杨骏、赵王伦当政时做官，想施展自己的抱负。在此期间，陆机牵挂家乡故里，对家中一条取名"黄耳"的狗说："家里没有消息，你能为我送信吗？"狗摇摇尾巴"汪汪"叫了几声，好像表示愿意。陆机就用竹筒装了书信系在狗的头颈上，黄耳寻着路向南走，终于把信送到了老家。于是，后世就用"黄耳"作为书信的代名词。

在成都王颖掌权时，陆机见他能礼贤下士，就全心全意为他做事；成都王颖也比较重用他。太安二年（303），成都王颖与河间王颙起兵讨伐长沙王乂，任命陆机为后将军、河北大都督，率领北中郎将王粹、冠军牵秀等诸军二十余万人。王粹、牵秀见陆机资格

最早的墨迹

《平复帖》相传为西晋陆机写给朋友问候疾病的书札，草书，九行，八十四字，是我国至今保存下来的最早的墨迹。陆机善写章草，有着浓郁的古风，《平复帖》笔法朴实厚重，点画苍劲有力，是由汉魏向唐过渡时期的优秀作品。有人甚至认为字体玄妙奇特，是一个难解的疑团。

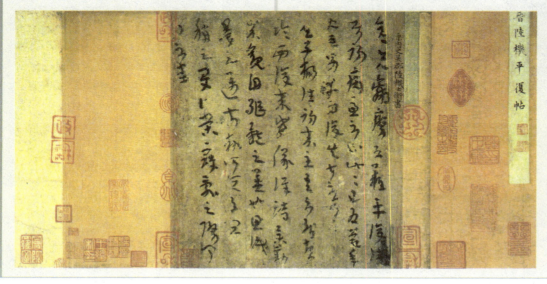

浅，又是南方人，很不服气。陆机看到这点，向司马颖推辞都督之职，司马颖不允，只得出兵。人马刚要出发，一阵狂风突然把旗杆吹断，人人都认为是不祥之兆。

大队人马浩浩荡荡，鼓角响彻云霄。然而陆机毕竟是文人，缺乏作战经验，再加上内部存在矛盾，结果建阳门一战，被司马乂打败，士卒逃奔七里涧，不少人被水淹死。

百代文宗含冤而死

有个名叫孟玖的宦官想让父亲当邯郸令，陆机的弟弟陆云当时任右司马，坚决反对说："这个职位哪里是宦官父亲可以占据的。"因此孟玖对陆云兄弟恨之入骨。此时其弟孟超是陆机军中小督，统领万人。战前他的士兵到处劫掠，陆机抓了士兵中小头目，孟超竟带领数百骑兵把小头目抢了回去。司马孙拯建议陆机杀了他，陆机考虑到大敌当前没有采纳。战斗打响后，孟超不听指挥，擅自恃少量人马进攻，结果全军覆没。孟玖怀疑是陆机借刀杀人，就在成都王颖面前进谗言说陆机与长沙王乂有勾搭。他的亲信也在一旁帮腔说确有此事。司马颖信以为真，命牵秀去逮捕陆机。参军事王彰进谏说："当前形势，我强司马乂弱，人人都知我战必胜，陆机何等聪明，怎会与长沙王勾搭。只是陆机为南方人，殿下重用他以致引起北方将领忌恨。"司马颖听不进去。陆机听说牵秀来抓自己，就脱下了战

造型温顺的西晋青瓷羊

这件青瓷器出土于江苏南京。羊姿态温顺，身肥腿壮，作跪地歇息状。器物上刻出线条用以表示背部的长毛，并简单装饰圆点花纹，形制简单又不失逼真，釉色苍绿，釉层均匀，体现了极高的工艺水平和艺术水准。

袍，戴了白帽子，与牵秀见面，又写了封信给司马颖。长长叹了口气说："华亭鹤唳，可复闻乎?"华亭即今上海松江，当年陆逊在吴被封华亭侯时家就在此。华亭自古是有名的"鹤巢"，密林清泉间常有成群白鹤飞翔，陆机早年在此读书常闻鹤唳，所以此时格外留恋年轻时的悠闲生活。陆机被杀时年仅四十三岁。后来司马颖又杀了陆云，陆云死时比陆机还小一岁。

陆机是西晋太康年间的著名文人，被誉为"百代文宗，一人而已"。他的代表作《文赋》是用赋体写成的文学评论专著。他提出文章贵在创新，文学作品应有丰富的想象，即"神思"，诗歌应"言情"，即有抒情色彩和鲜明个性。他的独到的见解对后世诗歌写作很有影响，只可惜死得太早了。

历史文化百科

[披榛采兰]

皇甫谧隐居不仕，晋武帝屡次下诏催他出来任职。皇甫谧被迫上疏说："我是年老疲敝之人，又染病在身，无意进取，习惯于山林生活，与鸟兽为伴，而不知人间纲常伦理。陛下'披榛采兰'，却连我这样的野草也一起收了。不要再让泥滓染浊了清清的水流。"榛，丛生的野草；兰，兰花。意即拨开丛生的杂草去采摘兰花。后世以此成语比喻选拔贤才。

針灸是中国传统医药中的瑰宝。在魏晋以前的针灸著作，大多已散佚。西晋皇甫谧（mì）的《黄帝三部针灸甲乙经》，后称《甲乙经》、《针灸甲乙经》，是现存最早的系统针灸著作。

久病成良医

针灸是中国对世界医学的重大贡献。皇甫谧的《针灸甲乙经》是现存最早的系统针灸著作，是针灸学的经典文献。这部书是怎样写成的，皇甫谧一生经历了怎样的坎坷，请看这篇故事。

淡泊名利，发愤读书

皇甫谧出生于安定郡朝那，即今甘肃灵台，从小过继给叔父，年轻时不好学习，到处游荡。有一次他得到了瓜果，去送给叔母，叔母对他说："你已经二十出头，还不好好读书，送瓜果给我也不能使我得到安慰。过去孟母为教育子女三次搬家，难道是我的邻居不好？还是我教育不够呢？勤奋学习只是为你将来好，对我又有什么呢！"说完，流下泪来。皇甫谧十分感动，从此发愤学习。他家庭贫苦，就一面种庄稼，一面带着书本在休息时读，终于博览群书，成了一个有学问的人。

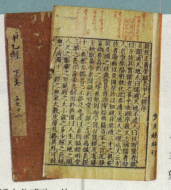

不幸的是皇甫谧后来得了半身不遂的病症，但即便这样，他还是手不释卷地读书。有人劝他不要闷头读书，要广交朋友，说这样可以做官得到名利，他

就写了一篇《玄守论》回答说："贫贱可以使人心境平静，富贵要损耗人的精神；我宁愿做个心情安静的人。"所以他始终不去做官，只一心一意读书，因此被人叫作"书淫"。有人对他说这样废寝忘食地读书也要损耗精神，皇甫谧却说："朝闻道，夕死可矣。"意思是说，早上获得了学问，哪怕晚上就死也是值得的。

皇甫谧不愿做官，屡次拒绝朝廷的征聘。后来晋武帝又多次下诏请他出来做官，他也以有病加以推辞。不仅如此，他竟借此机会上表向晋武帝借书，武帝为笼络名士，同意送给他一车书。皇甫谧得到了一车书，自然喜出望外，不顾身体虚弱，整天阅读不怠。

服药中毒，决心学医

为了使自己身体好起来，皇甫谧服用当时社会上流行的"寒食散"。"寒食散"又名"五石散"，由紫石英、白石英、赤石脂、钟乳、石硫黄五种矿石组成，当时人们认为这是长生不老药，实际上毒性极大，如果服用不慎中了毒，轻者残废，重者丧生。皇甫谧服了寒食散后，不仅身体不见好转，而且更加虚

皇甫谧和他的《针灸甲乙经》

皇甫谧（215－282），字士安，小时名静，晚年自称玄晏先生，西晋安定朝那（今甘肃灵台县朝那镇）人。著名医学家。皇甫谧在原有的医学理论的基础上，将《灵枢经》、《素问》、《明堂孔穴针灸治要》三部书中针灸内容加以整理归纳，使其"事类相从，删其浮辞，除其重复，论其精要"，编成《针灸甲乙经》，成为我国医学史上第一部针灸学专著，在针灸学史上占有很高的学术地位，为历代研习针灸学的必读课本。

世界大事记

君士坦丁一世以领地、权力之争与李锡尼开战，于马尔迪亚之役打败之，势力扩至除色雷斯之外的全部巴尔干半岛。

《晋书·皇甫谧传》

皇甫谧

勤奋 壮志

人物 关键词 故事来源

皇甫谧久病成良医

皇甫谧，幼名静，字士安，自号玄晏先生，安定朝那（今甘肃灵台县朝那镇）人。幼年过继给叔父为子，迁居新安（今河南渑池县）。皇甫谧是一个集文、史、哲、医于一身而尤长于医学的伟大作家。俗话说："久病成良医"，晋代名医皇甫谧就是一个典型的例子。他于40岁时患风痹病，因而发愤学医，成为编著《针灸甲乙经》而名垂千古的针灸大师。在中国医学史上，他第一个对针灸学进行了科学总结。他精研了《黄帝内经》、《明堂孔穴针灸治要》，将前人研究针灸学的成果进行了整理，找出规律，以坚韧不拔的毅力，终于编撰出我国医学史上第一部针灸学专著《针灸甲乙经》。这是我国现存最早、内容较完整的针灸学著作，至今国际针灸经络穴位委员会还把它列为必读参考书之一。

弱，胸闷咳嗽，四肢酸痛浮肿。他痛苦得多次想举刀自杀，都被叔母劝阻下来。

为了摆脱病魔的折磨，皇甫谧决心自己学医。他非常钦佩黄帝、扁鹊、华佗、张仲景等古代名医。他研读了历代的医书，终于体会和领略了其中的精髓，逐渐使自己成了一个精通医学的学者。他靠学到的医学知识不仅战胜了自己的疾病，使自己活到了六十八岁，而且写下了许多著作，如《帝王世纪》《高士传》《逸士传》《列女传》《玄晏春秋》等，其中最著名的就是《针灸甲乙经》。

针灸学的经典文献

《针灸甲乙经》共十二卷，一百二十八篇，内容包括脏腑、经络、腧穴、病机、诊断、治疗、禁忌等。它吸收了秦汉以来的针灸成就，又结合自己的临床经验，不仅理论完备，而且实用通俗。书中详细介绍了针灸的操作方法和要求，确立了后世针灸穴位的基本排列规则，又创造性地总结出一套针灸操作手法和注意事项，因而成为我国古代针灸学的集大成和总结。在唐代大医署中，此书被定为学生必读的教材，后来传到日本，日本医学校也把它列为学生用书。现今国际针灸经络穴位委员会同样把它列为必读的参考书。

我国现存第一部有关脉学的专书《脉经》

《脉经》十卷九十七篇，西晋王叔和编撰。该书是我国医学史上现存第一部有关脉学的专书，是公元3世纪以前我国有关脉学知识的一次总结。《脉经》开宗明义指出"脉理精微，其体难辨"，"在心易了，指下唯明"，并针对这些难点来进行编撰总结。《脉经》虽然是一部综合前代脉学成就的著作，但由于它篇幅简练、集中，便于学习，在我国医学发展史上，有着十分重要的位置，在国内外也影响极大。

麦积山远眺

公 元 3 1 7 年　公 元 4 2 0 年

东晋十六国时期全图

选自谭其骧主编《中国历史地图集》第四册：东晋十六国·南北朝时期

东晋、十六国世系表

东晋 ⟩ 1 元帝司马睿→ 2 明帝司马绍→ 3 成帝司马衍→ 4 康帝司马岳→ 5 穆帝司马聃→ 6 哀帝司马丕→ 7 废帝司马奕→ 8 简文帝司马昱→ 9 孝武帝司马曜→ 10 安帝司马德宗→ 11 恭帝司马德文

十六国 ⟩ **汉（前赵）**→ 1 光文帝刘渊→ 2 昭武帝刘聪→ 3 少主刘粲→ 4 赵主刘曜 **后赵**→ 1 明帝石勒→ 2 海阳王石弘→ 3 武帝石虎→ 4 彭城王石遵→ 5 义阳王石鉴→ 6 新兴王石祗 **前秦**→ 1 景明帝苻健→ 2 越厉王苻生→ 3 宣昭帝苻坚→ 4 哀平帝苻丕→ 5 高帝苻登→ 6 末主苻崇 **后秦**→ 1 昭武帝姚苌→ 2 文桓帝姚兴→ 3 后主姚泓 **西秦**→ 1 宣烈王乞伏国仁→ 2 武元王乞伏乾归→ 3 文昭王乞伏炽磐→ 4 后主乞伏暮末 **前燕**→ 1 文昭帝慕容皝→ 2 景昭帝慕容儁→ 3 幽帝慕容暐 **后燕**→ 1 成武帝慕容垂→ 2 惠愍帝慕容宝→ 3 昭武帝慕容盛→ 4 昭文帝慕容熙→ 5 惠懿帝高云 **南燕**→ 1 献武帝慕容德→ 2 慕容超 **北燕**→ 1 文成帝冯跋→ 2 昭成帝冯弘 **前凉**→ 1 武穆公张轨→ 2 昭公张寔→ 3 成王张茂→ 4 文王张骏→ 5 桓王张重华→ 6 前主张祚→ 7 冲公张玄靓→ 8 后主张天锡→ 9 张大豫 **后凉**→ 1 懿武帝吕光→ 2 隐王吕绍→ 3 灵帝吕纂→ 4 后主吕隆 **南凉**→ 1 武王秃发乌孤→ 2 康王秃发利鹿孤→ 3 景王秃发傉檀 **北凉**→ 1 凉王段业→ 2 武宣王沮渠蒙逊→ 3 哀王沮渠牧犍→ 4 沮渠无讳→ 5 沮渠安周 **西凉**→ 1 武昭王李暠→ 2 后主李歆→ 3 冠军侯李恂 **夏**→ 1 武烈帝赫连勃勃→ 2 废主赫连昌→ 3 后主赫连定

○三一

刘曜夺权

荒淫的刘聪

匈奴族建立的汉国自刘渊死后其四子刘聪杀太子夺帝位，便开始由盛转衰。刘聪实行胡汉分治的政策，他设立了两套统治机构，一套管理胡人，即匈奴、羯、氐、羌、鲜卑、乌桓等统称"六夷"的少数族，一套管理汉人。刘聪胡汉分治的目的，在于依靠胡人组成的军队统治

刘聪荒淫无道，汉国由盛转衰。刘曜平定靳准政变，移都长安，建立前赵。

汉族，制造民族对立，以利于巩固他的政权。

刘聪是个荒淫无道的人。刘渊死后，皇后单氏原是刘义之母，刘聪见她颇有姿色，便迫她屈从。刘义一再劝阻母亲，单氏羞惭而死。后来刘聪到中护军靳准家，见他的两个女儿月光、月华年轻漂亮，就纳为左右贵嫔。几个月后，立月光为皇后，立月华为右皇后，又另立刘氏为左皇后。此外，还有七人佩皇后玺绶。刘聪终日沉湎于酒色之中。

刘聪重用宦官王沈，百官奏事都要通过王沈。王沈按自己爱憎决定是否上报，权势显赫，盖过所有大臣。他家的住房、车马、服饰比诸侯王还要豪华，亲戚、弟子都从平民一步登天，担任了重要官职。在

陈元达冒死进谏

此《锁谏图》（局部）画十六国时汉的廷尉陈元达向皇帝刘聪冒死进谏的情景。刘聪是个荒淫奢侈而又残暴的匈奴君主，除兴建官殿四十余所外，还要为其宠爱的刘贵妃建一座华丽的鹔（同"凰"）仪殿。陈元达为此追踪到逍遥园内的李中堂进谏，刘聪大怒，命令将他全家处斩，陈元达用预先准备的铁链把自己锁在一棵大树上据理力争，画面表现的正是这一紧张时刻。后因刘贵妃在后堂听见，写条子向刘聪劝谏，刘聪才接受并赞扬陈元达，改逍遥园为纳贤堂，李中堂为愧贤堂。此画旧传为唐阎立本作。

黄褐色釉陶铠甲马

该马通体施黄褐色釉，密布鱼鳞甲，甲下缘呈网状，马鞍马镫设置齐全，竖耳、鸡颈，下附踏板，通高46.3厘米。这件十六国时期的釉陶甲马极为少见，富有鲜明的时代特征。

世界大事记

印度笈多王朝建立，首都华氏城（今巴特那），首任国王为旃陀罗笈多。印度历史始有明确记载。

刘聪

刘粲　王沈　荒淫　奸佞
靳准　刘曜

《晋书·刘聪载记》《刘曜载记》

人物　关键词　故事来源

他的一手操纵下，正派有功的人得不到奖赏，拍马钻营、结党营私的小人飞黄腾达。太宰刘易、御史大夫陈元达等上表说："周文王因任用贤才而奠定周朝国基，后汉桓、灵二帝因任用宦官而遭致灭亡。国之兴亡，无不由于用人。现今王沈等人身居高位，掌握大权，势倾海内，爱憎任已，矫诏弄旨，欺诬日月。以致选举失实，政以贿成，国家混乱。请皇上免去王沈等人官位，交付有司定罪。"昏庸的刘聪居然把这份奏章拿给王沈看，王沈边叩头边流泪说："王公朝士不但痛恨臣下，也仇视陛下。"刘聪问儿子刘粲，刘粲说："王沈忠心耿耿，没有二心。"刘聪于是大悦，进一步封王沈等为列侯。刘易、陈元达无奈自杀而死。

刘聪为了享乐，建造了四十多座宫殿。整日酗酒，有时三日不醒；外出打猎，常常晨出暮归；在汾河观鱼，天黑了竟命人点烛不分昼夜地观赏。他又残忍贪婪成性，在战争中杀人如麻不说，战后也没有常规的租赋制度，数不清的徭役，无止境的搜括，弄得汉民饥寒交迫，背井离乡，逃向冀州的有二十多万户，逃向豫州的也有三万多人。

刘聪所作所为，其统治集团内部自然不会稳定，一些掌握军权的上层分子逐渐发展成为独立的割据势力。在西方，刘聪的堂弟刘曜盘踞关中；在东方，石勒以襄国（今河北邢台）为根据地，割据河北一带。刘聪能控制的地区，实际上只限于山西西部山居和汾河河谷一带而已。

彩绘铠甲陶马

马铠在古代亦称"具装"。这种保护战马的具装早在先秦时期已经出现，北方地区的两晋北朝墓中流行埋藏武士俑、甲骑具装俑、铠马等军事性质的陪葬品。此铠马是十六国时期的流行产物，通高46.3厘米、长43厘米、宽15.5厘米。周身用红黑线条绘出密布的鱼鳞甲，身体两侧由铠甲内垂出两个扁圆形镫，马络头用墨线绘出，平直的马背上塑出鞍子，尾巴贴臀部下垂，立于踏之上。

>历史文化百科<

〔两套管理机构：胡汉分治〕

各少数族统治者是统率着本族武力量起兵的，建立政权后，往往对统治下的人民，实行胡汉分治的政策。如刘聪设立了两套机构：左右司隶和内史统治汉人，大单于管理胡人。司隶和内史都是沿袭汉魏的官号（首都地区地方官），左司隶在平阳（今山西临汾西），右司隶在河东（黄河以东）。左右司隶下分管四十三个内史，每内史下有一万户左右。又在大单于下设单于左右辅，每辅统辖"六夷"十万落（游牧族人民一户称一落），每万落设一都尉。这六夷十万落也在平阳周围，刘聪在其中抽取丁壮当兵，分立各营。在刘聪直接控制的地区之外才设置州郡牧守。"胡汉分治"是违背民族融合的历史潮流的，随着各族人民的迁徙和错居杂处，以后就越来越难维持了。

刘曜平定靳准政变

刘聪在位时，儿子刘粲是相国，虽掌握军政大权，但还不是皇太子；当时住在东宫里的是皇太弟刘乂，他才是合法的皇位继承人。刘粲对皇位垂涎三尺，处心积虑想要夺到手中。于是，刘粲、靳准以及最得刘聪宠爱的中常侍王沈便相互勾结，害死了刘乂。刘乂宽厚仁义，深得人心，他蒙冤而死，人人心中都不平，氐、羌族人民为此反叛的有几十万人。

麟嘉三年（318）七月刘聪卒，刘粲终于如愿以偿地继位。他任命靳准为大将军、录尚书事，军国大事都委托给他，自己则整天在后宫饮宴作乐。

靳准是个野心家，早就觊觎汉国的皇位，暗地策划了一个消灭刘氏的计谋。八月，靳准发动了政变。他带兵入宫，命令士兵抓住刘粲，历数他的罪过，然后把他杀了。与此同时，将刘氏的男女老少一律推到东市斩首，甚至还挖掘刘渊、刘聪坟墓，焚烧刘氏宗庙。平阳城里鬼哭狼嚎，声闻百里，一片恐怖景象。

刘曜听到靳准叛乱的消息，立即从长安发兵进攻平阳，石勒也率领精兵五万讨伐靳准。在刘曜和石勒联合攻击下，靳准为部下所杀。刘曜掌握了汉国的大权。

十月，刘曜在赤壁（今山西河津西北）即皇帝位，改元光初，次年移都长安（今陕西西安西北），改国号为赵，史称前赵，统治区域有今陕西、山西、河南、甘肃、宁夏各一部分。刘曜建立前赵后，继续实行胡汉分治制度。他自己以皇帝身份统治汉人，让儿子刘胤任大单于，统

交脚佛坐像
十六国北凉时期的泥胎彩塑，敦煌莫高窟296窟。

治本族。他治汉注意任用汉人为官，恢复租赋制度，社会秩序比刘聪时安定。他还在长安设立太学，挑选十三岁至二十五岁的青年入学，亲临太学挑选成绩优秀的人授给郎中官。他原想建造酆明观、西宫、陵霄台等大型宫殿，同时营建豪华的寿陵，经侍中乔豫、和苞上疏劝谏便作罢了。为此，他还嘉奖了二人，升了他们的官。

前赵共存在了十一年，于光初十二年（329）被后赵所灭。

石勒
张宾 汲桑

勇敢 谋略

《晋书·石勒载记下》
《晋书·石勒载记上》

人物 关键词 故事来源

从奴隶到皇帝

石勒从一个部落小首领，经过坎坷，终于占领河北广大地区，建立后赵；后又统一北方，成为十六国中较大的一个政权。其原因是他重用张宾等人，采用了一系列较好的措施。

被卖为奴，起兵反晋

石勒是羯族人，原先住在上党武乡，即今山西武乡北，祖父和父亲都是部落小首领。石勒少年时相貌不凡，西晋大臣王衍怕他将来成为祸害，曾要抓他但未抓到。长大后，石勒果然威武有胆略，骑马射箭都很精通，又善于团结人，受到同族人的爱戴。有个会看相的老人预言他前途未可限量，劝同乡人好好对待他。乡人郭敬、宁驱便常常给他资助。

后来并州地区闹饥荒，并州刺史司马腾趁火打劫，让士兵抓了许多胡人卖到山东为奴，用这些钱充作军费，中饱私囊。为了防止胡人逃跑，要他们行走时两人一枷。当时二十多岁的石勒也在其中，被卖到茌平（今山东茌平西北）师懽家。师懽见他相貌不凡，怕他闹事，就把他放了。

石勒离开师懽家后，先联络了王阳等八个朋友，后再联络郭敖等十人，号称"十八骑"。他们带着掠夺来的布匹珍宝又去联络师懽邻家的牧马帅汲桑。当时正值八王之乱，成都王司马颖的部将公师藩在河北起兵反晋。汲桑、石勒等便前去投靠。石勒作战勇敢，曾被任命为前队督。后来，公师藩战败被杀，石勒与汲桑只得逃走。汲桑自称大将军，招集亡命之徒，于永嘉元年（307）攻下邺城，烧杀淫掠，大肆破坏，这座建于汉末的名都毁于一旦。不久，汲桑兵败被杀。

进军河北，重用张宾等人

公师藩战败后，石勒与汲桑分道扬镳，带领部众投靠了刘渊，被任命为辅汉将军。刘渊称帝后，让石勒攻掠河北冀州。永嘉三年（309）石勒攻下几百个坞壁，发展到十多万人马。这时石勒开始采取一些政治措施，任用汉人张宾为谋主。张宾，字孟孙，赵郡中丘（今河北内丘西）人，好读书，博通经史，他说自

石勒命儒生读史

319年，石勒即位后，在襄国设立太学、小学，选取朝中权臣贵族的子弟入学，并于各郡国设置学官，每郡派博士祭酒一人，收弟子一百五十人，授以儒学经典。从此后赵国力大增。此图出自明刊本《东西晋演义》。

分子，永嘉三年（309）攻下冀州后，他把一些知识分子聚在一处，另立一营，号称"君子营"。除了张宾外，还有刁膺、张敬等人。这些人帮助石勒出谋划策，并制定了许多政治措施，使石勒的统治不断巩固、强大起来。

石勒在河北一带虽然打了不少胜仗，但没有根据地。张宾进计说："现在天下沸腾，到处游荡，难以控制天下。自古以来，得地者昌，失地者亡。邯郸和襄国是赵国旧都，依山凭险，可选择其一作为都城，然后四面出战，兼并群雄，方可成就王业。"石勒听从了他的建议，进据襄国（今河北邢台）作为都城。晋太兴二年（319）石勒称赵王，史称后赵。

石勒又听从张宾的意见，建立学校，让将吏子弟三百多人入校学习。他还命令大臣和地方州郡官每年推荐有道德、学问的人来朝廷，由张宾加以考核后任用为官。石勒提倡儒学，宣扬佛教，其目的自然是为了巩固自己的统治。

统一北方，自己称帝

石勒虽然不识字，但很重视读书学习。他常叫人为他读《左传》《史记》《汉书》，听懂了大意后常常能提出自己的见解，评论古代帝王的善恶，使大臣大受启发。有一次，他让人读《汉书》，当听到郦食其劝刘邦实行分封制，立六国贵族后代为封国国君，他就大惊说："这个办法不行，怎么能安定天下！"接着听到张良劝谏，刘邦没有这样做，他才舒了口气说："幸亏有这个人。"

由于石勒重用人才，在政治上有许多建树，使后赵成为十六国中治理得比较好的一个政权。咸和三年（328），石勒终于打败前赵刘曜，统一了北方，两年以后，他便自己称帝。

细密的金饰片

辽宁出土的十六国时期金饰片，镶有两颗琥珀珠子，金片缀满连珠花纹，从镂空技法和镶缀技法看，魏晋南北朝时期的金银加工技术已经有相当大的提高。辽宁省博物馆藏。

已智谋不比张良低，可惜没有遇到汉高祖。后来提剑到石勒军门求见，石勒感到此人确有谋略，任命为右长史、大执法。

石勒不像刘渊那样有五部匈奴可以作为依靠，他的成功主要凭借勇敢善战，也由于依靠了像张宾那样的汉族知识分子。石勒特别重视收罗汉族知识

历史文化百科

〔羯族〕

羯为中国古代民族，源于小月支，以游牧为主。西汉时附属匈奴，曾随匈奴东来，转战于蒙古草原，后又随之南迁。魏晋时散居在上党郡（今山西潞城附近各县），与汉人杂处。从事农业，受汉族地主奴役，被称为"羯胡"，信奉"胡天"（祆教）。

○三三

《晋书·石季龙载记上》
《晋书·石季龙载记下》

石虎 石邃 石宣

残忍 荒淫

人物　关键词　故事来源

石勒犹豫不决

石勒的侄子石虎字季龙，生性残忍，军中谁的才能胜过了他，他就千方百计加以谋害，前后杀害了好多人。攻下城池后，更是不分青红皂白，不是活埋就是斩首。石勒多次劝他，仍然我行我素。石勒因他作战勇敢，对他仍然信用。

当年石勒即位时，立第二子石弘为太子。石弘为人谦恭，喜欢读书，尤爱与文人交朋友。石勒见他这样，认为现在不是太平盛世，不可专学文化，便派老师教他兵书和射骑刺杀，但却不能改变他的性格。徐光向石勒进言道："皇太子仁孝温恭，而中山王石虎凶暴多诈。陛下一旦离世，国家就危险了。应逐步夺去中山王的权势，使太子早参朝政。"石勒深以为然，却未采取具体措施。右仆射程遐的进言更进了一

积恶致灭

石勒不听忠言留下隐患。荒淫残忍的石虎是历史上少有的暴君，后赵也由此衰亡。

步，他说："中山王长期掌握军权，威震内外，性格又不仁慈，除陛下外谁也不放在眼里。陛下在日自然无事，将来恐不是少主的忠臣。陛下该早日除去他，方能保国家长治久安。"石勒犹豫地说："现今天下兵战不断，石弘年幼，不能没有较强的辅佐。中山王是佐命功臣，不至于像你说的那样吧？你如怕将来中山王独揽大权，我可任命你为顾命大臣。"闻听此言，程遐不禁流泪说："臣所言是为国家，陛下却认为我为自己。魏任用司马懿父子，政权终于落入他们手中，陛下不除中山王，只怕将来宗庙不再有人祭祀了。"话说到了这个份上，石勒仍然没有采纳他的意见。程遐退出，无可奈何地对徐光说："中山王对我二人切齿痛恨，将来不但危及国家，你我家庭也难免大祸！我们应当为国安家宁早作打算，不能坐等灾祸临头。"徐光点头称是，但也只能慢慢见机行事。此后徐光、程遐二人又多次劝诫，石勒犹豫不决，最终还是没有采取任何行动。

仪态威武的铜虎子

魏晋南北朝时期青铜器大量减少，逐渐为陶器所取代，像这件在辽宁出土的十六国时期的铜虎子，从工艺上看，精致考究，是非常难得的精品。神兽威武大气，颈后和前腿后方都有长鬃，颈后的长鬃还作提柄使用，尾巴有力地翘起，匍匐在地，威仪大方。花纹流畅多变，整个形体塑造得恰到好处。辽宁省博物馆藏。

石虎夺权

石勒即赵王位时，任命石虎为单于元辅，即帝位后任命石弘为大单于。石虎本以为自己功劳大，此位必授予自己，因此十分怨恨。他私下对儿子石邃说："主上自以襄国为都城以来，我南征北战，二十余年，成赵王大业者是我，大单于的位子本应归我，却授给石弘。每想到此，使人不能寝食。主上晏驾之后，我必不再为他留种。"

咸和八年（333）石勒病重，召石虎、太子石弘、中常侍严震身边待命，石虎伪传命令，把石弘、严震阻挡在外。七月，石勒病死。石虎立即命石邃带兵入宫，文武官员惊恐四散，石虎当即逮捕了程遐和徐光。石弘大惧，主动要求让位给石虎，石虎却说："君死太子即位，臣哪敢乱来！"石弘没法，即皇帝位。不久，石虎便杀了程遐和徐光。八月，石弘任命石虎为丞相、魏王、大单于，以魏郡等十三郡为封国，石虎的亲属全都任了朝中要职。

九月，刘太后与儿子彭城王石堪谋反，被石虎杀死。洛阳石朗、关中石生也起兵，同样受到镇压。咸和九年（334），石虎终于杀死石弘，在群臣的劝进下，第二年称赵大天王，立儿子石邃为太子，三年以后又改称为大赵天王。

荒淫残暴的石虎父子

石虎残虐无道，穷奢极欲，在邺城起楼台观阁四十余所，在长安建造二宫，又在襄国盖太武殿，漆瓦、金铛、银楹、金柱、珠帘、玉璧，豪华无比。为了满足他荒淫的宫廷生活，征发民间十三到二十岁的美女三万多人，郡县官为了找漂亮女子，竟夺有夫之妇九千人充数。石虎的儿子石宣私下命官吏招美女，也有近万人。真是有其父必有其子。

石虎穷兵黩武，四出征伐。首先讨伐前燕，继而征伐东晋。百姓卖子女还凑不足苛捐杂税，只好自杀于路上。

石虎的长子石邃也是荒淫酒色之徒。整天游猎，或者出入大臣家中，淫其妻女，连寺庙中的尼姑也不放过，见到有姿色的，先奸淫后杀害，并把其肉与牛羊肉合煮而食。他见石虎宠爱兄弟河间公石宣和乐安公石韬，十分不满，与李颜等人密谋要杀石虎。事情败露，被石虎关入东宫，不久，便和妻子张氏及子女二十六人一齐被杀，同时被杀的还有亲党二百多人。

建于晋朝的万年寺
万年寺位于四川峨眉山，创建于晋朝，原名普贤寺，为慧持大师所建，唐时改名白水寺，明万历帝因赐无梁砖殿"万寿万年寺"之额，改名为万年寺。这座园林式的寺院是峨眉山最大的寺院。

公元325年

公元 3 2 5 年

世界大事记 李锡尼以谋反罪被处死。君士坦丁一世召开基督教第一次尼西亚会议，承认基督教的合法地位。解决教派纠纷。规定每年春分后第一个满月（月圆）后的第一个星期日为复活节。

兔梁浮雕龙饰

十六国北凉时期的泥胎彩塑，敦煌莫高窟248窟。

里面，命文武百官在四周阻挡，数百骑兵追赶射杀，禽兽逃出重围，官员就要受罚，有爵位的没收马匹，命其徒步驱赶禽兽；无爵位的鞭打一百。士兵为驱兽饥冻而死的不下万余人。石虎任石韬为太尉，让他也效法围猎，石宣妒忌石韬同时受宠，便听信宦官赵生之言一心要除掉石韬。

石韬在太尉府盖起一座宣光殿，梁长九丈。石宣看了大怒，杀了工匠，把梁截断。石韬恼了，重新架梁，比原来的更长了一尺。石宣听说后，就密令亲信杨杯、牟皮连夜潜入太尉府，把石韬杀了。

第二天，石虎得到石韬的死讯，又惊又悲，昏死过去，许久才苏醒过来。他料定是石宣杀害了石韬，想召他进宫，怕他不肯来，就假称他的母亲因悲哀过度而病重，石宣不疑有诈，就来了。此时石虎已下令将赵生等人抓来，赵生把石宣杀石韬的事全盘托出。石虎怒极，把石宣用铁环穿颔锁住，让他吃木槽中的猪食，又命石韬的亲信拔其发，抽其舌，断其手足，凿其眼睛，最后把他放在火上活活烧死。石宣的妻子和儿子等九人一同被杀。手下的三百多人全都车裂而死，投入漳水，东宫卫士十多万人则被发配凉州。石虎受此刺激，一病不起，不久于永和五年（349）就死了。

▷历史文化百科◁

〔胡族的最高统治者：大单于〕

十六国时期有不少政权实行胡汉分治，因而在官制上也存在胡汉两个体系。自先秦以来，胡族最高统治者自称大单于，所以十六国时期胡汉分治的胡族系统仍尊称为大单于。大单于或由皇帝（王）自兼，或以太子（世子）兼领，实际等于副王。大单于的权力执行机构为单于台。属官有左右贤王。此仅见于前赵刘曜，其他皆设单于辅相，多称左右辅或相。

石虎立石宣为皇太子，不久，又任为大单于。石宣喜欢围猎，外出时行宫四边各长百里，把禽兽圈在

○三四

冉闵杀羯人

利用石氏兄弟互相残杀，汉人冉闵夺取了政权。

趁火打劫，滥杀胡族

石虎死后，诸子争位。原先是石虎少子石世被立为帝，不久为兄石遵所杀。石遵在位一百八十三天，又为弟石鉴所杀。利用石氏兄弟互相残杀的机会，汉人冉闵趁火打劫，夺取了政权。

冉闵是石虎的养孙，其祖先曾任汉黎阳骑都督，石勒破陈午，获冉闵父，将他给石虎做养子，冉闵就成了养孙。他身长八尺，力大无穷，又善于谋划，多次立战功，威名四扬。

石鉴当了皇帝后，曾派中书令李松等人去杀冉闵和大司马李农，未成。石鉴怕冉闵叛变，假装不知此事，杀了李松将事情掩盖过去。后来又指使孙伏都等人率三千羯族武士攻杀冉闵、李农，再次失败。冉闵不仅杀了石鉴，还杀了石虎的二十八个孙子，宫内到处是尸体，血流成河。冉闵宣布："内外六夷胡族敢于带武器者斩首。"各族胡人知道将大祸临头，纷纷出关，离开邺城。冉闵下令大开城门，向城中人宣布："孙伏都等谋反，已经被杀，良民和此事无关。从今以后，与官府同心者可留城内，不同心者可离城去任何地方，城门官不得阻止。"结果附近百里内的汉人纷纷入城，而胡人羯人争先恐后离城而去。冉闵知道胡人不与自己同心，就下达了杀胡人的命令："汉人斩一胡人，得其首级，文官连升三级，武官拜牙门将。"于是汉人纷纷拿起刀枪去追杀胡人，一共杀了二十多万，尸体扔到城外，让野狗啃食。对屯戍在边关的胡人，冉闵也下令加以

表现庄园生活的壁画
新疆吐鲁番墓室壁画，十六国北凉时期。壁画表现了魏晋庄园里的平日生活画面，有的是厨工，有的是工匠，有的在耕田，而主人则由仆人服侍，俨然一个封闭自足的小社会。

世界大事记

君士坦丁一世迁都拜占廷，改名君士坦丁堡，帝国统治中心移于此。

《晋书·石季龙载记下》
《晋书·冉闵传》

冉闵　李农　石鉴
专制　残忍

人物　关键词　故事来源

诛杀。一时间凡是高鼻子有胡须的人多被当作羯人而杀死。后赵长期采用胡汉分治，民族矛盾尖锐。冉闵的反胡羯斗争，表现出狭隘的民族报复政策，更加深了各族人民之间的矛盾。

建立冉魏

后赵青龙二年（350）正月，冉闵称帝，国号大魏，改元永兴，仍以邺城为都城。冉闵派使者告东晋政府："胡人逆乱中原，今已诛杀。若能共讨伐，可派遣军队来。"东晋政府因冉闵已称帝，没有回答。

冉闵即位后，后赵的残余势力石祗在襄国称帝。石祗是石虎之子，他联合氐、羌、鲜卑各族进攻冉闵，冉闵几乎每月都要作战，最后终于把石祗消灭。但由于连年战争，实力大损，这时鲜卑慕容氏的前燕强大起来，从辽西进兵河北，集中大军向冉闵进攻，到永兴三年（352），冉闵政权被前燕所灭。他建立的魏国只存在了三年。

历史文化百科

〔两晋南北朝时期的主食〕

两晋南北朝时期，主食在南方主要是稻米制作的饭和粥，北方稻米少，主要是麦饭、粟饭、麦饼等。

北方人所食饼的品种较多：蒸饼，即用面粉发酵后蒸熟，"曼头"也属于蒸饼，石虎吃的蒸饼常用枣、胡桃为心；汤饼，又称"煮饼"，是用汤煮的面食，有的薄如韭叶，盘中盛水浸之，即汤面条；油饼，把饼放在油里炸，本是少数民族的饮食，后传入北方；胡饼，类似烧饼，在炉中烤制，上着芝麻，又称麻饼，也叫炉饼。

南方的粥有米粥、麦粥、豆粥等。除了作为老人、幼儿的食物外，常作为饥荒时的救济食物。在端午节、夏至还可吃棕子。人们用菰芦叶包黏米、粟子、枣子等，烹饪技术也有很大提高。

十六国时期彩绘侍女俑

2001年5月陕西咸阳平陵乡出土，咸阳市考古研究所收藏。两侍女俑出土时各站立于一牛车旁，应为主人的侍女。高35.5厘米，头戴黑色蝶状发冠，脑后插一梳篦将头发固定，额发由中间梳向两边，丝缕分明，两侧鬓发垂过耳际；粉面丹唇，脸上涂有四个小红点，眼眶上下朱绘弯月细眉，身穿红色右衽深衣，袖口翻挽，双手合抱于腹。

在中原地区，继前赵与后赵的对立，又出现了前燕和前秦的对立。

慕容皝称燕王

慕容廆利用汉族地主分子，招徕流民，在辽东地区发展。慕容皝进军中原，前燕成为与前秦并立的强大政权。

礼贤下士，招募流民

前燕是鲜卑族慕容部慕容廆(guī)父子创立的政权。慕容氏原来分布辽东与辽西，曹魏时期发展了与中原的经济文化联系，西晋时已成为塞外的一支强大部族。元康四年(294)，慕容廆将都城迁到大棘，即今辽宁义县，开始了定居的农业生活。不久，他北挫宇文部，西击段部，势力强大起来。

慕容氏的崛起与前赵、后赵不同，不是靠本族"国人"和武力，而是靠汉人和魏晋旧法。当匈奴、羯、氐、羌在北方反晋之际，慕容廆却打起了拥晋的旗号，向晋称臣。石勒派人来联络，他把石勒的使者缚送建康，还一再给东晋太守陶侃写信，要求出兵夹击石勒。

十六国花树状金饰

十六国中燕文化墓葬群主要分布于辽西地区，主要随葬品有铁器、铜器、金器，釉陶器和漆器也较常见。这件花树状金饰就是其中的一件，其制作精巧华美，反映出当地手工艺技术的高度发达。

慕容廆采取这些策略，是因为他们远在东北地区，南下中原碰到的阻碍不是晋朝，而是匈奴等族。他们要与匈奴等争夺中原，必须争取东晋的支持。

慕容廆是一个有远见的统治者，他很注意拉拢汉族地主分子。西晋末年中原地区许多大族率领宗族、乡里流亡到辽东，慕容廆礼贤下士，对他们倍加重用，甚至让他们统率军队。这些大族帮助慕容廆按照汉族模式建立起一套政治制度。河东人裴嶷特别受到慕容廆重用，委以军国之谋，曾作为使者被派到建康。东晋原以为慕容廆地处荒远，一定落后，经裴嶷介绍开始改变看法。东晋想把裴嶷留下，裴嶷说："如果留臣，慕容廆一定会认为朝廷轻视他，从而影响其对朝廷的向义之心。"于是东晋让他回去。慕容廆从此对裴嶷更加信任，说："裴长史名重当朝，而肯屈降于此，是天授孤也。"

慕容廆另一方面又大力招徕汉族流民，在辽水流域设立侨郡，如以冀州人为冀阳郡，豫州人为成周郡，青州人

公元332年

人物　关键词　故事来源

公元 3 3 2 年

世界大事记

罗马颁布敕令，禁止隶农自由迁徙，这是隶农身份不自由开始的标志。

《晋书·慕容皝载记》
《晋书·慕容廆载记》
《晋书·裴嶷传》

慕容廆　慕容皝　尊贤　民本
封裕　裴嶷

为营丘郡，并州人为唐国郡，对流民给以免役特权。结果中原地区投奔到他那里的流民数多达原有人口的十倍。这些流民对辽东地区的经济开发起了重要的作用。

慕容廆提出慎刑、选贤、重农、戒酒色为治国方针。他说："刑狱是人命所悬的，不可以不谨慎；贤人君子是国家的根基，不可以不敬重；农业是立国的根本，不可以不重视；酒色奸佞是要严重扰乱人的道德的，不可以不戒除。"这些措施进一步巩固了慕容氏的立国基础。

甘肃酒泉西沟村魏晋墓出土的煎饼画像砖

历史文化百科

〔两晋南北朝的副食〕

副食中的荤菜主要有鱼、肉、家畜等。南方已有人工养鱼业，如襄阳有不少人工鱼池。为了久贮，人们常制作鱼干、腌鱼、糟鱼。有一种脍的吃法，是把鱼肉切细后蘸上调料如葱、芥等生吃，有鲈鱼脍、鲻鱼脍等。人们还捕取海蜇、采集海带。常吃的海鲜有蛤蜊、车螯、螃蟹。螃蟹有制成糖蟹来吃的。

肉食有猪、牛、羊、鸡等。肉食的烹饪除脍外，还有炙，即烧烤，烤全羊叫"貊炙"。为了久贮，把肉加工成干肉，称为脯。洛阳北部有干脯山，是加工集中地。

蔬菜品种有：葵，即冬葵、冬寒菜，味甘甜、滑爽，是家常菜；蔓菁，即葑，又称大头菜，其根可当主食；菘，柄厚色青为青菜，柄薄色白为白菜，淡黄为黄芽菜；韭，是常食之菜；茄子，汉时由印度传人，这时已在全国栽种；菰，即茭白，也为人们常吃。豆类制成的豆羹、菜羹，是平民家中的家常菜。

魏晋墓出土古树画像砖
在河西走廊的酒泉、嘉峪关等地魏晋墓葬中，保存有丰富的画像砖，画像内容以燕居行乐图、农耕畜牧图为主，特别是一批农耕、畜牧、炊厨图，生动地描绘了当时人们最平凡的生活。

慕容皝称燕王，加速汉化

慕容廆去世后，子慕容皝（huàng）继位。咸康三年（337），他接受汉士族封弈的建议，称燕王，这是前燕的开始。不久迁都龙城，即今辽宁朝阳。

慕容皝不遗余力地掠夺人口。他打败段部、破高句丽、灭宇文部、袭夫余，每次都掠到三五万人户，使统治的地区不断扩大，户口不断增多。慕容皝下令把皇宫花园和打猎场地都分给无田的贫民；没有资产的贫民贷给牛一头。原来田租较重，规定用官牛的官得八成，民得二成，用私牛的官得七成，民得三成，后来采纳封裕的建议，改用曹魏屯田的办法：用官牛者官得六成民得四成，用私牛者对分。这些措施有利于农业经济的发展，大大地加强了慕容氏的实力。

慕容皝还十分重视文化教育。他让大臣子弟到学校读书，自己常到学校亲自授课，自编《太上章》作为教材。这些措施加速了慕容氏的汉化，自然也为以后的入居中原创造了必要的条件。

〇三六

慕容翰报国无门

有才能的慕容翰因受猜忌出逃，但他始终心怀故国。

受猜忌外逃

慕容皝有个同父异母的哥哥名叫慕容翰，这人雄才大略，武艺高强，在慕容廆掌权时出征作战，屡建功勋，又礼贤下士，深受士大夫和士兵们的拥护，名声很大。慕容皝对慕容翰表面上尊重，心中却有些妒忌。慕容翰看出慕容皝不能容他，叹道："我在先公手下做事，不敢不尽力，有些功劳，也是天意。现在有人以为我雄才难制，对我不放心，我岂能坐而待祸！"于是逃往段部。段部也是鲜卑族的一支，首领段辽早就听说慕容翰的才能，对他心仪已久。

咸和九年（334）二月，段辽派弟段兰和慕容翰进攻前燕柳城，即今辽宁朝阳南。柳城坚守，段兰命士兵们搬来云梯，四面进攻，昼夜不息。慕容皝派慕容汗来救，不敌而败。段兰要乘胜追击，慕容翰心存私念，怕自己国家被灭，阻止说："身为将领应该慎重，权衡敌我实力，没有万全把握不能轻易进攻。现在虽然败其偏师，但未伤其主力。如果慕容皝率大军前来，我悬军深入，众寡不敌，十分危险，万一失败，如何交待！"段兰看出了慕容翰的心思，说："现在形势很明白，慕容皝危在旦夕，打败慕容皝，我可另立慕容仁，决不让你的国家灭亡。"但慕容翰还是坚持要退兵，段兰只得一起回师。

装疯行乞

后来段辽被慕容皝和后赵石虎的联军打败，慕容翰又去投奔另一支鲜卑族宇文部。首领宇文逸豆归不像段辽，他对慕容翰心怀妒忌和猜疑，不肯重用。慕容翰怕遭害，就假装疯癫，在大街上披头散发，高声歌唱，有时睡在自己的粪便上，有时跪拜乞讨。宇文部的官员见他如此，就不再注意他的行动。慕容翰便在行乞时存心观察这里的山川道路及要塞地形。慕容皝知道他身在异国，仍为燕国打算，再加上他是因受猜嫌离国，并非叛乱，就派商人王车去接应慕容翰。慕容翰看见王车，心中有数，没敢和他交谈，只向他点点头，又拍拍自己的胸脯。王车回国报告慕容皝，慕容皝说："慕容翰是想回来呀。"于是又派王车带去专为慕容翰制造的弓和箭。王车到了宇文部，把弓箭埋在路旁，然后找机会密告慕容翰。咸康六年（340）二月，慕容翰盗了宇文逸豆归的名马，带着两个儿子，取了弓箭，逃离宇文部。宇文逸豆归发觉后，派

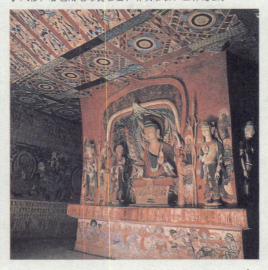

敦煌石窟内景（北魏）

敦煌石窟，素有"东方艺术明珠"之称。壁画彩塑技艺精湛，被公认为世界佛教艺术的宝库。突出特点是整窟塑像和壁画互相结合，作为主体的雕塑在洞窟的正中，以释迦牟尼为中心，壁画只是雕塑的陪衬。北魏时期的塑像比较简单，体格高大，额宽鼻隆，眉眼细长，头发呈波浪状，袒露着上身，留下了印度艺术的浓重印记。北魏的壁画具有原始的粗犷风格，着色用笔雄健壮丽，朴实古拙，立体感强。

世界大事记

君士坦丁一世卒。临终前接受了基督教洗礼。他的三个儿子继位，并称奥古斯都，分治帝国。波斯对罗马开战，进入亚美尼亚、美索不达米亚。

《晋书·慕容翰载记》《资治通鉴·晋纪一九》

慕容翰 慕容皝

猜疑 冤狱

人物　关键词　故事来源

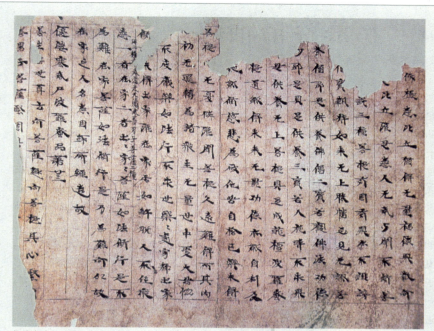

优婆塞戒经残片

经考证作品书于十六国北凉时期，书体与汉代章草相近，有浓厚隶意，是研究书体转变的重要资料。北凉时期佛教盛行中国，传抄佛经亦风行当时，从而带动了造纸业的发展。这片当时的写经残纸色泽较白，质地紧密而细薄，表面光滑，非常适合书写。

> **历史文化百科**

〔鲜卑族〕

鲜卑为中国古代东胡族的一支。秦汉时，游牧于西喇木伦河与洮儿河之间，附于匈奴。北匈奴西迁，进入匈奴故地。东汉桓帝时，首领檀石槐建庭立制，组成军事行政联合体。曹魏时，轲比能部强盛起来，建立起西自云中、五原，东抵辽水的部落军事王国。后来，这个王国瓦解，代之而起的，在东部地区为慕容部、宇文部和段部，中部地区为拓跋部，西部地区为乞伏部等。在魏晋时他们陆续内迁。主要分布于今辽东、河北、山西、内蒙古、甘肃、陕西及青海等地。

了一百多名骑兵追赶，慕容翰对追来的骑兵说："我久客思归，既已上马，就不会再回去。我虽装疯，武艺还在，你们不要相逼，否则自寻死路。"骑兵不听，继续追逼。慕容翰又说："我在你们国家住了很久，不想杀你们。你们在离我百步之遥插一把刀，我如射中，你们就回去；如不中，你们可以追来。"骑兵照着做了。慕容翰一箭正中刀环。骑兵见他武艺惊人，不敢再追。慕容翰回到燕国，慕容皝对他十分优待。

被毒药赐死

咸康八年（342），慕容翰随慕容皝出征高句丽，获得大胜，俘获男女五万余口。第二年高句丽便称臣于燕。建元二年（344），慕容翰又大败宇文逸豆归。

在这次战争中，慕容翰被流箭所伤，在家养病数月，病渐好后，在家试着骑马。有人告发他私习骑马，想谋反。慕容皝虽然要依靠他的勇略，但心中对他去而复回，终究疑忌，于是下令"赐死"。慕容翰接到诏命后仰天长叹说："我戴罪出逃，后又复回来，死不足惜，然而羯贼横行中原，我过去发誓要为国出力，荡平中原，可惜这个志愿已无法实现。过去为先公创功立业，是天命，如今遗恨终身，岂非也是天命！"说完，就喝下了毒药。

103

慕容恪辅政

> 慕容恪辅佐幼主慕容暐，击败慕舆根政变阴谋。他处事谨慎，量才授任，辅政七年，前燕相对稳定。

学周公辅佐幼主

永和四年（348），慕容皝死，子慕容儁继位，于352年称帝，改元元玺。后迁都邺，即今河北临漳西南，占有今华北及江苏、辽宁、安徽等地区，与西方前秦相对立。慕容儁想凑足一百五十万大军灭东晋和前秦，但计划还未实现，就在升平四年（360年）病死。

慕容儁病重时，对弟慕容恪说："我病怕已不治。寿命长短是天命，死而无恨，唯前秦、东晋二寇未平，儿年幼，怕不能应付复杂事变，我想把皇位让给贤弟。"慕容恪说："太子虽然年幼，但天资聪明，一定能担当大任，不可乱了正统。"慕容儁有些不悦，说："兄弟之间何必虚情假意。"慕容恪正色说："陛下既认为臣能担当天下大任，难道不能辅佐幼主吗？"慕容儁感动地说："你想学周公辅佐成王，我还有什么可忧愁的呢？"

慕容儁死后，年方十一岁的太子慕容暐继位，慕容恪任太宰，辅佐朝政。

击败阴谋，遇事不惊

慕容暐即位后，太师慕舆根自以为功劳大，资格老，对慕容恪心中不服，又见太后可足浑氏干预朝政，就想趁机作乱。他故意对慕容恪说："皇上年幼，太后干政，意外事变不可不防。平定天下是殿下之功，兄终弟及商朝就有先例。殿下何不废主上自己登基，这

是大燕之福！"慕容恪不由作色说："你我同受先帝遗诏辅政，为何突然说出这种没有分寸的话来？"慕舆根自知失言，连连告罪而退。慕容恪把这事告诉了吴王慕容垂，慕容垂劝慕容恪杀慕舆根。慕容恪说："先皇刚去世，秦晋两国蠢蠢欲动，宰辅自相残杀，恐违背人心。暂时忍耐一下吧。"

慕舆根一计不成，又生一计。他反过来对太后可足浑氏和皇帝慕容暐说："太宰、太傅将要谋反，臣请求带领禁军去诛杀他们。"慕容暐虽然年幼，却不糊涂，说："二公是先帝遗命辅佐我的，皇亲国戚怎会有此举动，我看怕是太师自己想作乱吧？"于是逮捕了慕舆根，不久，便把他杀了。这件事发生后，宫廷内外人心惶惶。有人劝慕容恪多加警卫，慕容恪说："现在人心惶惶，应该使大家安定，不能自己制造紧张空气。"慕容恪遇事不惊，人心终于安定下来。

处事谨慎，量才授任

慕容恪掌握朝廷大权，严格遵守制度礼节，小心谨慎，有事都要和其他大臣商议，从不独自决定。

十六国第一名将慕容恪（上图）
慕容恪是十六国时期著名的军事家、政治家，是鲜卑政权前燕的重要人物。他为人随和厚道，用人量才录任，治军不尚威严，而以宽抚为主，在与后赵政权、辽东高句丽、中山、冉魏以及东晋等政权的战争中始终立于不败之地。在他的领导下，前燕政权成为一时的强国。

《晋书·慕容暐载记》
《晋书·慕容恪传》

慕容恪 慕容儁 慕容暐

谎骗识才

人物 关键词 故事来源

他虚心对待百官，向他们询问致治之道，并量才授任。对于有过错的官吏，也不公开他们的错误，只是调动一下职务，作为贬职。人们把这看作是很羞愧的事，所以没有人敢犯错误。东晋最初听说慕容皝死，以为可以趁此收复失地，桓温说："慕容恪在，还不能北伐。"

前燕建熙二年（361）三月，燕国河内太守吕护投降东晋，引晋兵攻邺。慕容恪发兵五万讨伐，军至野王，吕护守城不出。护军将军傅颜要求急攻，慕容恪说："吕护作战经验丰富，他据城守备，难以轻易攻下；我围而不攻，城内粮少，外无援军，不过十旬，必定不守。"果然，到八月份，吕护无法支持，只身逃走，部众纷纷投降。慕容恪安抚降民，发给粮食，把将帅、士人迁到邺城，其余愿留愿走任其自选。

历史文化百科

〔佛像博物馆：敦煌莫高窟〕

莫高窟、龙门、云冈为我国三大石窟群。莫高窟位于敦煌市东南25公里的鸣沙山下，共有洞窟四百九十二个，4.5万平方米的壁画和两千多尊塑像。始建于十六国时期，后经北魏、北周、隋、唐、五代、宋、西夏、元等朝代营建。属于十六国晚期创建的有七个窟，北魏前期有八个窟，北魏后期有十个窟，北周有十五个窟。它是当今世界上保存得较为完备的佛教美术馆和佛教图像宝库。

推荐慕容垂

建熙五年（364），慕容恪决定进攻东晋洛阳，先派人招纳士民，远近的坞壁主都来归附。次年三月就攻下了洛阳。过了两年，慕容恪因体弱上表要求归政，慕容暐未允。次年五月，慕容恪病重，临终前对慕容暐说："我听说报恩莫大于推荐贤才，贤才有的虽是普通百姓，也可以提拔为宰相，何况还有亲戚关系。吴王慕容垂的将相之才高我十倍，文武兼备，才能仅次于管仲、萧何，陛下如能委任他，国家可保安宁。不然，秦晋必来侵犯。"说完，就去世了。

慕容恪辅政七年，也是前燕比较稳定的一段时期。

佛教艺术宝库：莫高窟

敦煌莫高窟俗称千佛洞，位于甘肃省敦煌市东南25公里的鸣沙山东麓断崖上，始建于前秦建元二年（366），历北魏、西魏、北周、隋、唐、五代、宋、西夏、元等时期，千余年从未停止。是我国，也是世界现存规模最宏大、保存最完整的佛教艺术宝库。1987年12月被列入《世界遗产名录》。

公 元 3 3 3 年 ＞

○三八

慕容垂投奔苻坚

慕容评贪得无厌，任人唯亲，慕容垂功高受忌，被迫逃奔前秦。前燕矛盾尖锐，终于为前秦所灭。

慕容垂功高受忌

慕容恪死后，其叔慕容评继续辅政。慕容评是慕容皝之弟，生性贪婪，又无谋略，前燕开始走下坡路。

太和四年（369），东晋桓温率兵五万北伐前燕，来势迅猛，离邺城只有二百多里。慕容暐想逃奔和龙，即今辽宁朝阳县，慕容垂说："让我前去抵御晋军，如不胜，再走不迟。"于是慕容垂被任南讨大都督，率军五万抵御桓温。他断绝了桓温的粮道，桓温只得焚舟弃甲而退，后在襄邑（今河南睢县西）以东中了慕容垂设下的埋伏，大败，伤亡惨重。

慕容垂投秦

慕容垂大胜晋军后，由于功高受忌，引起太傅慕容评的杀心，只好逃往前秦。苻坚见其来投，亲自到郊外迎接，封其为冠军将军。此图出自明刊本《东西晋演义》。

慕容垂战胜晋军后，威望更高，慕容评对他十分妒忌。慕容垂为将领请功，慕容评抑制不给，双方发生争执。慕容评私下与皇太后可足浑氏商量要诛杀慕容垂。慕容垂得知消息十分紧张。他的儿子慕容令见父亲神色忧愁，问："父亲面有忧色，是不是皇上年幼，太傅妒贤忌能，父亲功高而受猜疑？"慕容垂答："正是这样。我力败强敌，本想保全家国，想不到功成反无处容身。你既知我心，有何计谋？"慕容令说："太傅一旦发动，措手不及。不如暂避龙城，待皇上明察。"慕容垂认为此计可行，就换了便衣逃往邺都。不料少子慕容麟去向朝廷告发，慕容评派骑兵追来。慕容令说："现在计已泄露，不如向西投奔前秦，秦王苻坚正在招纳英才。"慕容垂叹息说："如今除此之外已无别的路好走了。"于是从小路转去长安。

前秦苻坚早想灭前燕统一北方，见慕容垂来投，大喜，亲自到郊外迎接："我要与卿共成大事，统一天下。"苻坚谋士王猛劝苻坚杀慕容垂，说："慕容垂是燕国皇亲国戚，深得人心，好比蛟龙猛兽，不是可驯之物，不如早些除去，以免后患。"苻坚说："我正要

＞历史文化百科＜

〔两晋南北朝上层人物的交通工具〕

两晋南北朝时期，上层人物出行的交通工具主要是牛车和步舆。东汉末上层人士逐渐使用牛车，因其颠簸小，舒适，上结帷幔，装饰华美，车内安置凭几，可随意坐卧。步舆汉时开始出现，魏晋后普及，是用人力抬扛的类似车样的坐具。又称肩舆、平肩舆，加盖后称襻舆、轿舆，八人抬的称八扛舆。后赵石虎有金华辇等豪华步辇，其猎辇要二十人抬扛。与此相对照的，是简便的版舆，也称板舆。梁名将韦睿指挥作战时坐在板舆上，类似今天的担架。

世界大事记

君士坦丁二世在同其弟君士坦斯一世交战中阵亡。君士坦斯一世遂得控制帝国西半部。

慕容垂　慕容评　王猛

嫉妒　恶行

《晋书·慕容暐载记》《资治通鉴·晋纪二四》

人物　关键词　故事来源

收集天下贤才，建立功业；他诚心来投，杀了他，天下人会怎样看我？"苻坚不但未杀慕容垂，还封之为冠军将军。

慕容评贪得无厌

慕容评是个贪得无厌的人。他利用权力，收受贿赂，又任人唯亲，排斥异己，燕国上下怨声载道。尚书左丞申绍上疏陈说当今政治的各种弊端，要求朝廷改革。慕容评、慕容暐听不进。相反，这些贵族为了满足其腐朽生活，更加千方百计搜刮百姓。他们霸山占水，不准百姓取用；军民饮用水二石要交纳绢一匹。老百姓无不切齿痛骂。前燕政权矛盾尖锐，已到危亡的时刻。

前秦建元六年（370）四月，苻坚任王猛为统帅，率领步兵、骑兵六万进攻前燕，从今山西长治县东南的壶关直指今山西太原西南的晋阳。慕容评集中三十万大军抵御。他认为王猛大军深入要求速战，就采用持久战略。但王猛派人偷偷烧了他的后勤装备，火势凶猛，邺城都能见到火光。慕容评不敢出战。慕容暐责备他说："王是高祖之子，应以宗庙社稷为重，为何不抚劳将士对敌作战，

而专心聚集财富。敌军打来，钱还能放到何处？皮之不存，毛将焉附？你必须把钱帛散给三军，以讨平敌军为先务！"慕容评无话可说，只得率军出战，结果在潞川（今浊漳河）大败，损失五万多人，慕容评单骑逃回。王猛军乘胜追击，投降的又有十多万人。至此，燕军主力已基本被消灭。王猛军从潞川挥师东进，苻坚又亲率十万大军会攻邺城。十一月，慕容暐率数十骑逃出邺城，被秦兵追及，成了俘虏。苻坚攻入邺城，前燕遂告灭亡。

晋时的计程器

记里鼓车是晋代创制的一种机械车辆，它利用车轮在地面转动时带动四种齿轮的转动，变换为凸轮杠杆作用，拉动木人右臂，每行一里车上的木人即击鼓一槌，车前驾两马并行。此为复制品。

中国大事记 石虎废石弘，自称天王，迁都于邺（今河北临漳西南）。他在洛阳、长安、邺大修宫室，又大量掠夺民女。

汉族建立的前凉

张轨出任凉州刺史，虽未称王，实为前凉始创之主。他发展经济，提倡儒学，吸引大批中原士人，使前凉成为当时北方汉文化的中心。

十六国的政权大多为少数族所建立，但河西走廊上的前凉，是个汉族建立的政权。

张轨出任凉州刺史

前凉政权的建立者张轨，字士彦，原籍雍州安定郡乌氏，即今宁夏固原东南。他出身官宦之家，父亲张温任太官令时，全家始迁至洛阳附近。张轨从小爱读书，有志气，曾就读于博学的皇甫谧门下。晋惠帝时，国内政治动乱，张轨因曾当过征西军司，熟悉凉州情况，永宁元年（301）提出愿当凉州刺史，朝廷同意。凉州地处边疆，常受鲜卑等少数族骚扰，张轨到任后两次讨伐鲜卑，斩首万余，俘获十余万，威名大震。于是扩充郡治姑臧，即今甘肃武威，修筑牢固工事。

发展经济，提倡儒学

凉州过去屡遭战祸，荒凉不堪，魏晋以来已不用货币，只以布帛代替，交易时布帛撕成一段一段，伤料而又难以计算。张轨下令铸造五铢钱，使人民交换得到了方便，也促进了经济的发展。到西晋末年，中

前凉金错泥筩

十六国时期，各政权各民族间相互攻伐，战乱不息，社会经济凋敝，一般简埋薄葬，与秦汉墓比较，已大为逊色。十六国时期，入居中原的少数民族统治者，为防止坟墓被盗掘，多流行"潜埋"不起坟的葬法，所以坟墓不易被发现。前凉升平十三年制作的金错泥筩，文字古拙，纹样雕镂细致。这个泥筩非常古朴，可能与年代久远有关。

金错泥筩纹样展开图

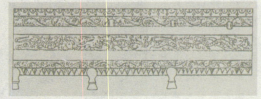

▶历史文化百科◀

〔嘉峪关新城魏晋壁画〕

在河西地区发现许多魏晋十六国时期墓葬，墓中大多有彩绘壁画。1972年嘉峪关市新城公社的戈壁滩上发掘清理的六座壁画墓中，共保存了壁画六百多幅，大部分反映了农桑畜牧、屯垦营垒、坞壁穹庐、猎弋出行、庖厨宴乐、衣帛器皿等各方面现实生活。壁画中有迄今发现最早的耙、耱的形象资料，还有许多少数民族和汉族一起采桑、屯垦、放牧的画面。技法娴熟，显示了豪迈奔放的艺术风格。

甘肃酒泉西沟村魏晋墓出土的弹琴画像砖

原大乱，北方士大夫和人民纷纷逃难，除了南方和东北外，也有不少人逃到西北的前凉。张轨设立了武兴郡、晋兴郡加以安置。他见逃来的士大夫中有很多有学问的人，便提倡儒学，在姑臧设立学校，把各地地主子弟五百多人招到学校里学习，请这些有学问的人担任老师。在当时战乱的年代，凉州地处边远，相对安定，逐渐成了西北汉文化的中心。汉魏以来的汉族传统文化在这里得到保存，一直流传到北魏、北齐和隋唐。

忠心晋室，送义兵财帛

张轨对西晋皇室忠心耿耿，每年派使者进贡财帛。他专门派人向洛阳送义兵五千及器甲等物，又献马五百匹及布帛三万匹。京师洛阳危急时，他又派北宫纯等率领精骑去保卫京师，打败敌人。西晋朝廷赖凉州的支援得以苟延一时。张轨也因而被委以太尉、凉州牧，封西平郡公。

建兴二年（314），六十岁的张轨病重，他在遗令中说："文武将佐都应当尽忠皇帝，安定百姓，上思报国，下以宁家。"这实际上就是对后继者提出的立国方针。因此后继者便长期袭用西晋的年号。

后任继续发展

张轨死后，长子张寔（shí）继位。他除了派军队救援长安外，还贡献名马、珍宝、图书等。长安失守，南阳王司马保残部一万多人都投奔到张寔这里来。张寔敬贤爱士，虚心听取批评意见。他下令：当面批评的，赏给束帛；写信或在市上批评的，赏给羊米等物。大兴三年（320）张寔死，弟张茂即位。张茂想建造高九仞的灵钧台，太府主簿马鲂进谏说："现今世道不太平，不宜大造楼台，老百姓希望的不是这些。"张茂知错即改，立即停止。太宁元年（323），前赵刘曜率大军二十八万进攻凉州，列营数百里，金鼓之声动地，河西震动。张茂虽然只有几万军队，但由于内部和睦团结，又采取了坚壁不战的战术，终于打退了前赵的进攻。第二年，张茂去世，因无子，由张寔的儿子张骏继位。张骏也像父辈一样勤修政治，持法公平，继续保持了凉州的国家富强，境内安定。他向西击败伊吾戊己校尉赵贞，又出兵龟兹、鄯善等处，西域诸国都送来汗血马、石棉布、牛、孔雀、大象等贡品。张骏还在今新疆吐鲁番地区建置高昌郡，控制了从陇西到西域的广大土地。由于张骏政治清明，善于用人，被称为"积贤君"。

张骏和他儿子张重华统治时期，是前凉最兴盛的时期。以后的统治者渐趋腐败，于太元元年（376），被前秦灭亡。

十六国时期的镏金铜佛坐像

○四○

王猛捉虱论天下

寒门出身的王猛辅佐苻坚,抑制豪强,加强政权,实行法治,发展经济文化,使前秦强大起来,终于统一了北方。

前秦永兴元年(357),苻坚即位。他重用王猛为相,前秦逐渐成为十六国时期最强大的一个国家。

博览群书,纵论天下

王猛,字景略,北海剧县(今山东寿光东南)人,出身贫寒,早年靠卖畚箕为生。他身材高大,博览群书,特别爱读兵书,办事稳重谨慎,从不与浮夸浅薄的人交朋友,也不把琐碎小事放在心上。朝廷给他一个功曹小官,他不去,就隐居在华阴山。永和十一年(354),东晋大将桓温北伐入关,屡破秦军,进驻灞上。王猛穿着打补丁的衣服去拜见,桓温接见了他。王猛一面纵论天下大势,一面伸手在衣襟里捉虱子,旁若无人。桓温感到这个人不凡,就问:"我奉天子命率十万大军入关,为何关中豪杰无人前来求见?"王猛答道:"公不远千里深入敌境,长安已近在咫尺却不渡灞水,百姓不知你究竟作何打算,所以不来。"后来桓温粮尽欲撤军,要他一起南下,王猛看出桓温北伐只为提高自己威望,不在收复失地,就加以谢绝。

王猛扪虱

桓温入关后,王猛穿着破衣服去拜见,一面纵论天下大势,一面伸手在衣襟里捉虱子,豁达放任、毫无拘束。此图出自清代马骀《古今人物画谱》。

辅佐苻坚,实行改革

苻坚听说王猛的名声,派吕婆楼去请他。王猛感到苻坚能成大事,是自己要投靠的明主,就去见他。两人见面,畅谈天下大势,十分投机,大有相见恨晚之感。苻坚说:"我得到王猛,就好像刘备遇到了诸葛亮。"

历史文化百科

〔氐族〕

氐为中国古代民族。殷周至南北朝分布在今陕西、甘肃、四川等地,以武都(今甘肃成县西北)为中心。从事畜牧和农业。魏晋时大量接受汉族文化和生产技术。氐人所建的政权有仇池、前秦、后凉。

世界大事记

罗马教皇尤里乌斯一世于此时（或343）召开塞尔迪卡（今保加利亚索非亚）会议，以期联合西方各主教反对阿里乌斯派。

王猛 苻坚 樊世

扣虱而谈

法制革新

《晋书·王猛传》

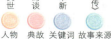
人物 典故 关键词 故事来源

前秦名将王猛

十六国时前秦大臣，出身贫寒，英俊魁伟，雄姿英发，为人谨严庄重，深沉刚毅，气度弘远，对琐细之事略不关心，更不屑于与俗人打交道。桓温入关，他曾往见，扪虱而谈天下大势。后为苻坚谋士，很受信任，整顿吏治，压制不法贵族，并重视农业生产，增加财政收入。建元六年统兵灭前燕，留镇邺，都督关东六州。后为丞相，病危时，建议苻坚不宜攻晋。

前秦当时面临着长期战乱、经济凋敝和社会矛盾尖锐的严峻局面。苻坚在王猛的协助下推行一系列改革：奖励农业，兴修水利，提倡儒学，恢复学校，缓和民族矛盾，使得经济和文化都有很大发展。

抑制豪强，加强法制

前秦的氐族贵族凭自己是皇亲国戚，横行不法。苻坚决心要打击他们的气焰，就派王猛出任始平令。

始平即今陕西武功一带。王猛一上任就处决了一批奸吏，受到当地贵族豪绅的猛烈攻击。苻坚问王猛为什么一上任就杀人？王猛回答说："臣听说太平时代用礼，乱世用法。陛下要我治乱，不清除奸猾岂不有负陛下重托？"苻坚听了，称赞王猛是管仲、子产一类人物。不久，便提升他为侍中、中书令、京兆尹。京兆是京城所在地，氐族贵族集中。前秦开国皇帝苻健的妻弟强德喝醉了酒横行不法，掠人财货子女，王猛毫不容情地捕而杀之，陈尸于街上；几十天内，捕杀了氐族豪强二十多个。这一下豪强再不敢横行不法，社会太平多了。苻坚十分高兴地赞许说："我今天才知道，国家有了法制，天子才有尊严！"

王猛治理京城有功，升为吏部尚书。不久，又升为尚书左仆射、辅国将军、司隶校尉。一年中升了五次官。那年，他才三十五岁。

王猛备受信任，使氐族贵族十分妒忌仇视。辅佐苻坚有大功的樊世攻击王猛，说："我们与先帝共兴大业，你无汗马功劳却专掌大权，这是我们种田而你吃饭！"王猛并不让步，针锋相对地说："我要你们不仅种田，还要烧饭！"樊世大怒说："不把你的头挂在长安城上誓不为人！"苻坚知道了，说："必杀此老氐，然后百官可整肃！"后来，樊世竟然在朝堂上当众要打王猛，苻坚大怒，杀死了樊世。

遗言勿攻东晋

前秦在苻坚和王猛的治理下，国势日强，先后灭掉前燕、代、前凉等国，于建元十二年（376）统一了北方。然而，在统一的前一年，王猛得了重病，苻坚前去探望，垂问后事，王猛恳切地说："晋朝虽然偏在南方，但是正统所在。臣死之后，望不去进攻。鲜卑和羌乃仇敌，终为隐患，应该予以清除。"说完就死了，年仅五十一岁。苻坚十分悲痛。

○四一

淝水之战

淝水之战是历史上一次有名的以少胜多的战役。苻坚不听忠言、骄傲轻敌、误用将领，被晋军大败。淝水之战后，前秦政权迅速瓦解。

苻坚一意孤行

王猛死后，前秦开始走下坡路。苻坚志满意骄，自恃强大，不顾民力，穷兵黩武；另一方面，生活越来越奢侈。宫殿、器物、车辆上全都装饰珍珠宝物，又命后赵旧将熊邈大造兵器舟船，上面也精雕细刻，嵌着许多金银。慕容农私下对父亲慕容垂说："自王猛死后，法制日益松弛，圣上穷极奢侈，祸难怕为时不远了。"

苻坚不听王猛临终劝告，于太元三年（378）发十几万大军进攻东晋襄阳。次年攻下城池，俘虏守将朱序。苻坚认为他坚守襄阳，尚有气节，就留在长安任度支尚书。

苻坚首攻襄阳尝到了甜头，三年以后，就决心要大举进攻东晋。他在太极殿召集大臣商量，大臣纷纷反对。尚书左仆射权翼说："过去殷纣王无道，但因有微子、箕子、比干三个仁人在朝，周武王不去进攻。现在晋朝虽然衰弱，但谢安、桓冲都是有能力的人，君臣同心，不宜进攻。"太子左卫率石越说："晋国有长江天险，再加上百姓同仇敌忾，不能讨伐。"苻坚听了很不高兴地说："夫差、孙皓都保有江湖天险，仍不免灭亡。我有雄兵百万，马鞭子扔进长江，就能阻断流水。天险有什么可凭借的？"他的话并未能说服大臣，大臣们仍议论纷纷。苻坚生气地说："这正是所谓'道旁筑舍，无时可成'。我要自己决断了。"

群臣出去后，他只留下了苻融。苻融官位相当丞相。苻坚对他说："自古以来决定大事的不过一两个人，今众说纷纭，徒乱人意。我想和你一起作出决定。"苻融说："今伐晋有三难：一天道不顺；二晋无过错；三我国连年战争，士兵疲劳，百姓有厌战之心。群臣说晋不可伐，都是忠言，望陛下听从。"苻坚一脸不高兴地说："你也这样说，真叫人失望。我虽非明主，也不是昏君，现拥强兵百万，武器粮草堆积如山，乘统一北方的势头打下晋国残余，哪有不胜之理。"苻融流着泪说："劳师大举南伐，难保成功。臣忧虑的尚不止此。陛下亲征，留下太子、弱兵守京师，周围的鲜卑、羌、羯皆为仇敌，实为心腹之患。臣下愚昧，话不一定对，但王猛是一时英杰，陛下誉为诸葛亮，他临死之言难道陛下也忘记了吗？"苻坚还是听不进去。

在这场争论中，支持苻坚的只有鲜卑贵族慕容垂和羌族贵族姚苌。慕容垂对苻

十六国时期彩绘陶灯
2001年5月陕西咸阳平陵乡出土，咸阳市考古研究所收藏。灯柱为圆筒形，圆形座外撇，顶端的灯碗与灯柱相连，灯柱的上部一周有四个插灯碗的小圆孔，两个左右对称的带柄灯碗插入孔内，同时可有五盏灯使用，具有较强的时代风格。

《晋书·符坚载记上》
《晋书·符坚载记下》
《资治通鉴·晋纪二六》

风声鹤唳　草木皆兵
投鞭断流兵

朱序　符坚
谢玄　符融
胡彬　谢安

专制　爱国

人物　典故　关键词　故事来源

甘肃酒泉西沟村魏晋墓出土的扬场画像砖

甘肃酒泉西沟村魏晋墓出土的扛锹农夫画像砖

坚说："强大兼并弱小，是自然之理。以陛下的神武威望，再加虎旅百万，良将满朝，留下小小的江南晋朝，岂非把麻烦遗留给子孙？陛下应自己拿定主意，何必征求许多人意见。晋武帝平吴，依仗的不过张华、杜预二三大臣，听从众说纷纭，哪有统一大功！"

▶历史文化百科

〔淝水之战性质的讨论〕

关于淝水之战的性质，有些史学家认为前秦政权已是一个封建汉化的政权，而东晋十分腐朽，因而战争的性质对前秦来说是统一战争，是正义的。而另一些史家则认为，前秦政权以氐族为主体，民族性十分强烈，当时民族矛盾是主要矛盾，这次战争对前秦来说是民族侵略战争，其目的是掠夺土地和人口，对东晋来说是反民族征服的自卫战争。东晋是战争中正义的一方，所以能得到各阶层、各种势力的支持而以少胜多，取得战争的胜利。

符坚听了大为高兴，说："能和我共定天下的，仅卿一人。"说完，马上赏赐给他五百匹绸缎。

太子符宏对符坚说："晋朝君主无罪，大举出兵不胜，恐怕对外损害威名，对内耗尽财力。"符坚不听。符坚宠爱的张夫人知道这事后劝符坚，符坚说："军旅之事，不是妇人们应当干预的。"符坚最喜欢的小儿子符诜得知后也进谏，符坚说："天下大事，小孩子哪里知道！"

就这样，符坚拒绝了大臣和亲人们的所有劝说，一意孤行，他决定要进攻东晋了。

东晋洛涧大捷

太元八年（383）七月，符坚大举伐晋，以符融、慕容垂率步骑二十五万为前锋，符坚自率大军从长安出发。总计戎卒六十余万，骑兵二十七万，前后千里，旌旗相望。九月，到达今属河南的项城时，凉州之兵始达咸阳，蜀汉之军方顺流而下，河北幽冀的军队刚到彭城，即今江苏徐州。

秦军的先锋部队迅速攻下寿阳，即今安徽寿县，俘房东晋守将徐元喜。面对强敌压境，东晋宰相谢安

淝水之战示意图

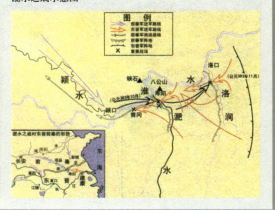

《东山报捷图》（清·苏六朋绘）

此图取材于南北朝时"淝水之战"的故事。东晋丞相谢安部署好战斗后，在东山松树下与客下棋，胸有成竹地等候捷报，远处山间一骑兵急驰前来报捷。人物刻画精细，神态生动。章法严谨，墨色浓淡错综，显得清丽明净，有翩翩文雅之趣，是苏六朋传世的精美杰作。

十分镇静。他精心策划，作了全面部署：命其弟谢石为征讨大都督，负责指挥全军；其侄谢玄为前锋都督；其子辅国将军谢琰也从军出征。当时晋军不过八万人，但士气旺盛。其中又有一支战必胜攻必克的劲旅，是谢玄镇守广陵（今江苏扬州）时招募徐、兖二州人民组成的一支精锐军队。因为在京口招募而得，京口即今江苏镇江，当时又叫北府，故称"北府兵"。这支劲旅由彭城人刘牢之率领，为晋军前锋。

晋将胡彬西进迎敌，半路得知寿阳失守，退保硖石，即今安徽凤台西南。苻融派梁成率军五万进至洛涧（今安徽淮南淮河支流洛河），在淮河上设栅，以防晋军沿淮援助胡彬。胡彬军粮告急，派人送信向谢石求援，信被秦军截获，报告苻坚。苻坚把大军留在项城，率领八千轻骑赶到寿阳，企图一举打垮晋军。他派朱序到谢石营劝降。朱序原是晋襄阳守将，心怀故国，他到晋营后，建议晋军趁秦大军未到，主动进击，以挫其锐气。于是谢石派刘牢之率北府兵进攻洛涧。北府兵个个勇猛非凡，强渡洛涧，大败秦军，秦军梁成阵亡，五万兵士争先恐后渡过淮河溃逃，掉在水里被淹死的不下一万五千人。

洛涧大捷，大大鼓舞了晋军的士气。谢石、谢玄一面命令刘牢之继续援救硖石，一面亲自指挥大军，乘胜前进。他们到达淝水东岸，把人马驻扎在八公山（今安徽寿县北）边，远远就能望见寿阳城。

风声鹤唳，草木皆兵

苻坚听说洛涧失守，大吃一惊。他与苻融登城瞭望，见晋军阵容严整，远望八公山上黑压压的一片树木，以为都是晋兵，不由十分恐惧。这就是成语"草木皆兵"的来历。

谢玄见秦军在淝水西岸逼水而阵，就派使者对秦军说："你们悬军深入，现在逼水而阵，这是持久之计，不是速战之策。你军如果移阵少退，让出一片空地，晋军渡过淝水，双方即可决一胜负。"苻坚想：稍退一步，正可利用晋军渡河时突然袭击。于是，下令秦军后退。谁料到秦军一退，便如潮水般不可遏止，离乡背井被迫来作战的士兵们不愿无辜送死，只顾向后奔跑，晋军乘势便抢渡淝水，展开猛烈进攻。苻融见势不妙，急忙驰马赶到后面整顿队伍，结果马倒人落，被晋兵杀死。秦军失了大将，全线崩溃。谢玄乘胜追击，朱序也在秦军阵后大呼："秦军败了，秦军败了！"秦军更是大乱，自相践踏而死者蔽塞川野。向后逃跑的人，听到风声鹤唳，都以为是晋兵追来。于是昼夜不停地逃跑，一路饥寒交加，死了十分之七八。苻坚也中箭负伤，单骑逃到淮北。后来回到洛阳收集残兵，只剩了十多万人。

瑞兽面葡萄纹样刺绣

消息传到东晋，谢安正在与客人下棋。他看了战报后就放在床边，不露半点喜色。客人问及，谢安才慢吞吞地回答说："小儿辈已经破敌。"其实，谢安心中又何尝不高兴，不激动呢？

淝水之战后，前秦政权迅速瓦解，北方于是出现了另一种局面。

贵族乘坐的车
这件彩绘陶牛车是十六国时期的明器，2001年5月陕西咸阳平陵乡出土，咸阳市考古研究所收藏。车厢卷棚平顶，前后有门，侧面各有二小窗，通体彩绘，多数为枝蔓花果纹样，车辐车牙均为红色，力大耐久的牛置于前方，木质双辕已朽，车宽23.2厘米，高21.8厘米，残车长22厘米。绘画工艺精湛，是当时典型的贵族乘坐车辆。

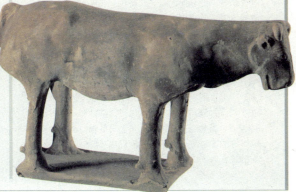

慕容垂重建燕国

泗水之战后，苻坚来到保存了实力的慕容垂军中，慕容垂感念恩德并未杀他。后慕容垂脱离苻坚，发展自己的势力，重建燕国。

感念恩德，不杀苻坚

泗水之战后，苻坚强征来的百万大军大部分溃散，只有慕容垂统率的三万军队当时正出击郧城（今湖北安陆），未参与这场战役而保存下来。苻坚带了千余骑残余士兵来到慕容垂军中。慕容宝对父亲慕容垂说："现在秦王兵败，投奔我处，这是上天让我们恢复燕国。机不可失，望父亲不要因微恩意气而忘记有利于国家的大事。"慕容垂："你的话虽对，但他一片诚心投奔于我，我怎能加害他？不如等将来有机会再说。"奋威将军慕容德也说："秦强而并燕，秦弱而燕图之。这是报仇雪耻，不是负心。大哥为何可得的东西不取，而以数万士众授予他人？"慕容垂的亲信都力主杀苻坚，慕容垂一再解释说："过去我不容于太傅慕容评，投奔秦国，秦王恩礼备至，如此恩德怎可忘记！"慕容垂不顾众人反对，把自己的士兵交给了苻坚。

苻坚收集残部回到洛阳，又有了十多万人。

〉历史文化百科〈

〔两晋南北朝时期的帽子〕

两晋南北朝时的帽子，帝王将相叫冕、冠，有多种名称，如通天冠、平冕、远游冠、缁布冠、进贤冠等。冠不是把头顶完全套住，而是用冠圈套在发髻上，两旁有两根缨在下巴处打结。平民百姓的帽子叫帻、帽。帻的品种有巾帻、平上帻、童子帻、纳言帻、赤帻等。与以前相比，巾帻的后部逐渐加高，中呈平型，体积缩小至顶，称为平巾帻或小冠；在小冠上加笼巾，称笼冠；用黑漆细纱制成，称漆纱笼冠。当时还有高顶帽，又名白纱帽，有多种形式，有的带卷荷边，有的挂有下裙，有的带纱高屋，有的带有乌纱长耳。

脱离苻坚，志在复国

慕容垂的另一个儿子慕容农对父亲说："父亲不逼遇难之人，这种仁义足以感动天地。但是取果实于未熟时和成熟后自落，不过是时间而已，而其难易与味道却相差很远了。"慕容农认为现在时

慕容垂重建燕国

386年，前燕故将慕容垂在前燕故地建立鲜卑政权，定都中山（今河北定州），自称皇帝，改元燕，史称后燕，为北方各政权中较为强盛的一个。

慕容垂重建燕国图

《晋书·苻丕载记》

《资治通鉴·晋纪二七》

《晋书·苻坚载记下》

慕容垂　苻丕　翟斌　宽容

人物　关键词　故事来源

机已经成熟，应是燕国复兴之时了。慕容垂领会慕容农的意思，决定不随苻坚去洛阳。行到渑池时，他对苻坚说："北方百姓听说王师不利，正煽动闹事，请陛下授命臣前去镇压、安抚，同时臣也可顺便祭扫祖庙。"苻坚同意了。权翼进谏说："国家新败，四方都有离异之心，应把名将集中京师，才能巩固根本。慕容垂勇敢有谋略，过去因避祸而来，岂肯永远寄人篱下屈就冠军将军！正如养鹰饥饿时依附于人，一旦饱了就要咬人。应把他关在笼内。"苻坚说："你的话虽对，然朕已答应了他。匹夫尚不肯食言，何况朕身为

甘肃酒泉西沟村魏晋墓出土的牧放图像砖

生动活泼的彩绘奏乐女俑

十六国时期，2001年5月陕西咸阳平陵乡出土，咸阳市考古研究所收藏。这四件奏乐女俑出土时围绕在牛车旁，为车内的主人奏乐。发冠扁平、中部隆起，上刻发髻纹样，粉面丹唇，下颌、眉心、脸颊均涂有红色圆点，眼眶上下朱绘弯月细眉，身着红色右衽深衣，均跽坐，弹奏乐器，一名敲扁形圆鼓，一名双手抚筝，一名怀抱琵琶，另一名双手举起作吹奏状，整个场面生动活泼。

皇帝？如果天命真要亡秦兴燕，也非人力所能挽回。"权翼说："陛下看重小的信义而忽略国家的根本利益。以臣观之，他定一去不返。关东要大乱了。"苻坚仍然不听，让慕容垂走了。权翼偷偷派人埋伏在洛阳河桥南头，准备暗杀慕容垂。慕容垂早对权翼有所怀疑，就从富平津桥西凉马台用草筏渡过黄河。他让典军程同穿了自己的衣服骑了自己的马过桥，埋伏的兵士果然追杀而来，程同早有准备飞马逃脱。

慕容垂到了安阳，即今河南安阳西南，写信告诉在邺城的长乐公苻丕。苻丕是苻坚之子，听说慕容垂来，怀疑他要作乱，打算出兵攻击。侍郎姜让进谏说："慕容垂反叛之心并未暴露，明公杀他就是不义。不如以上宾之礼

甘肃敦煌莫高窟千佛洞

宽待,派兵暗加监视,以后听皇命再说。"符丕同意,就把慕容垂安排在邺城西。

当时丁零族翟斌起兵叛秦,符坚派慕容垂前去讨伐。石越对符丕说:"慕容垂早有恢复燕国的野心,现增兵予他恰如为虎添翼。"符丕说:"慕容垂在邺城犹如卧虎在侧,终是心腹之患,现在让他远去。翟斌凶险,决不肯臣服于慕容垂,让他们两虎相斗,两败俱伤时,我再去制服,岂不对我更为有利?"于是派两千弱兵给慕容垂,又派符飞龙率一千氐族骑兵相随,名为副帅,实为监视。

扩充实力,建立后燕

慕容垂把儿子慕容农等留在邺城,自己来到安阳,停在河内郡怀县,即今河南武陟西南,在此招募士兵,十多天招到八千多人。后来又在夜晚行军时袭杀了符飞龙部一千多人。于是,渡过黄河,烧了桥以断符丕追兵之路,沿路又招收了不少兵马,队伍扩充到三万人。他便派人偷偷潜入邺城,秘密通知留守的慕容农起兵响应。第二天傍晚,慕容农、慕

容绍和慕容垂的侄儿慕容楷等几十人化装成平民,偷了符丕的数十匹马逃奔到列人(今河北肥乡东北)起兵。

慕容垂感到翟斌的丁零部众是一支可以利用的力量,于是劝说翟斌归顺,翟斌同意。由于洛阳四面受敌,慕容垂决定东进邺城。太元九年(384)一月,他在荥阳自称大将军、大都督、燕王,打起复国的旗号。鲜卑、丁零、乌桓各族人纷纷响应,部众发展到二十多万。太元十一年(386)正月,慕容垂又自称皇帝,定都中山,即今河北定州,不久占领了河北广大地区,圆了多少年来的复国梦。慕容垂建立的燕国历史上称为后燕。

生动逼真的彩绘动物(左图及上图)
这批动物彩陶是十六国时期的遗物,2001年5月陕西咸阳平陵乡出土,咸阳市考古研究所收藏。模制,造型生动而逼真,富有时代特征。

甘肃敦煌莫高窟千佛洞(左页图)

中国大事记

后赵石虎称帝，梁犊起义。汉人冉闵夺取后赵政权，杀胡羯二十余万人。

○四三

"秦亡是天意"

淝水之战后，姚苌脱离苻坚，发展自己势力；后缢死苻坚，建立后秦。其子姚兴，清灭关陇各方势力，版图扩大，与东方后燕并立。

移兵岭北

姚苌是羌族人，在前秦历任扬武将军、太守、刺史等官。苻坚攻东晋前，曾封他为龙骧将军，对他说："朕过去就是靠'龙骧'建功立业的，我没有把这个称号轻易授给别人，你好好干吧。"苻坚淝水之战失败从洛阳西归长安，派苻睿、姚苌攻打西燕慕容泓，苻睿战死，姚苌畏罪叛逃渭北。他见苻坚大势已去，就在太元九年（384）自称大将军、大单于、万年秦王，脱离苻坚。关陇一带的豪族尹纬、尹详、赵曜、王钦等五万家推他为盟主，渭北地区也有十多万户羌胡族人投靠了他。苻坚率领三万人马攻伐姚苌，姚苌迎战不利，军中又因缺水渴死了不少人，正当人心惶惶之际，忽然下了一场暴雨，解决了危机。苻坚不禁仰天长叹说："这真是天意！"

甘肃酒泉西沟村魏晋墓出土的羌女话别画像砖（上图）

姚苌听说慕容冲攻打长安，召开军事会议讨论自己的战略方针。有的将领认为应该先攻取长安，建立根本，然后再经营四方。姚苌表示不同的看法说："不对。燕人与苻坚作战，如胜，因思归家乡必不会久留关中。我当移兵岭北、新平、北地（今陕西彬县、耀县东南一带），广积力量，待燕人与苻坚两败俱伤，然后坐收渔翁之利，这样不费大力即可取得长安。"果然，不久岭北各城都纷纷投降。

强盛的后秦

苻坚被慕容冲打败，逃到五将山，被后秦将抓获，送往新平。姚苌派右司马尹纬去见他，要求禅让政权。苻坚说："禅让乃对圣贤而言，姚苌是叛贼，岂能行此事！"他见尹纬谈吐不凡，问道："你在朕朝担任何官？"尹纬答："尚书令史。"苻坚不禁叹道："可惜呀！你是王猛一类人才，朕却不知，秦亡实是天意了。"事实正是这样，尹纬是天水大族，很有政治才能，但在前秦始终被埋没，却被姚苌重用，成为开国功臣。

苻坚因过去对姚苌有恩，所以见到他特别愤恨，大骂不止，被姚苌缢死在新平佛寺。夫人和儿子苻诜也被逼自杀。

苻坚死后，长子苻丕放弃邺城，率领男女六万余口西入晋阳（今山西太原西南）即位。太元十一年

姚苌　符坚　尹纬

识才　怨愤

《晋书·符坚载记下》
《资治通鉴·晋纪二七》
《资治通鉴·晋纪二八》

人物　关键词　故事来源

《宣文君授经图》（明·陈洪绶绘）（局部）

宣文君（283－？）是前秦太常韦逞的母亲。有一天，前秦国君符坚视察太学，为没有开设礼乐这门课程感到遗憾。博士卢壶对符坚说："经过丧乱，各门课程已大体恢复，唯独礼乐，找不到懂《周官》的教授，所以没有开设。据我所知太常韦逞的母亲传其父业，精通《周官》音义，虽年已八十，但耳不聋，眼不花，可以教授后生。"符坚听了很高兴，请韦逞的母亲在家里设讲堂，选派一百二十名学生跟她学习，赐号宣文君。

姚苌入据长安后，于太元十一年（386）称帝，国号大秦，这是后秦的建立。太元十八年（393）姚苌病死，子姚兴继位。次年姚兴击杀符登，并消灭了关陇一带的割据势力。后来西燕被后燕所灭，姚兴又取得了黄河以东地区，还乘东晋衰乱出兵潼关，攻取洛阳。至此，后秦版图大大扩大，成为与东方的后燕并立的两个强盛的政权。

（386）八月，进占平阳，即今山西临汾西南。十月，与慕容永作战失败被杀。符坚族孙符登继位，胡汉各族归附他的倒也有十多万人。

121

○四四

吕光征西域

吕光受符坚之命，出征西域，攻破龟兹等国，带回珍宝、骏马和乐队，加强了西域和内地的经济、文化交流。符坚失败，吕光在姑臧建立后凉。

吕光，略阳氐族人，是后凉的建立者。后凉的国土就是今天甘肃和新疆的一部分，都城在姑臧。吕光之父吕婆楼是前秦太尉。吕光爱骑马，有武功，做事稳重，对人厚道。王猛很喜欢他，把他推荐给符坚，任为美阳县令，美阳即今陕西武功西南。后随符坚出征张平，又随王猛出攻慕容暐，都有战功。

受命出征西域

符坚平定中原后，国力强盛，于是想经营西域。太元七年（382）九月，任命吕光为使持节、都督西讨诸军事，率领步兵七万、骑兵五千出征西域。阳平公符融进谏说："西域荒远，得其民不能使用，得其地不能种粮。当年汉武帝出征西域，得不偿失。现在兴师动众走汉武帝老路，实不值得。"符坚没有听从他的意见。

攻破龟兹，获取珍宝

太元八年（383）一月，吕光从长安出发，十月，秦晋发生了淝水之战。吕光到了高昌，即今新疆吐鲁番东，未等到符坚新的命令，就出玉门关继续西进。这里已是沙漠地区，三百里内都是流沙，没有

一点水。大家十分担心，吕光对大家说："汉代李广利也曾遇到这种情况，他的精神感动了上天，终于找到泉水。我们难道不能感动上天吗？"不久，果然下了倾盆大雨，平地积水三尺。于是进兵到焉耆，国王泥流及邻国都请求投降，只有地处今新疆库车的龟兹国王帛纯守城抗拒。吕光在其城南五里设一军营，一面挖深沟筑高垒，把城包围起来，做了不少木头人，穿着盔甲，手持武器，以此迷惑敌人；一面不断攻城。帛纯用大量财宝请来邻国七十多万兵马救援，这些队伍善于骑马射箭，吕光就用兵营环环相连的一种叫"勾锁"的战法，终于打败这些军队。帛纯带了许多珍宝逃走。吕光攻破龟兹国都，见城内有寺庙佛塔一千多座，宫室壮丽，市街与长安相仿，家家多有葡萄

黄釉扁壶

1971年河南省安阳洪河屯范粹墓出土。高20厘米，敞口，短颈，扁腹。造型与游牧民族常用的皮囊相似，颈与肩相接处有连珠纹一周，两肩各有一孔。壶身两面均饰有西域一带少数民族舞蹈图案，五个乐舞人皆深目高鼻，中间一人表演"胡腾舞"，左右各有二人配乐伴奏。北齐"胡腾舞"可谓是唐代盛行的"胡腾舞"的滥觞，它是西域文化艺术与中原地区陶瓷工艺有机结合的艺术结晶，也是当时北方民族大融合历史背景的实物见证。

公元365年　公元 3 6 5 年

世界大事记

罗马大将约维努斯在高卢重创阿勒曼尼人。
希腊克里特岛诺索斯大地震，死五万人。

《晋书·吕光载记》

吕光　仁爱
帛纯　交流

人物　关键词　故事来源

酒，可放十年不坏。龟兹音乐自古有名，又有箜篌、琵琶、笙、笛等十多种乐器，舞蹈也千姿百态，这些都使吕光想留下来。但新得的印度和尚鸠摩罗什劝他说："这是凶险之地，不宜久留。将军只管东归，中原自有福地可居。"吕光宴请将士们，讨论是否东归，大家也都主张回去。

西域各小国听说吕光平定了龟兹，纷纷送来贵重礼物。有些国家不远万里前来归附。苻坚便任吕光为都督玉门以西诸军事、安西将军、西域校尉。

吕光西征是汉代李广利伐大宛以来，中原政权对西域最大的一次战役，在河西历史上有深远的影响。吕光东归时用两万多头骆驼载回的各种珍奇宝物、奇禽怪兽，还有一万多匹名贵骏马以及庞大的龟兹乐队和舞队，都加强了西域和内地的交流。

▶历史文化百科◀

〔西凉乐〕

十六国时期前秦大将吕光出兵西域，从龟兹带回了由西域乐工组成的乐队，使用琵琶、笙、笛、箫、羯鼓、铜钹等各种乐器。从此，龟兹乐在河西走廊凉州地区传播开来，并与汉族音乐融合形成"西凉乐"。北魏太武帝拓跋焘平定河西地区后，西凉乐传入中原，产生很大影响。

太元十年（385）九月，吕光从龟兹来到宜禾，前秦凉州刺史梁熙阻断吕光归路，责备吕光擅离西域；吕光则责备梁熙见苻坚失败无赴难之心，结果在酒泉城下一战打败梁熙，不久便进入姑臧，自称凉州刺史、护羌校尉。凉州各郡县纷纷投降。

太元十一年（386）九月，吕光得知苻坚死亡，下令全军穿素戴孝。同年十二月，他自称侍中、中外大都督、大将军、凉州牧、酒泉公。历史上称为后凉。

乐伎与百戏壁画
甘肃酒泉出土的十六国北凉时期壁画，表现了女伎弹奏琵琶、吹箫、击鼓，乐师弹琴的场面，旁边还有人在做杂技表演，一派歌舞升平的氛围。壁画线条圆润，涂以简单的红彩，有汉代风格。

后凉兄弟残杀

吕光死后，嫡子吕绍继位，庶长子吕纂和次子吕弘联合发动政变，吕绍自杀，吕纂杀吕弘，后自己也被人所杀。后凉在后秦进攻下灭亡。

皇位安排，埋下祸根

后凉龙飞四年（399），吕光病重。临死前，他叫来吕绍、吕纂和吕弘三兄弟。吕绍是正夫人所生，是嫡子但非长子，长子是嬪妃所生的吕纂，即庶长子，次子为吕弘。他立吕绍为天王，吕纂、吕弘辅政。他对吕纂和吕弘说："吕绍才能平常，只因为是嫡子，故继皇位。现在外有强寇，国内人心不安。你们兄弟和睦，福祉可传万世，如自相残杀，祸难就会很快到来。"

但是吕光一死，兄弟间的矛盾就爆发了。吕绍想暂不发丧，吕纂却不管这些，冲入宫中大哭大嚎。吕绍慌了，要把皇位让给吕纂，吕纂又不接受。堂弟吕超对吕绍说："吕纂任将领多年，威震内外，他对父亲去世并不悲哀，昂首阔步，定有野心，应尽早把他除掉。"吕绍软弱，没有同意。他说："先帝刚死，我要靠两个兄弟安宁国家；纵然他要图我，我也只能视死如归。"

兄弟相残

吕绍自小随母居住在仇池，即今甘肃成县西。吕光立国后才接来姑臧。而吕纂、吕弘一直跟吕光东征西讨，颇有战功。吕绍来凉前，吕弘曾是吕光的太子人选，如今吕绍立为天王，吕纂、吕弘自然不满，二人就勾结起来。吕弘派尚书姜纪对吕纂说："皇上软弱，不能经受灾难。我兄威望高，应为国家前途着想，不可拘泥于小节。"吕纂便决定发动政变。

具有世俗美的神像

麦积山石质不宜于雕刻，佛像一般都是泥塑。塑像的大小与真人相若，被誉为"东方塑像馆"。和泥法有特殊的工艺，经过一千多年，塑像并未溃败。麦积山的塑像有两大明显的特点：强烈的民族意识和世俗化的趋向。除早期作品外，从北魏塑像开始，差不多所有的佛像都是俯首下视的体态，都有和蔼可亲的面容，虽是天堂的神，却像世俗的人，成为人们美好愿望的化身。从塑像的体形和服饰看，也逐渐在摆脱外来艺术的影响，体现出汉民族的特点。这尊佛像为麦积山石窟147窟主佛坐像，是北魏时期的泥胎彩塑。

历史文化百科

〔麦积山石窟〕

麦积山石窟位于甘肃天水市城东南麦积山上。山高142米，形似堆积的麦秸，故名。开凿于十六国晚期，其后历代均有建造。共有洞窟一百九十四个，泥塑像、石雕像七千余尊，壁画一千多平方米。石窟开凿于距山基20～30米、70～80米高的悬崖峭壁上，层层相叠，上下错落，密如蜂窝。窟内有七座北朝"崖阁"，为研究该时代建筑艺术的重要资料。

吕绍
吕纂
吕弘

残忍
猜疑

《晋书·吕纂载记》
《晋书·吕隆载记》

人物　关键词　故事来源

姑臧城原是汉朝匈奴所建，南北长七里，东西长三里，又称卧龙城。前凉时，又增筑东南西北四城。吕纂当夜率领几百个士兵冲过北城，进攻广夏门，吕弘从东城发难，带了士兵进攻洪范门。左卫将军齐从正守融明观，见状喝问："谁？"士兵们答："太原公。"齐从说："国家遭大难，主上新立，太原公不从大路走，半夜入禁城，想作乱吗？"立即拔剑向吕纂刺去，士兵蜂拥而上把齐从抓住。吕纂说："这是义士，不要杀。"吕绍得知消息，立即派禁兵在端门抵抗，吕超也率二千士兵赶来。然而士兵们向来害怕吕纂，不战自逃。吕绍被迫自杀，吕超趁乱逃走。

吕纂要把皇位让给吕弘，吕弘惧怕吕纂，拒绝说："我因吕绍是弟即皇位，众心不服，所以违反先帝遗命废掉他，已经惭愧之至。如今怎能再超越兄长称帝？"于是吕纂即位称天王，发布大赦令，改元咸宁。任命吕弘为大都督、大司马、司隶校尉、录尚书事。

不久，吕纂因吕弘功高位尊，产生疑忌，吕弘也后悔当年让位，就在公元400年三月，发东苑的兵进攻吕纂。吕纂派大将焦辨反击，吕弘战败出逃。吕纂让士兵大肆抢掠，把东苑的妇女都赏赐士兵，吕弘妻子也在其中。吕纂

笑着对群臣说："今日战绩如何？"侍中房晷说："先帝去世不久，兄弟连续残杀。吕弘虽咎由自取，实也由于陛下不念手足之情。这不该高兴，而应自责，想不到陛下反而放纵士兵抢掠。错误由吕弘一人造成，百姓何罪？吕弘妻女也是陛下弟妇侄女，受此侮辱，天地神灵岂能容忍？"吕纂知道错了，马上向他道谢。同时下令把吕弘妻女安置到东宫，厚加照顾。

吕弘逃到广武后不久，仍被吕纂派人杀了。

吕纂整天沉湎于酗酒、打猎。被吕纂安置在番禾守边的吕超却在暗中扩充实力，与中领军吕隆等策划谋反的事。后来在一次宴会上，吕超趁吕纂喝醉酒时刺杀了他。

吕纂死后，吕隆即天王位。他是吕光弟吕宝的儿子。

在后凉诸吕自相残杀之际，河西的北凉、西秦等却在发展；关中后秦也十分强大。它们见后凉政纲不立，百姓饥馑，觉得是攻伐的大好时机。吕隆神鼎元年（401）七月，后秦姚硕德便统兵六万，对后凉发动进攻，九月，吕隆投降。神鼎三年（403）七月，吕隆被迫离开姑臧迁到长安。至此，后凉就灭亡了。

麦积山远眺（上图）
中国大型石窟群之一，"丝绸之路"上重要的宗教艺术古迹。

125

公元353年〉

〇四六

李暠建立西凉

汉人李暠在河西走廊建立西凉。他励精图治，选用贤才，发展经济文化，是十六国后期各政权中较有建树的一个。

迁都酒泉

后凉灭亡后，各族领袖人物乘时而起，建立起新的政权。在河西走廊上，出现了南凉、北凉和西凉。

西凉的建立者李暠（hào），字玄盛，汉族人，原籍陇西狄道，即今甘肃临洮县，出身官僚家庭，是汉代名将李广的后代，祖父做过前凉天水太守，父亲李昶为前凉世子侍讲。李暠从小读书、习武，性格沉毅，待人厚道。后凉末，建康郡（今甘肃高台骆驼城）太守段业反叛吕光，任命李暠为效谷县令，效谷即今甘肃敦煌东北。由于他办事认真公道，又被任为敦煌太守。敦煌有许多望门大族，为了自身的利益，需要寻找政治上的代理人，李暠正合他们的要求，于是就在敦煌站稳了脚跟。

隆安四年（400），北凉段业和沮渠蒙逊的矛盾不断激化，晋昌（今甘肃安西）太守唐瑶联合六郡士人，公推李暠为大都督、大将军、凉公、领秦凉二州牧、护羌校尉，正式建立起西凉政权。

西凉的行政区域在河西地区的西部，大体上是今甘肃酒泉、玉门、安西、敦煌数县及新疆东部的一小块。这里土地贫瘠，人口稀少，军事力量也比较单薄，与河西走廊中部的北凉，南部的南凉相比，可谓国小力单。为了向东发展，建初元年（405），李暠把都城从敦煌迁到了酒泉。

励精图治，选用贤才

为了稳定自己的统治，李暠励精图治。他赏罚分明，选用贤才，接受臣下进谏，执法宽简。他在敦煌南门外建立了"靖恭之堂"，作为商议朝政、检阅军队的地方。又把历代圣君明主、忠臣孝子、烈士贞女绘了像，题词赞颂，作为大家学习的榜样。他告诫子弟要"节酒慎言，喜怒必思，爱而知恶，憎而知善，动念宽恕，审而后举"。他按汉魏选拔官吏的办法，实

魏晋耙地图

以牲畜带带耙犁地的方法在北方旱地农业技术体系形成中起着关键性作用。翻耕之后，经过耙、耱的加工，不仅可以破碎土块，使土壤疏松，还可以起到除草、平整土地的作用，最终达到保墒抗旱的作用。

〉历史文化百科〈

〔西凉的户籍和对策文〕

敦煌出土《西凉建初十二年（416）敦煌郡敦煌县西宕乡高昌里户籍》残卷（斯0113号）是目前留存下来的十六国时期唯一的一件户籍。这件户籍虽然残缺，但仍保存了当时住在敦煌郡敦煌县西宕乡高昌里的部分居民姓名。户籍上载有居民共十户，残存八户，分作五姓，其中裴氏两户，阴氏一户，吕氏两户，随氏两户，唐氏一户。此外，户籍还记载了嫁到这里的妇女七姓，基本上沿袭了西晋的制度。

此外，新疆吐鲁番哈剌和卓91号墓出土了《西凉建初四年（408）秀才对策文》，文书前面是五道策问题，后面是凉州秀才马骘等人的对策（即回答）。这可能是李暠的一次亲策，反映了他思贤若渴、延揽人才的政策。

十六国古今地名对照表			
古地名	今地理方位	古地名	今地理方位
平阳	山西临汾	金城	甘肃兰州
长安	陕西西安	抱罕	甘肃临夏
襄国	河北邢台西	乐都	今属青海
邺	河北临漳西南	西平	青海西宁
大棘	辽宁义县	美阳	陕西武功西南
龙城	辽宁朝阳	高平	宁夏固原
晋阳	山西太原西南	统万	内蒙古乌审旗南白城子
姑臧	甘肃武威	五原	内蒙古包头西北
始平	陕西武功一带	参合陂	内蒙古凉城西北
彭城	江苏徐州	信都	河北冀州
寿春	安徽寿县	蓟	北京西南
广陵	江苏扬州	广都	辽宁建昌
京口	江苏镇江	广固	山东青州西北
硖石	安徽凤台西南	中山	河北定州
洛涧	安徽怀远以南洛水	新平	陕西彬县
安阳	河南安阳西南	苑川	甘肃榆中大营川地区

行察举制度，州选秀才，郡举孝廉，统一策试，因才授官。经济方面他在玉门、阳关一带实行大规模的屯田，鼓励百姓开垦土地，发展农业，使西凉出现了百姓乐业的兴旺景象。他在文化上也重视儒学，重用儒生，兴立学校，不仅保留了中原传统的儒家文化，而且造就了许多有名的学者。

西凉走向衰亡

建初十三年（417），正当李暠雄心勃勃准备统一河西、恢复晋室时，却怀着壮志未酬的遗憾离开了人世。次子李歆继位，他在初期，还能遵循父亲的遗训，后来就慢慢骄纵起来，独断专行，大建宫室，弄得国力匮乏，百姓困苦。嘉兴四年（420），北凉来攻，李歆不顾大臣宋繇等人的谏诤和母亲尹氏的反对，调动全部武装出击北凉，结果在怀城（今甘肃张掖北）中敌埋伏而大败，自己也送了性命。北凉沮渠蒙逊占领了酒泉，李歆弟酒泉太守李翻逃奔敦煌。北凉又西攻敦煌，

生动逼真的彩绘陶猪

李翻与其弟敦煌太守李恂再逃往北山。永建二年（421），沮渠蒙逊入敦煌城，大肆屠杀。李歆子重耳南奔刘宋；李翻子李宝被押送到姑臧。至此，西凉便灭亡了。

西凉尽管地域狭小，存在时间不长，但政治、经济、文化各方面，在十六国割据政权中是有所建树的一个。

〇四七

南凉始末

秃发乌孤征服各部，建立了南凉。其弟秃发利鹿孤注意政权建设，周旋于各国之间。但之后南凉由于穷兵黩武，由盛转衰。

出击各部，扩充实力

南凉是河西鲜卑秃发氏首领秃发乌孤建立的国家。秃发乌孤的祖先秃发树机能西晋末年曾发动起义，占有凉州之地。秃发乌孤担任部帅后，比较重视农业，也注意睦邻关系，得到部众的拥护。后凉麟嘉二年（390），吕光任命他为冠军大将军、河西鲜卑大都统、广武县侯。秃发乌孤问部下要不要接受，大将石真若留说："我们根本未立，力量不足，不如暂且受命。"秃发乌孤就接受任命，成为后凉臣属。此后，秃发乌孤放弃了广武旧居地，向南发展，进入自然条件较好的湟水流域，即今青海乐都一带。麟嘉三年（391）的一天，秃发乌孤登上今青海乐都以东的廉川大山，一言不发，默默流泪，随从将领石亦干问道："大王不乐，莫非感到吕光的威胁？吕光已老，屡屡战败，我们兵马强盛，可以一击百，吕光有何可怕？"秃发乌孤说："我们祖先以德怀远，远近部落都来归顺。自我即位，诸部背叛，使我深感忧虑。"大将苻浑说："大王何不率众发兵，讨伐他们？"这正合秃发乌孤的心意，于是调兵遣将，出征背叛诸部。到后凉龙飞二年（397）秃发乌孤先后征服了河南部、意云部等鲜卑部落，实力大大增强。吕光

牛车画像砖

嘉峪关魏晋墓出土的画像砖大都一砖一画，笔法简练，形象生动，以写实手法为主，早于莫高窟艺术。但也有几砖一画的，如六号墓中的《出行图》，前三砖画的是骑马的队列，第四砖画的是牛车，最后一块画的是步行的官吏，尽管一砖一画，却又前呼后应。魏晋时期的绘画艺术正处于我国绘画史上最繁荣的阶段，但由于连年交战，遗存的很少，嘉峪关魏晋墓壁画砖的出土正好填补了这一空白。从绘画技巧看，这些壁画砖并不是罗列堆积事物，而是抓住最本质、最有个性的东西加以表现。

十六国时期的流行车型

这件彩绘陶牛车明器于2001年5月在陕西咸阳平陵乡出土，咸阳市考古研究所收藏。该车为十六国时期流行的双辕彩绘陶牛车，木质双辕已朽，车型类似轺车，车厢内还盛放有彩绘陶羊、陶水桶等明器，双轮浮雕彩绘，陶牛低头似乎拉车，躯体丰满，力大无比，整体造型比例适度，显示出了当时流行的牛车车型和精美华丽的装饰。

见秃发乌孤势力强大，赶紧任命他为征南大将军、益州牧、左贤王。秃发乌孤此时更看清了吕光政权的衰败迹象，对吕光使者说："吕王穷兵黩武，不能使百姓安宁，现在诸子贪淫，外甥肆虐，郡县土崩，民不聊生，我不能违反天下民心，受不义的爵位！帝王兴衰，有德则昌，无道则亡。我要顺天下民望，自成帝

业。"于是秃发乌孤在廉州（今青海民和西北），自称大都督、大将军、大单于、西平王，建元太初，大赦境内，建立起秃发氏政权。因立国于湟水，在河西走廊东南，后来又以凉为国号，故称南凉，其统治区为今甘肃西部、青海一带。

由盛转衰

秃发乌孤起兵时，河西群雄俱起，西有西凉、北凉，东南有西秦、后秦、大夏，后凉内部也叛乱迭起。秃发乌孤分析了附近几个国家的情况，感到后凉最易攻破，决定首先攻取。在攻占后凉岭南湟河、浇河、乐都、西平四郡后，于太初三年（399），正式迁都乐都。与此同时，他广招人才，进行政权建设，使南凉进一步发展壮大。可惜的是，这一年秃发乌孤喝醉酒从马上跌下，伤了肋骨，不久，就因伤势过重死去。他死后，其弟秃发利鹿孤继位。

秃发利鹿孤在位三年，对内注意政权建设，官吏中有政绩的都给予奖励，对外则针对不同情况采取灵活的政策：对西凉、西秦表示友好；对强大的后秦称臣观变；对北凉寸步不让；对后凉继续打击。由于他利用矛盾，分清主次，所以能在诸国之间周旋，求得发展。利鹿孤还重视文化建设。

建和三年（402），秃发利鹿孤病死。依旧例把王位传给其弟秃发傉檀。秃发傉檀是著名战将，秃发利鹿孤在位时就参予军国大事的决策。他继位后，便积极投入争夺河西的战争。取得姑臧后，把这里当作都城，自称凉王，脱离了后秦的束缚。但南凉从这时起也开始由盛转衰。由于秃发傉檀穷兵黩武，不注意发展农业生产，政权内部矛盾重重，民心思乱，仅仅维持了十八年，于嘉平七年（414）便被西秦所灭。

〇四八

沮渠蒙逊杀段业

沮渠蒙逊足智多谋，为了替伯父报仇，起兵拥立段业，建立北凉。后计杀段业，自称河西王。北凉文化发达，佛教兴盛，对北魏的文化影响很大。

为伯父报仇，聚众起兵

在张掖南边的临松山地区有一支姓沮渠的卢水胡少数族，它的先辈曾当过匈奴的左沮渠官，于是以官名为姓。后凉建国，这个部族跟随吕光建立了功勋，其首领沮渠罗仇、沮渠麹粥都担任了后凉的官职。吕光晚年昏庸，与西秦作战失败，沮渠麹粥对沮渠罗仇说："主上老朽骄纵，诸子相倾。现军事失利，正是智勇之士遭猜忌之日，我兄弟与其猜忌被杀，不如率众进攻西平，定能胜利。"但是沮渠罗仇受忠孝思想束缚，没有同意。不久，二人果然都被吕光杀死。

沮渠罗仇的侄子沮渠蒙逊素有谋略，当时，他正率部在朝廷侍卫吕光。为了不使吕光猜疑，他对伯父的冤死不露出半点悲痛神情，只要求将遗体送回家乡安葬。落葬那天，卢水胡各宗族来会葬者万余人，沮渠蒙逊哭着对大家说："吕王昏荒无道，滥杀无辜。我们祖上曾虎视河西，怎能蒙此屈辱。我想请大家合力为二位伯父报仇雪耻，恢复祖上宏业，诸位以为如何？"大家都高呼万岁，表示拥护。于是沮渠蒙逊很快攻下后凉的临松郡，杀了护军和郡守，不到十天，已聚集了万余人。沮渠蒙逊与堂兄沮渠男成共同推举吕光的建康郡太守段业为凉州牧，改元神玺，建立起北凉政权。段业以沮渠男成为辅

国将军，沮渠蒙逊为张掖太守。

计杀段业

沮渠蒙逊英勇又有心计，在段业麾下不断建立功业。神玺二年（398）四月，沮渠蒙逊攻打西郡，即今甘肃山丹县。他用水灌城，生擒守城的吕光之侄吕纯。此战胜利后，邻近的晋昌（今甘肃安西东）太守王德、敦煌太守孟敏相继投降。不久，段业又占领了张掖作为都城。张掖守将吕弘东逃，段业想追击，沮渠蒙逊说："归师勿遏，穷寇莫追，不如暂时放过他们，以后再说。"段业执意追击，果然被吕弘打败，幸亏沮渠蒙逊救援，才免于一死。

晋时的计程器（局部）

〔中国戏剧的形成〕

魏晋南北朝时期，中国戏剧开始形成。蜀博士许慈、胡潜由辩论文义而相忿争，后以刀杖斗打。刘备使倡家扮演此事。有人认为这是中国戏剧的开端。后赵石勒以俳优演出参军某的故事，以为笑谑，这是唐代参军戏的由来。北齐的《兰陵王》歌舞，写高澄四子高长恭，才武而貌美，作战时，常戴假面，屡败周军。于是武士作《兰陵王入阵曲》歌舞赞美他。舞者身穿紫衣，围金带，执金桴，戴假面（唐代称为"代面"、"大面"），作冲锋击刺杀敌状。这种歌舞更接近后代的戏剧。

神玺三年（399）二月，段业即凉王位，改元天玺，任沮渠蒙逊为尚书左丞，梁中庸为右丞。此时段业十分忌怕沮渠蒙逊的英勇多谋，就派亲信马权代沮渠蒙逊任张掖太守，改任沮渠蒙逊为临池太守。沮渠蒙逊看出了其中的奥妙，便在段业面前说马权的坏话，段业竟中了他的反间计，把马权杀了。

沮渠蒙逊想联合堂兄沮渠男成一起除掉段业。沮渠男成不同意，说："段业是我们推举的，对我们不错，人家既然亲我，我们怎能背叛他？"沮渠蒙逊见沮渠男成不与自己同心，便决心一个人干，同时策划谋害沮渠男成。他约沮渠男成一起去兰门山祭祀，暗中却派人向段业告密说："男成想谋反，他如提出去祭兰门山，便是谋反信号。"果然，沮渠男成向段业提出了祭兰门山的要求。段业立即逮捕沮渠男成，迫他自杀，沮渠男成百般解释也无济于事，最后终于蒙冤而死。沮渠蒙逊知道消息后，召集大众发丧，他哭着对大家说："男成忠于段王，而段王却无故杀他，太冤枉了。诸位一定要为他报仇。"沮渠男成一向得到大家拥戴，于是群情激愤，向张掖进军。到达氏池县（今甘肃民乐）时，已集结一万多

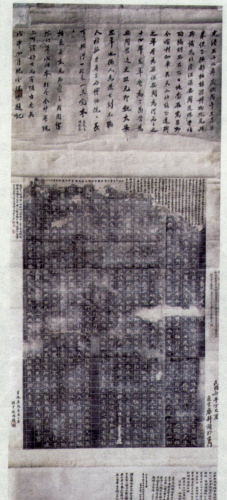

《沮渠安周造像碑》（拓片）

公元 5 世纪中叶，北凉沮渠氏家族在河西立足不稳，率领残部向西迁徙，在吐鲁番站稳脚跟。公元 444 年，沮渠安周在吐鲁番称王，并在高昌故城东边的吐峪沟开山凿洞，恭身礼佛，吐峪沟石窟，在南北朝时期，成为高昌王国最高统治集团全力经营的佛教重地之一。此幅《沮渠安周造像碑》（拓片）的原碑文刻于北凉承平三年（445），由夏侯粲撰文，碑文为楷书。原碑已毁。

人。羌胡等各族人民也都赶来参加。沮渠蒙逊进军到侯坞，即今张掖东，段业派去抵抗的右将军田昂向沮渠蒙逊投降，沮渠田昂的侄儿沮渠田承爱打开城门迎接沮渠蒙逊。段业见大势已去，只好向沮渠蒙逊投降，乞求放他一条生路，让他回家与妻子一起度过余生。沮渠蒙逊还是把他杀了。

天玺三年（401）六月，梁中庸等共推沮渠蒙逊为大都督、大将军、凉州牧、张掖公，改年号为永安。这是一个由沮渠氏统治的胡汉联合政权。蒙逊东击南凉、西秦，西灭西凉，统治区域为今甘肃西部。

永安十一年（411），沮渠蒙逊攻克姑臧。次年十月便迁都于此，自称河西王，修宫殿城门。姑臧有二十多万人口，文化发达，佛教兴盛。后来北魏灭北凉，许多学者都迁到平城，著书讲学，对北魏文化影响很大。

〇四九

凶残的赫连勃勃

赫连勃勃是历史上有名的残暴统治者，任意诛杀大臣。为求城墙坚固、武器精良，杀害了无数工匠。

袭杀岳父

赫连勃勃是匈奴族人，身材高大，凶狠残暴，不甘心居人之下。他早先投奔后秦高平公没亦干，娶了他的女儿为妻。后来姚兴任命他为骁骑将军，姚兴弟姚邕说："赫连勃勃没有仁爱之心，陛下对他过于宠信了。"姚兴说："他无仁爱之心，却有济世之才，我正要用人，与他共平天下有何不可？"便让赫连勃勃帮助没亦干镇守高平，即今宁夏固原。果然，后秦弘始八年（406），他竟袭杀岳父，并了他的部众。第二年，就自称大夏天王、大单于，建立起夏国。他连年攻击后秦北境，部下建议他以高平为都城，不要把战线拉得太长，他说："我如固定一城，他们定尽力

海宝塔

海宝塔位于宁夏银川北郊海宝塔寺内，又称赫宝塔、黑宝塔。因其与银川市西的承天寺塔遥遥相对，又俗称北塔。始建年代不详，一般认为公元5世纪初十六国之一的夏国国王赫连勃勃重建。清朝康熙五十一年和乾隆四十三年曾因两次地震而重新修缮。塔身坐落在宽敞的方形台基上，连同台基总共十一级，通高54米，塔身呈正方形，四面中间又各突出一脊梁，呈"亚"字形，为我国十六名塔之一。

进攻，我兵力不如他们，难保不败。我如利用骑兵速捷特点，出其不意攻击，他们救前我击其后，他们救后我攻其前，使其疲于奔命。不到十年，河东岭北必为我所有。姚兴死后再攻长安，自然成功。"

筑城造武器

夏凤翔元年（413），赫连勃勃任命比干阿利为专管工程的官员，赫连征发岭北汉族和其他各族民伏十万，修筑统万城，即今内蒙古乌审旗南白城子。赫连勃勃说："朕将统一天下，君临万邦，新城应名'统万'。"统万城共有四座门，东为"招魏"，南为"朝宋"，西为"服凉"，北为"平

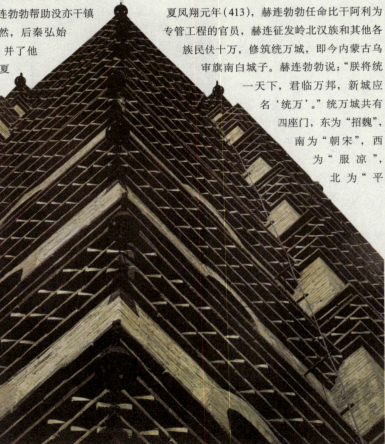

朔"。比干阿利聪明能干，深得赫连勃勃赏识，但性格与赫连勃勃相似，十分残暴。他筑城的土都要经过蒸煮，非常坚固，用锥如能刺进一寸，就要杀死修城的工匠。他监造的弓箭和铠甲也是这样，箭射不穿铠甲，就杀制造弓箭的人，射穿铠甲，就要杀制造铠甲的人。每批武器制成总有无数工匠被杀。因此，夏国制造的宫墙和武器十分牢固精良。

残害朝臣

赫连勃勃常常把弓、剑放在身旁，大臣中如有人朝他看看，目光使他有所不满，他就要挖掉那人的眼睛；如有人讥笑他，他就要割破那人的嘴唇；如有人讲他坏话，就先截去舌头再杀死那人。他到长安后请来一个隐士韦祖思，这人十分恭敬有礼，赫连勃勃大怒说："你这样做作，是不是把我当作非类？你过去不肯对姚兴下拜，现在为何拜我？我还没有死，你尚且

统万城遗址

东晋安帝义熙三年（407）六月，镇守朔方的持节安北将军赫连勃勃拥兵背叛后秦，建大夏国，并于凤翔元年（413）在今陕西靖边城北五十五公里处筑都城，取名"统万"，寓意"方统天下，君临万邦"。不久，大夏国为北魏拓跋氏所灭，设立统万镇，至宋朝时为宋太宗于淳化五年（994）下令废毁。不把我看作帝王，将来我死以后，还不知你们舞文弄墨把我写成什么东西呢？"结果就把他杀了。他在战争中更是杀人如麻，在与南凉作战时，杀伤万计，把死人头堆在一起，叫做"京观"。后来他的部将王买德在青泥打败宋军，同样"积人头以为京观"。

昌武元年（418），赫连勃勃打败刘义真，进占长安，称帝于灞上。承光元年（425），赫连勃勃死，子赫连昌继立，第二年，北魏占领长安，后又攻取统万，赫连昌被北魏擒获。后其弟赫连定继续称帝于平凉，最后在胜光四年（431）被吐谷浑所灭。夏统治区域为今陕西北部、内蒙古一部分。

> **历史文化百科**
>
> **〔大夏统万城遗址〕**
>
> 统万城在今内蒙古乌审旗南白城子，即陕西靖边无定河北岸。夏凤翔元年（413）赫连勃勃筑为大夏国都。北魏始光四年（427），为太武帝攻取，在此置统万镇。城址呈淡灰色，耸立于一望无垠的沙漠之中，远望宛似水泥建筑的楼群，有海市蜃楼之景。内城完整无缺，东西492米，南北527米，城高10米，四角各有墩楼，最高达30余米。四城墙均有防御性的马面设施，东、西、北三面，各有马面七个，南城八个，四门均施瓮城。四城墙和城内钟楼、鼓楼夯土建筑遗址历历可数，极其坚固，是我国现存最完整的古城遗址之一。20世纪80年代初，曾在此城遗址进行发掘，出土有陶片等生活用具。史书记载，统万城初建时，这里水碧山青。魏灭夏后，辟为牧场。唐以后，战乱频仍，植被破坏，渐渐变成今天的茫茫沙漠。

○五○

兵败参合陂

参合陂之战是十六国后期的一次重大战争，后燕由此丧失主力，一蹶不振。北魏强大起来，最终进入中原，统一北方。

慕容垂伐魏

慕容垂建立后燕后，在太元十七年（392）灭掉在滑台称魏的丁零族翟钊，得其所统七郡三万八千户。太元十九年（394）攻入今属山西的长子，杀慕容永，灭西燕，得其八郡七万六千八百户。此后，慕容垂又命儿子慕容农攻取东晋青、兖等州，直到海边。后燕占有关东的黄河中下游及幽、并等地，与关中的后秦并立为北方东西最强大的两个国家，两国互派使者结成友好关系。

在这期间，北方鲜卑拓跋氏势力兴起，公元386年拓跋珪建立北魏。原先拓跋氏和慕容氏曾经通婚，关系不错，后来慕容垂扣留北魏使者，求取名马，关系紧张起来。后燕攻西燕时，拓跋珪便派兵协助西燕，所以太元二十年（395）五月，慕容垂决定伐魏。他派太子慕容宝率领八万大军出征，参加的还有慕容农、慕容麟、慕容德、慕容绍等。散骑常侍高湖进谏说："魏与燕一向关系很好，求名马是我们不对。拓跋珪沉着勇敢有谋略，不可轻视。皇太子年轻气盛，让他独当一面，必然轻视魏国。万一战争不利，后果严重，望陛下再仔细考虑。"慕容垂不但不听，而且一怒免去高湖的官职。

拓跋珪示敌为弱，突出奇兵

拓跋珪听说后燕来攻，与大臣商量对策。张衮说："燕国近年在滑台、长子连胜，现竭尽全国的资力来攻，显然轻视我们，我们可将计就计故作衰弱之态，使其麻痹。"拓跋珪十分赞成，就带领部落牲畜和二十多万人马转移到黄河以南，即今内蒙古鄂尔多斯。燕军到达五原，即今内蒙古包头西北，收降了曾依附北魏的部族三万多家和百万余斛粮食，于是赶造

船只，准备渡黄河。拓跋珪此时则悄悄派使者向后秦求援，然后调兵遣将，准备反击。慕容宝出兵四个月没有找到魏军主力，时近冬天，大刮北风，几十艘战船全被吹到黄河南岸。

早在大军出发时慕容垂已有病在身，慕容宝不知父亲的病情如何，心中十分着急。这时拓跋珪已在黄河之南进行了军事部署，他派人在五原到燕都中山的路上设下埋伏，凡有后燕的使者都抓起来，强令使者在黄河边对慕容宝大叫："你父已死，为何还不早早回去？"慕容宝不知真假，士兵人心骚动。慕容麟手下的将领慕舆嵩以为慕容垂真的死了，打算谋反，推慕容麟为主，事情败露后被处死。因此慕容宝对慕容麟也有了戒心。拖到十月过后，慕容宝只好撤军了。一夜狂风

甘肃酒泉西沟村魏晋墓出土的鼓吏画像砖

>历史文化百科<

〔吐鲁番出土文书〕

1959－1975年，在新疆吐鲁番县阿斯塔那、哈剌和卓的数百座墓葬中，清理出两千七百多件文书，其中属于十六国时期的有一百五十多件。这些文书除"衣物疏"、"功德录"、告身及部分契约外，大都被用以制成给死者穿戴的冠帽、腰带、鞋靴、枕褥等，还有的作为纸棺。文书中有契约、籍账、官府文书、私人信札、经籍写本等。

世界大事记

匈奴人由里海西迁至伏尔加河、顿河一带。嚈哒人于此前后跨阿尔泰山向西南迁徙，进占索格狄亚那。

慕容垂　慕容宝　拓跋珪　慕容宝载记
《晋书·慕容垂载记》

谋略　溃败

人物　关键词　故事来源

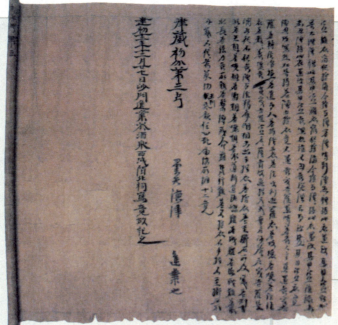

西凉写本《律藏初分》

这卷由中国国家图书馆所藏的西凉建初十二年（416）的写本《律藏初分》，长1049.5厘米，宽24.9厘米，共24纸723行，是该馆所藏敦煌遗书中有确切纪年最早的一件，历经近一千六百年仍完好如初。

大作，黄河结起了冰，拓跋珪选派二万精锐骑兵追赶而来。十一月九日，燕军行撤到参合陂，即今内蒙古凉城西北，一阵大风犹如一堵黑墙从背后压来。和尚支昙猛劝慕容宝赶快做抵御魏军的准备，慕容宝认为魏军离得还远，只是笑笑不予理会。支昙猛一再请求，慕容麟发怒说："我大军足以横行沙漠，鲜卑哪里敢来？昙猛妄言惑众，应当斩首！"支昙猛哭着说："苻坚百万大军败于淮南，正是轻敌之故呀！"慕容德劝慕容宝依从昙猛的意见，慕容宝便派慕容麟率三万士兵在军后防备。慕容麟根本不相信支昙猛的话，只是骑马打猎，不作防备。

北魏军日夜兼程，赶到参合陂西。燕军在陂东扎营，不知魏军已到。拓跋珪令士兵夜晚衔枚束马口悄悄进军。十日凌晨，占领山头，居高临下面对燕军大营。燕军正准备向东行军，突然见到山上大批魏军，大为恐慌。北魏士兵从山上冲下，杀进燕营，燕军无心反击，争着向黄河边逃去，人马互相践踏，踩死溺死上万人，剩下四五万人全部被俘，上千文武将吏也成了俘虏，慕容绍被杀，慕容宝单骑逃走。北魏缴获的兵器盔甲和粮食等战利品堆积如山。

慕容垂命丧参合陂

慕容宝逃回，请求慕容垂再发兵伐魏，慕容德也说："魏有轻我之心，宜及时攻伐，不然，必成后患。"慕容垂同意。太元二十一年（396）便从中山出发，凿山通道，过青岭，即今河北涞源北，直到平城，即今山西大同东北。开头几仗取得胜利，俘魏军三万。但当慕容垂北上到达参合陂时，见上次被杀燕军的尸骨堆积如山，十分悲痛，伤心过度，吐血发病，只得退守平城西北三十里处，四月，死于沮阳，即今河北怀来县东南。燕军不能继续征战，只好退回中山。慕容宝继位。

参合陂一战，后燕丧失了主力，从此一蹶不振。太元二十一年（396）八月，拓跋珪大举伐燕，步骑四十万，旌旗千里。慕容农出战失败，全军覆没，常山以东郡县全都向魏投降。燕仅存中山、邺、信都（今河北冀州三重镇）。次年三月，慕容宝撤出中山，逃向龙城（今辽宁朝阳）一带。半年以后，魏军便攻下了中山。

○五一

慕容会谋反

慕容宝未立庶子慕容会为太子，后者不满，起兵谋反。慕容宝最终击败慕容会，但后燕也走向衰亡。

未立太子，心怀不满

慕容垂死后，后燕国内发生了内乱。

慕容宝庶子慕容会很有能力，母亲出身贫贱，祖父慕容垂很疼爱他，在伐魏时命他镇龙城（今辽宁朝阳），临死嘱咐儿子立他为太子。但是慕容宝却喜爱小儿子慕容策，把他立为太子。当时慕容策年仅十一岁，又愚蠢又懦弱，慕容会对此十分不满。

慕容垂的灵枢要送到龙城安葬，慕容宝命慕容会和章武王慕容宙护送，并命在龙城的兄弟慕容隆带领幕僚官员及部属家眷回中山。慕容会阳奉阴违，在龙城留下很多慕容隆的幕僚部属，对慕容宙这个叔祖父也很不尊敬。人们已经看出慕容会有异心。

慕容宝退出中山，隆安元年（397）三月，被魏军追击到蓟城（今北京西南）。亲近的人都散失了，只有慕容隆率领数百骑兵担任警卫。慕容会率领二万骑兵前来迎接。慕容宝见他脸上露出怨恨的神情，偷问慕容隆、慕容农为了何事，二人都说慕容会年轻，又掌握兵权，是骄傲的表现，不必介意。慕容宝不再细究，却下诏命慕容会将一部分兵力划给慕容农和慕容隆。

慕容宝在回龙城途中遇到魏军追兵，慕容会请求出击，慕容农、慕容隆加以配合，结果大败魏兵，斩敌数千，追击百余里。这次战争后，慕容会更加傲慢，慕容隆多次责备他，使他更加忿恨，认为慕容农、慕容隆过去坐镇龙城，地位年辈都比自己高，怕到龙城后自己不会有什么大权，再加上当太子已无希望，于是便想谋反。

谋反败露

慕容会很会收买人心。他的部下请求慕容宝与太子、诸王暂留蓟城，让他们和慕容会一起去解中山之围，然后迎接大驾。慕容宝左右的人对慕容宝说："清河王未当太子，神色不平，又有才能武功，善于收买人心，让他出战，解围后恐有不轨之事。"慕容宝就对慕容会的部下说："道通年轻，才能不及二王，不能独当一面，我亲自率领大军，需他做我羽翼，怎能离开呢？"道通是慕容会的字，部下听了这话都很不高兴。

慕容宝左右的人劝他杀慕容会，慕容宝对慕容农和慕容隆说："我看道通神情，必反无疑，应该早些除掉他。"农、隆认为慕容会谋反事未暴露，杀他不好。侍御史仇尼归把这消息传给了慕容会，同时劝他杀二王，废太子，然后自任太子。慕容会不禁心动。

四月初，慕容宝夜宿广都（今辽宁建昌境内），慕容会派亲信仇尼归带领二十多个士兵分头袭击慕容农和慕容隆。慕容隆在营帐中被杀，慕容农被刺成重伤，但仇尼归却被抓获。慕容会怕事情暴露，当夜到慕容宝处说："农、隆二人谋反，臣已杀了他们。"慕容宝心中明白，但不露声色地说："我早就怀疑这二人，你把他们杀了很好。"

> **历史文化百科**
>
> 〔河西壁画〕
>
> 1977年发掘的酒泉丁家闸墓群的五号墓前室壁画中生动地描绘了天上、人间、地下三个境界，广布于自墓的四壁直至顶部的多层的长卷式的构图中。这是首次发现的十六国时期的大型墓室壁画。

四月七日清晨，慕容会下令戒严，慕容宝在大军保护下继续北上。这时慕容农从深山逃回来，慕容宝假意大声呵责，下令把他捆起来。走了十多里路，慕容宝下令开饭，同时讨论慕容农罪状。此时慕容会也坐在一旁，慕容宝向卫军将军慕舆腾使了个眼色，暗示他杀慕容会。慕舆腾砍伤了慕容会的头，慕容会向外逃跑，回到自己军中，发兵向慕容宝进攻。慕容宝带了几百骑兵逃到龙城。

四月八日，慕容会派仇尼归进攻龙城，被慕容宝打败。慕容会把后宫宫女分送给将帅，再向龙城进军。第二天到了城下，慕容宝在城上大声责备他，城中将士个个怒火满腔。傍晚慕容宝开门出战，大败慕容会兵。慕容会逃回军营，士众已经溃散，只得带了十多人逃奔中山，被中山守将慕容详杀死。

这之后后燕便逐渐衰弱，到慕容熙统治时终于灭亡。

北凉壁画：月亮与西王母
此幅北凉壁画绘于甘肃酒泉丁家闸5号墓前室西壁上方。画面上部为倒悬的龙头，龙头下面是月亮，月亮中藏着蟾蜍。图中央是鬐发披锦的西王母，她端坐在天柱状的昆仑山上。西王母的前面是为西王母觅食的九尾狐及三足鸟。这幅极具神话色彩的壁画可以看出深受中原文化的影响。

公元364年

○五二

冯跋兄弟

冯跋建立的北燕重视澄清吏治，奖励生产，注意节俭，发展文化。其弟冯素弗谦虚恭谨，是一个很有作为的宰相。

后燕后期，统治者荒淫无道，又互相残杀，结果政权落到了汉人冯跋手中。

冯跋，长乐信都（今河北冀州）人，本是后燕禁卫军将领，他在慕容熙统治时期因为犯禁，与几个弟弟逃到山林中。冯跋对兄弟们说："慕容熙昏庸暴虐，我们回家无路，不能坐着等死，不如趁早起兵，大事不成，死也无悔！"兄弟们赞同，就策划行动。义熙三年（407）他们让一妇人驾车潜入龙城，杀死了慕容熙。冯跋先立高云为主，后高云被部下杀死，冯跋就即天王位，于昌黎（今辽宁义县）建立起北燕。

宰相肚量

冯跋长弟冯素弗很有才能，被任为侍中、车骑大将军、录尚书事，成为宰相。冯素弗早年向慕容熙的尚书左丞韩业家求婚，遭到韩业拒绝，又向尚书郎高邵求婚，高邵也不同意；再去向南宫令成藻求婚，成藻命看门人不要放他进来，但冯素弗一直往里闯，到大厅坐下，旁若无人。成藻和他交谈了几句，发现他不是寻常之辈，转怒为喜地说："我远求千里马，不知近在东邻，认识你太晚了。"就把女儿许配给他。冯素弗当了宰相后，对人谦虚恭谨，遇到出身低贱的人，同样以礼相

甘肃酒泉西沟村魏晋墓出土的抬水画像砖

待，他的车服和住宅都很简朴。由于他做出了榜样，百官们也不敢奢侈。有一次他遇到韩业，韩业下拜表示道歉。冯素弗说："过去的事，我哪里还会记在心上。"对待韩业更加宽厚，人们都说他有宰相度量。

冯跋被大家推举为君主时，曾要把皇位让给冯素弗。冯素弗坚决推辞，说："臣只听说过父兄有了天下传给子弟，从未听说子弟凭借父兄的事业而先当皇帝的。"冯跋这才答应称帝。

澄清吏治，奖励生产

冯跋当政后采取了不少有益的措施，使北燕政权各方面都出现了一些新气象。他采取的措施首先是澄

> **历史文化百科**

〔两晋南北朝时期中国和印度、日本、朝鲜的交往〕

两晋南北朝时期印度贵霜王朝瓦解后，建立起笈多王朝，4世纪末5世纪初，臻于全盛。在此期间，中国和尚法显普游历印度。在贵霜帝国和笈多王朝时，印度的佛教通过中亚传入中国，又由中国传入朝鲜和日本。

公元3世纪后，日本本州岛上兴起了一个大和国。4至5世纪，很多中国农民和工匠移居日本，工匠中有"吴织"和"汉织"的纺织工匠。中国移民对日本生产和文化有很大影响。3至5世纪日本古坟中发现的镜、刀、甲胄有些属中国制造。南朝宋时，日本使者来中国，携带土产交流。

朝鲜半岛上有高句丽、百济、新罗三国。公元372年佛教从中国传入高句丽；儒学也较早传入。百济和南朝多次通过海路互派使者，百济向中国馈赠特产，南朝手工艺品也大量输入百济。梁代曾派讲授三礼、毛诗的陆诩和画师、工匠到百济。约4世纪末，百济的博士王仁把汉文书籍带到日本，做了日本皇太子的师傅。从此，日本开始学习汉文和使用汉字。

世界大事记

西哥特人避匈奴人西迁入罗马境，成为日耳曼民族大迁徙的开端。

冯跋
冯素弗
冯弘

德政

《晋书·冯跋载记》
《晋书·冯素弗传》

人物　关键词　故事来源

十六国鸭形玻璃注

三燕文化墓葬群中的冯素弗墓，出土的文物兼具鲜卑与汉族习俗。仅有的鸭形玻璃注，是古代东西方文化交流的见证。

清吏治。慕容熙败亡时，李训偷窃了很多宝物逃走，向冯弗勤行贿，得到方略县令，被人揭发后，冯素弗请冯跋免去冯弗勤官职，冯跋原谅了冯弗勤，处死了李训，于是朝野上下再不敢贪污。冯跋下诏废除前朝苛政，加强监察，不准官吏侵害百姓。他每次派遣地方官，一定要亲自接见谈话，问他如何治理，以考察其思想和能力。所以地方官都能积极工作，忠于职守。其次是奖励生产。冯跋十分重视发展农业，下令省徭薄赋，减轻人民负担。对勤劳生产的人加以褒奖，懒惰的加以处罚。动员百姓每人种桑树一百棵，柘树二十棵。为了提倡节俭风气，他号召薄葬，认为用厚木棺材、锦绣寿衣，埋下去很快腐烂，对死者没有好处，对活人是很大负担。他甚至带头不扩建祖先陵墓。同时，他又积极发展文化，下诏说：武以平乱，文以治国。营建了太学，命刘轩等人为博士郎中，挑选十五岁以上的官家子弟入太学学习。

元嘉七年（430），冯跋病死，弟冯弘杀了冯跋的许多儿子，自立为燕天王。在北魏的连续攻击下，436年冯弘投奔高丽，北燕就此灭亡，立国仅有二十八年。不过，在十六国时代，北燕保存了汉族文化，成为大动乱中原汉人投奔的一个地区。

北朝时期新疆库车库木土喇石窟中的菩萨造像

刘裕兴兵伐南燕

刘裕进攻南燕，公孙五楼提出上中下三策。慕容超采取下策，致使南燕灭亡。

搜括户口，增加财政收入

南燕是慕容垂的兄弟慕容德建立的政权。北魏攻下后燕中山、邺城后，后燕被分割为南燕、北燕两部分。隆安二年（398），慕容德在山东半岛青州、兖州地区建立南燕，都城设在广固（今山东青州西北）。这里封建势力较大，世家大族隐报大量户口，百室合户，千丁共籍，严重影响国家赋役收入。在韩𨱏建议下，南燕搜括户口，仅青州一地就搜出荫户五万八千户，政府的财政收入才得以增加。这是南燕最盛的时期。

义熙元年（405）慕容德去世，侄子慕容超继立。他不管政事，整天游猎，又不断进攻东晋。义熙五年（409）二月，他攻陷宿豫后再攻济南，俘男女千余人。如此一来，自彭城以南，东晋百姓都筑坞堡自守。三月，刘裕兴兵北伐南燕。他从建康出发，自淮河入泗水，进至琅邪，所过之处都留兵守卫，以防燕军断后路。有人对刘裕说："燕人如果堵塞大岘险要地带（今山东沂水北穆陵关），或者坚壁清野，我大军深入，不但无功，恐还难以回归。"刘裕笑道："这事我早有考虑。燕人贪婪，没有远见，他们怜惜禾苗，必不能坚壁清野。"

燕有上中下三策

慕容超得知刘裕进军，召开军事会议讨论对策。征虏将军公孙五楼说："吴兵勇猛，不宜与他们对阵。应占据大岘险要地位，使他们不能进入，拖延时间，丧其锐气。然后派兵从海路向南断其粮道，再派兵沿梁山东下，前后夹击，这是上策。或命地方官据险固守，除自己口粮外全部烧毁，坚壁清野，使敌无粮可食，他们求战不得，旬月之间必败，这是中策。让敌越过大岘，我军出城作战，乃是下策。"慕容超不以为然地说："他们远来疲惫，不能持久，我据有并、幽、徐、兖、青五州之地，铁骑上万，让其入大岘，我以骑兵击其步兵，定操胜券。现麦禾正熟，自行烧毁，岂不可惜了？"太尉桂林王慕容镇说："陛下如认为骑兵在平地作战有利，也应出大岘关作战，战而不胜，还可退守，千万不能放弃险要堵塞让敌入关。"然而慕容超听不进这些意见。

刘裕率军过了大岘，见燕兵没有出战，不禁举手指天，喜形于色。左右部将问："公未遇

彩绘奏乐女俑（其一）

世界大事记

进入罗马的西哥特人因不堪官吏和奴隶主压迫起义反抗。罗马奴隶和贫民也参加。

人物：慕容超 刘裕 公孙五楼

关键词：谋略 谎骗

故事来源：《晋书·慕容德载记》《晋书·慕容超载记》

敌人先自高兴，何故？”刘裕说：“兵已过大岘险地，士气高涨，大田禾苗已熟，军队不愁口粮，胜利就有把握了。”六月，刘裕到了东莞（今山东沂水境内），慕容超派兵据守临朐。刘裕见临朐城中空虚，发奇兵从小路攻城，结果大胜，攻克临朐。慕容超逃回广固。刘裕获得玉玺、车子、豹尾等物，又进围广固城，攻下大城后，慕容超退保小城，刘裕再包围了小城。

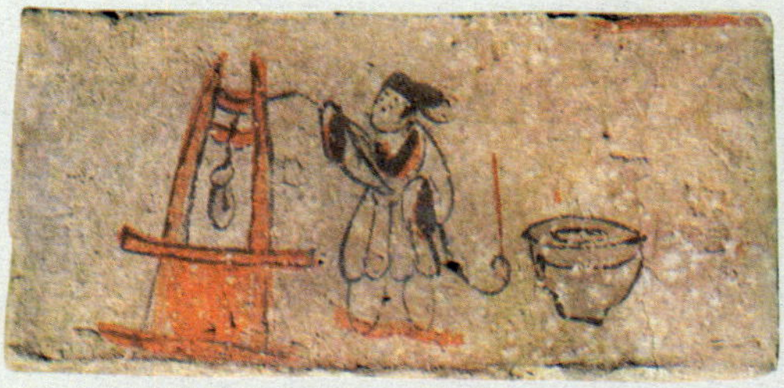

甘肃酒泉西沟村魏晋墓出土的汲水女子画像砖

后秦见死不救

在被围困的紧急情况下，慕容惠主张向后秦求救。慕容超派尚书令韩范去后秦，秦王姚兴派使者对刘裕说：“慕容氏是我邻国，我们已派出十万铁骑屯兵洛阳，晋军如不回，我即长驱而进。”刘裕对秦使者说：“你回去告诉姚兴，我克燕后本想息兵三年再取关中，现要自来送死，可以速来！”刘穆之听说有秦使

东晋初北方形势图

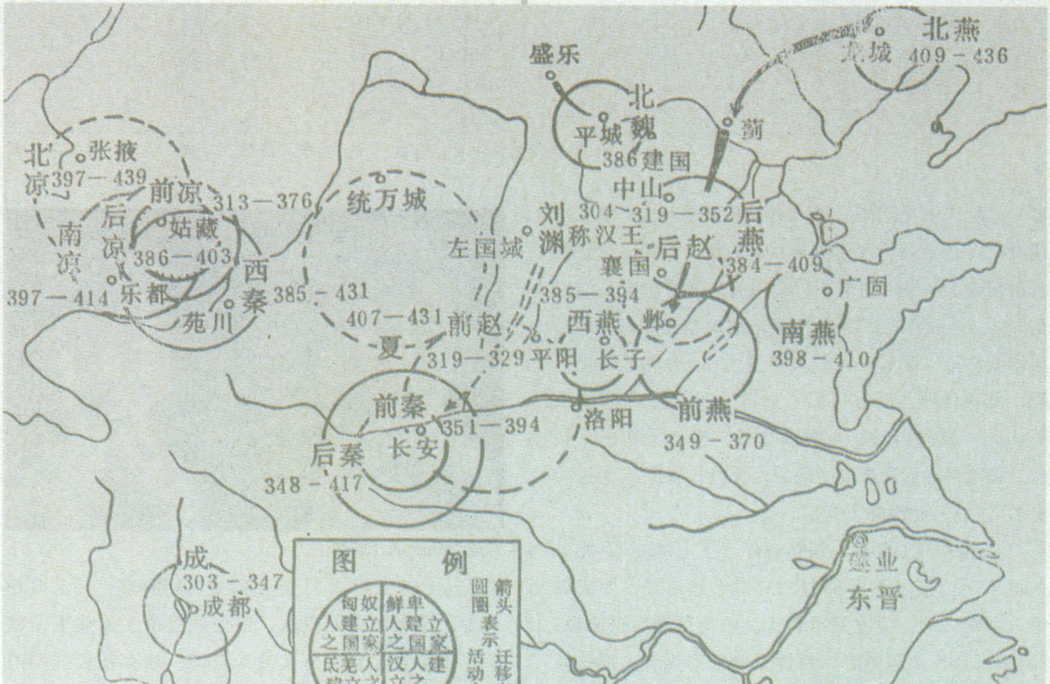

十六国政权概况						
国名	开国者	民族	起迄年代	都城		亡于何国
成汉	李雄	巴氐	304—347	成都（今属四川）		东晋
汉 前赵	刘渊 刘曜	匈奴	304—329	平阳（山西临汾）	长安（陕西西安）	后赵
后赵	石勒	羯	319—351	襄国（河北邢台西）	邺（河北临漳西南）	冉魏
前凉	张轨	汉	301—376	姑臧（甘肃武威）		前秦
前燕	慕容皝	鲜卑	337—370	龙城（辽宁朝阳） 邺（河北临漳西南）	蓟（北京西南）	前秦
前秦	苻洪	氐	350—394	长安（陕西西安）		后秦
后燕	慕容垂	鲜卑	384—407	中山（河北定州）		北燕
后秦	姚苌	羌	384—417	长安（陕西西安）		东晋
西秦	乞伏国仁	鲜卑	385—431	金城（甘肃兰州）	抱罕（甘肃临夏）	夏
后凉	吕光	氐	386—403	姑臧（甘肃武威）		后秦
南凉	秃发乌孤	鲜卑	397—414	乐都（今属青海）	西平（青海西宁）	西秦
北凉	段业 沮渠蒙逊	汉 匈奴	397—439	张掖（今属甘肃）	姑臧（甘肃武威）	北魏
南燕	慕容德	鲜卑	398—410	广固（山东青州）		东晋
西凉	李暠	汉	400—421	敦煌（今属甘肃）		北凉
夏	赫连勃勃	匈奴	407—431	统万（今属陕西）		吐谷浑
北燕	高云 冯跋	朝鲜 汉	407—436	龙城（辽宁朝阳）		北魏

注：不属于十六国的割据政权有：冉魏、代、西燕、段部、翟魏、仇池、蜀、宇文部

者来，赶快去见刘裕，到营中秦使者已去。刘穆之抱怨说："平日无论大小事都要一起商量，今何以急急回答秦使者！如果广固未下，秦军突被激怒前来，如何是好？"刘裕笑道："兵贵神速，他如能发兵来救，必然怕我知道，哪有先派使者相告之理？分明是自保不暇，见我伐燕，心有畏惧，出言恐吓而已。"事实果然如此，姚兴当时正与夏国作战，根本无法出兵救燕。韩范得知后秦被夏所败后，慨然长叹道："天灭燕矣！"说完，就投降了刘裕。

义熙六年（410），刘裕攻下了广固城。因此城久攻不下，损了不少兵力，刘裕十分恼怒，要将城中人全部活埋，妻女赏给将士。韩范得知后进谏说："晋室南迁，中原鼎沸，百姓只能依附强者。那些人都是先帝遗民，现今王师北伐把他们活埋，只恐将

彩绘秦乐女俑（局部）

来无人会来投降了。"刘裕听他讲得有理，马上改变态度，感谢韩范的提醒，但他还是杀了南燕王公以下三千多人，有上万人沦为奴婢，慕容超则被押送到建康斩首了。

《晋书·鸠摩罗什传》

鸠摩罗什 吕光 姚兴

勤奋 博学

人物　关键词　故事来源

〇五四

鸠摩罗什译佛经

鸠摩罗什青少年时在龟兹学习和研究佛教二十六年，又到姑臧学习汉文，之后在长安翻译了大量佛教经典，为佛经的汉译作出了卓越的贡献。

魏晋南北朝时期由于社会动乱，人们希望在精神上有所寄托，佛教有了很大的发展，佛经的翻译也随之更大规模地展开了。这时出现了一位杰出的佛经翻译家鸠摩罗什。他与南朝梁陈时的真谛、唐代的玄奘和不空，被誉为中国佛教史上的四大翻译家。

立志传播佛教

鸠摩罗什中文译名是"童寿"，父亲鸠摩罗炎是印度人，本应继承相位，但他辞去相位，东渡葱岭，来到龟兹（今新疆库车一带）。龟兹国王奉他为国师，把妹妹嫁给了他，生了罗什。罗什的母亲在罗什七岁时受戒为尼，幼年的罗什便随母亲出了家。九岁时，他随母亲到罽宾，即今克什米尔，十二岁又返回龟兹。后来其母去了天竺，即印度，让罗什留在龟兹，她对罗什说："把佛教深奥的教义传播到东方，只有靠你了。"罗什说："我一定要使佛教广泛流传，虽苦也不怨恨。"从此以后，罗什在龟兹一住就是二十六年。他在这里广泛研究佛教大乘经论，声名越来越大。每当他讲经时，许多王公贵族都来听讲。

前秦苻坚也听到了罗什的大名，决定把他迎来。建元十九年（383），他派骁骑将军吕光率军七万西伐龟兹，目的之一就是要迎回罗什。吕光攻下龟兹后，见罗什年轻，就和他开玩笑，迫他娶龟兹国王

的女儿为妻。罗什不答应，吕光让他喝了许多酒，把他和王女同关在密室中。罗什被迫娶了她。吕光回军途中，苻坚去世，吕光就在凉州称王。罗什因此也得以留居姑臧。这时，他学习了汉文，为以后译经作了准备。

辉煌的译经事业

后秦弘始三年（401），姚兴西伐吕氏，吕隆投降，罗什来到了长安。姚兴用国师的礼仪待他，请他

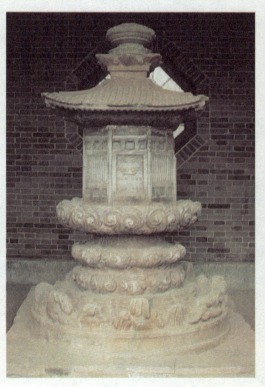

草堂寺鸠摩罗什舍利塔
草堂寺位于陕西户县境内的主峰山北麓，相传始建于晋代。寺内有一座建于唐代的姚秦三藏法师鸠摩罗什舍利塔，塔高2.33米，八面十二层，全部使用西域玉石相拼而成。玉色灿烂莹润，且玉色各异，分别为玉白、砖青、墨黑、乳黄、淡红、浅蓝、赭紫及灰色共八种颜色，故此塔又称"八宝玉石塔"。

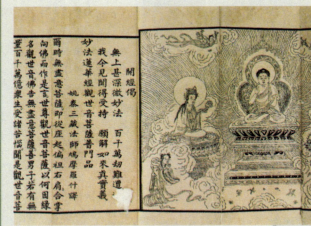

鸠摩罗什译《观世音菩萨普门品经》（清刻本）

鸠摩罗什（343－413）是中国佛教史上四大译经家之一。父籍天竺，鸠摩罗什则生于西域的龟兹国（今新疆库车一带）。七岁随母亲出家，博读大、小乘经论，名闻西域诸国。后秦弘始三年（401）姚兴派人迎入长安，翻译佛典。共译出《大品般若经》、《维摩诘经》、《妙法莲华经》、《金刚经》、《大智度论》、《观世音菩萨普门品经》等三十五部二百九十四卷。他的成就，不仅在于系统地介绍般若、中观之学，在翻译上更一改过去滞文格义的现象，辞理圆通，使中土诵习者易于接受理解，开辟后来宗派的义海。

> **历史文化百科**
>
> 〔**中国佛教的主要流派：大乘佛教**〕
>
> 　　大乘佛教为印度1世纪左右形成的佛教派别，自称能运载无量众生从生死之河的此岸到达菩提涅槃之彼岸，成就佛果。而贬称原始佛教和部派佛教为"小乘"。据鸠摩罗什、僧肇等人的意见，小乘把释迦牟尼视为教主，大乘则提倡三世十方有无数佛，并进一步把佛神化；小乘追求个人自我解脱，大乘则宣佛大慈大悲，普渡众生，把建立佛国净土作为最高目标。大乘佛教汉传始于东汉末的支娄迦谶，由此形成魏晋佛教显学"般若学"。此后鸠摩罗什传"三论学"，佛陀跋陀罗等传涅槃学，菩提流支等传唯识学，大乘佛教遂占据中国佛教的主导地位。

在西明阁逍遥园翻译佛经，并请僧睿、僧肇等八百多人协助他工作。从此，罗什开始了他的译经事业。并且培养了许多弟子，相传有弟子三千，其中著名的有"八俊"、"十哲"。

　　从弘始三年（401）罗什初到长安至弘始十五年罗什去世，十多年间，罗什在助手协助下，共译佛经三十五部，二百九十四卷。他常与慧睿等讨论中文与印度文的语体异同，罗什说："天竺国很讲究文采，语言都有声韵，可以配乐。凡是进见国王，都有颂扬的赞语。佛经中的偈和颂，便是这种式样。"罗什为姚兴写了《实相论》二卷，姚兴把它奉若神明。罗什还曾在草堂寺讲经，姚兴带领大臣及和尚一千多人肃坐听讲。西安附近至今还保存有草堂寺的遗迹。

　　罗什译经十分认真审慎。因为他同时精通印度梵文和汉语，经常是一手拿了天竺文的原经，同时译读出汉语，然后由弟子为其笔录。他译经重视文质结合，新旧对照，一句话往往要复核两三次，一定要使译文忠于原文，而且不失原文的文采。他译的经典大多是大乘经论，其中重要的有：《摩诃般若波罗蜜经》、《金刚经》、《妙法莲华经》、《维摩诘经》、《中论》、《百论》、《十二门论》等。这些经论，对大乘佛教在中国的传播起了重要的作用。如《妙法莲华经》是天台宗的主要经典，《金刚经》对禅宗的形成也起过重要影响。罗什开创的一整套译场制度，也被后世所继承。所以，鸠摩罗什是中国佛教史上一位伟大的翻译家，对佛经的汉译作出了卓越的贡献。

世界大事记

波斯国王沙普尔二世卒，子阿尔达希尔二世继位。自此，波斯国势渐衰。

○五五

晋书·王导传
《晋书·元帝纪》

司马睿　王导　顾荣

尊贤　联合

人物　关键词　故事来源

"王与马，共天下"

西晋末年，司马睿出镇建业。在北方大族王导等人和南方大族的支持下，建立起东晋。"王与马，共天下"，说明东晋王朝是王氏大族和皇室司马氏的联合政权。

晋建兴四年（316），长安陷落，晋愍帝衔璧出降，西晋灭亡。第二年，司马睿建立政权，史称东晋，定都建业，即今江苏南京。愍帝名邺，与业同音，为避讳，把建业改为建康。司马睿即晋元帝。因建康在洛阳以东，故称东晋。

连夜出逃

司马睿是司马懿的曾孙，十五岁时袭祖父和父亲爵位琅邪王。西晋末年，王室多难，司马睿处处恭俭忍让，所以免遭灾祸。元康二年（304）八月，成都王司马颖在荡阴打败司马越，司马睿的叔父司马繇（yóu）被杀，司马睿怕受连累，连夜出逃。这一夜月光如昼，禁卫森严，司马睿无法出城，十分着急。不久，突然下起了大雷雨，禁卫忙着躲雨，放松警戒，司马睿趁机逃出城去。但成都王早已下令关隘渡口，不准王公贵戚出关。司马睿到了河阳（今河南孟县西），被守官挡住。随从的宋典上来用马鞭指指司马睿，笑着说："舍长，官府查禁贵人，你也被拘留了吗？""舍长"是一种小吏，守吏信以为真，就放他渡河而去。司马睿这才回到自己的封地琅邪国。永兴三年（306），惠帝去世，怀帝即位，司马睿的知心朋友王导给司马睿出主意，劝他到江南去。经东海王司马越同意，永嘉元年（307）任命司马睿为安东将军，都督扬州诸军事，出镇建业。

拉拢南方大族

司马睿初到建业，江南世族并不把他放在眼里，一个多月里没有人去拜访他。王导对堂兄王敦说："琅邪王仁德虽然厚，但名望还轻，我们应帮助他。"正巧阴历三月初三上巳日（修禊节）到来。这一天，建业万人空巷，到江边去用水消灾。王导、王敦拥着司马睿也来到街上。司马睿坐在轿上，后面骑马随从的是王敦、王导和一些有名望的人。吴地大族领袖纪瞻、顾荣看到这个情景，十分震惊，感到司马睿应是晋朝王室的继承人，于是纷纷跪拜。从此，司马睿在江南的威望大大提高。

接着，王导又向司马睿进计说："古代帝王，无不虚心引见人才，对德高望重的老臣尤其敬重尽礼。

司马睿建康称帝

317年，西晋愍帝被害，消息传来，百官劝请晋王司马睿称帝。经再三推托，司马睿即皇帝位，是为晋元帝，改元太兴，东晋开始。此图出自明刊本《东西晋演义》。

当前天下丧乱，大业草创，正是用人的时候。顾荣、贺循是南方士大夫的领袖，只要引见他们，其他名士决不会不来。"司马睿觉得言之有理，就派王导代表

他登门去拜访顾荣、贺循。两人答应出任官吏，于是南方的士大夫纷纷出来做官，东晋小朝廷开始稳定下来了。王导全心全意辅佐司马睿，受到司马睿和朝野的尊敬爱戴，被称为"仲父"，这是当年齐桓公对管仲的尊称。

群官劝进，司马睿称帝

建武元年（317），长安陷落，愍帝被俘。朝廷群官和州郡牧守纷纷劝进，请司马睿称帝，司马睿坚持不答应，他流着泪说："孤，罪人也，只有蹈节死义，以雪天下之耻。"他打算回自己封国去。群臣不敢再逼，退一步请他称晋王，他同意了。于是便以晋王名行使皇帝权力，大赦，改元建武，在建业立宗庙社稷，任命属官百余人，当时人称"百六掾"，意即一百零六个官员。任命王导为骠骑将军、领中书监、录尚书事，王敦为大将军，刁协为尚书左仆射，周颉（yǐ）为吏部尚书，刘隗为御史中丞。十一月，征南军司戴邈上疏说："丧乱以来，学校废弃不少。世道久丧，礼俗日弊，就像火之消膏，不能觉察。现应崇尚儒学，宣扬道德，以振兴教化。"晋王同意，下令设立太学。

建武二年（318）三月，愍帝被害的消息传到建业，百官再次劝进请晋王称帝，司马睿终于同意，登上了皇帝宝座。他就是晋元帝。在登基大典

历史文化百科

[修禊节（上巳）]

早在秦以前，古人就以阴历三月上旬巳日为"上巳"（初三），这一天，官民都到河边洗濯，以去除灾祸。这就是修禊节。魏晋以后，此风更盛。东晋王导、王敦利用修禊节以抬高司马睿的威望。后王羲之在永和九年三月三日在兰亭修禊。宋文帝元嘉十一年（434）、齐武帝永明九年（491），都在修禊节请朝臣饮酒赋诗。

上，司马睿拉着王导的手，要他在御座上共坐。王导推辞说："如果太阳与天下万物一样，苍生如何能受到阳光的照耀。"意思是说皇帝与臣下是不能并坐的。司马睿不能再坚持，为了答谢群臣的拥戴，他下诏文武百官各增品位二等；凡署名投书劝进的吏民原是官吏的，进位一等，是平民的，任命为官吏，受到嘉奖的多达二十多万人。

在东晋朝廷上，王导总揽朝政，王敦掌握军权。王导的几个堂兄弟也身居要职，如王廙（yì）为荆州刺史，廙弟王彬为侍中，王含是光禄勋。王氏家族在朝廷内外一呼百应，势力盘根错节，所以人们把东晋王朝称作"王与马，共天下"。所谓"马"，指的就是司马氏。

有趣的青瓷加彩牛形灯

这个东晋的青瓷灯在雕塑手法上有其独到之处，圆柱形的灯柱充当牛身，牛的四肢和牛首再分别塑于其上，并且牛的前肢向内弯曲形成一个类似于双手叉腰的姿态，随意赋形，惹人喜爱，体现了人们对生活情趣的重视。浙江省博物馆藏。

○五六

周玘起兵

南北大族矛盾重重

江南的世家大族自东吴以来势力就很大，如朱、张、顾、陆等大姓，他们的土地连成一片，僮仆佃客多如军队，庄院内各种农副业手工业俱全，可以"闭门为市"。对于这样有钱有势的"地头蛇"，北方南下的士族当然不敢轻视。王导极力劝司马睿拉拢他们，同时，采取"清静无为"的方针，尽量调和南北士族之间的矛盾。

南北士族地主之间关系虽有所改善，但矛盾依然存在。在政治上，北方士族占据了高官显位，南方士族所任的官往往只有虚名，并无实权。即使像顾荣、贺循这样的名士，也都只担任一些清闲的官职。南方士族不能忍受"多居显位"的过江士族来"驾驭"自己。在经济上，江南的膏壤沃土早已为南方士族所占据，北方士族南下，"无田何由得食"，必然会与南方士族在争夺土地和劳动力上产生矛盾。

东晋朝廷南北士族由于政治、经济利益冲突矛盾重重，并发展到南方大族起兵。王导为维持稳定，设法缓和矛盾。

周氏父子谋反

义兴周氏是太湖边上的望族，西晋时周处"除三害"，后官至御史中丞。周处有三个儿子：周玘、周靖、周札。其中周玘刚毅果断，很像父亲。西晋末年，江夏地区张昌起义，派石冰攻占扬州大片土地，被周玘平定。后来陈敏又在扬州起兵，拉拢周玘，周玘推病不去，密

甘肃酒泉西沟村魏晋墓出土的议事人物画像砖

147

中国大事记

晋加谢安中书监、录尚书事。前秦灭前凉、代国，统一北方。

逼肖的青瓷羊头壶

这种以动物头作为壶身装饰的器物是由盘口壶的基础上发展演变而来的，敞口短颈，后装提柄。这只东晋的壶以惟妙惟肖的羊首作为装饰，别有生活情趣。故宫博物院藏。

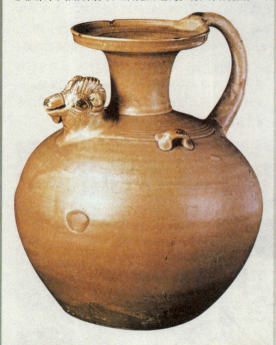

> ▶ 历史文化百科 ◀

〔东晋南朝的大地主庄园：墅〕

"墅"的本义是居宅之外的休憩之地。东晋南朝时南渡的世家大族，多在会稽郡（绍兴）、吴郡（苏州）等地"求田问舍"，建立大地主庄园，即称为"墅"。因地理环境不同，会稽多山墅而吴郡多田墅。这些墅后又称为园或庄，如谢灵运在会稽始宁的山墅、孔灵符在永兴立墅，都是生产与消费相结合的自给自足的地主庄园。今苏南地区常见以墅为地名，尤以常州、宜兴为多，就是东晋南朝所遗留。

告政府军，杀了陈敏。陈敏死后，钱绘于广陵谋反，自号八州都督，周玘又率乡里讨平了钱绘。这"三定江南"为稳定江南局势、建立东晋创造了条件。

但是周玘并未得到重用，只得了个吴兴（今浙江湖州）太守的职位，后于其乡另设义兴郡，让他担任太守。由此，周玘十分怨恨，便在建兴元年（313）与王恢联合，密谋起兵。王恢又去联络流民领袖夏铁，让他先起兵。不料，走漏风声被临淮太守镇压。王恢听说夏铁已死，逃到周玘处，周玘眼见起兵无望，又怕连累自己，就狠心杀死王恢灭口。

晋元帝虽了解周玘策划此事，但只当不知。任命周玘为镇东司马，还未上任，又改任建武将军、南郡太守，周玘上任途经芜湖，晋元帝又下令任他为军谘祭酒。周玘对元帝的作弄极感愤怒，又得知自己谋反事已泄露，成天焦躁忧愁，结果背上生疮，不治而死。临终对儿子周勰（xié）说："杀我者，诸伧子也。你能报仇，才是我的儿子。""伧"是南方人对北方人的鄙称。

周勰牢记父亲的嘱咐，建兴二年（314）果然联合了一些南方豪强，以讨王导、刁协为名，起兵反晋。东吴孙皓的族人孙弼也在广德起兵响应。但是周勰的叔父周札因怕连累自己向政府告了密，结果这次起兵失败。晋元帝考虑到周氏在吴人中有很大的势力和声望，没有深入追究。后来王敦起兵，周札开门投降，让王敦进入建康，说明周札内心对东晋朝廷也是不满的。

王导为了缓和南北士族的矛盾，一方面在南方士族势力较弱的地区设立侨州郡县，使北方士族与南方士族分开，另一方面，让北方士族到钱塘江以南地多人少的会稽一带发展。这样，南北士族的冲突才有了一定的缓和，而原先比较落后的浙江、福建一带，也得到了开发。

《晋书·祖逖传》

中流击楫 闻鸡起舞

祖逖 石勒 桃豹

爱国 胸怀

人物　典故　关键词　故事来源

○五七

祖逖中流击楫

东晋朝廷苟安江南，祖逖中流击楫，发誓收复中原。在人民的支持下，北伐取得一定成绩。

东晋初年，北方匈奴等少数族贵族到处烧杀掳掠，汉族人民迫切盼望东晋朝廷出兵北伐，但以司马睿为首的东晋统治集团只求维持长江以南的半壁江山，对北伐中原并不积极。这时，出现了一位坚决主张北伐的民族英雄祖逖(tì)。

中流击楫

祖逖率军北伐，船行到长江中流，他击楫发誓："祖逖如不能扫清中原之敌收复河山，就像大江一样有去无回。"后人以"中流击楫"形容收复失地的慷慨气节。宋代张孝祥有词云："我欲乘风去，击楫誓中流。"

历史文化百科 ‹

〔生产与防御组织：坞壁〕

又称坞堡，或壁垒等。汉末大乱开始出现，十六国混乱时期，北方大量出现。人民出于自卫，据形势险要宜于防守之地，聚居其中，既是经济性的生产组织，又是军事性的防御组织。坞壁主往往是宗主或族长，坞壁中人大多为同宗同姓，宗法关系极强。由于生产资料极度缺乏，坞壁中相对平等互助的公社气息会加强。坞壁在当时抵抗少数族统治者的掠夺、组织生产方面起了一定的进步作用。

发誓收复中原

祖逖，范阳遒县（今河北涞水北）人，大族出身，幼年读书并不用功，但很有同情心，常用谷帛接济困难的乡亲。长大后博览群书，通晓古今。他与好朋友刘琨同睡一张床，清早听到鸡叫就起身到庭院中舞剑练功，这就是"闻鸡起舞"成语的来历。

德清窑黑釉四系盘口壶

东晋，瓷质，高24.9厘米，腹径18.8厘米，浙江德清出土，上海博物馆藏。

公元377年

洛阳失守后，他率领宗族乡里南渡江南。到江南后，祖逖被任命为军谘祭酒，居于京口，即今江苏镇江。他怀着国破家亡之痛上书司马睿说："晋室之乱，不是因为上无道而下怨叛，而是由于宗室争权，自相鱼肉。今北方遗民遭受蹂躏，人自思奋。大王如能命将出师，我愿统帅北伐，北方人民与郡国豪杰必会望风响应！"司马睿不想北伐，又不好推辞，只好给了祖逖一个"奋威将军、豫州刺史"的空头衔，另给一千人的口粮和三千匹布，让他自己去招兵北伐。祖逖一无兵卒，二无武器，怀着收复中原的爱国之心，在建兴元年（313）率领自己南渡时带来的百余家兵渡江北上。船行至长江中流，他击楫发誓说："祖逖如不能扫清中原之敌，就像大江一样有去无回！"词色壮烈，使大家深受感动。

五胡十六国示意图

招募勇士，坚持北伐

祖逖渡江后，驻屯淮阴，即今江苏淮安南。先修筑起冶铁炉，铸造兵器，又招募到两千名战士，编成营伍。于是，有了一支坚强有力的部队。

祖逖从淮阴向北进发。当时黄河流域一些没有逃亡的汉族地主，为了自救，占据山中形势险要地区，修筑城墙据险自守，称为坞壁或坞堡。坞壁有独立的武装，生产自给自足，宗法观念比较重。坞壁主们在后赵军事力量的威慑下观望徘徊。坞壁主张平、樊雅占据谯城，即今安徽亳州，竟与祖逖相持了一年。祖逖先争取张平部将杀了张平，继又劝降樊雅，进据谯城。不久又打退石虎的进攻，取得初战胜利。

大兴二年（319），陈留的坞壁主陈川投降了石勒，祖逖进攻陈川占据的蓬陂，即今河南开封附近。石勒派兵援救，祖逖败退淮南郡。次年，祖逖派韩潜击败奉石勒之命镇守蓬陂的桃豹，夺得蓬陂东台，桃豹死守着西台，双方各占半个城，战斗四十天相持不下。双方粮食都发生困难。祖逖定计令部下用许多麻袋装上土，伪装粮食，运上东台，另派几个士兵搬运几袋真米，装

贤七林竹

《竹林七贤》
清代杨柳青年画。

作疲惫的样子在交界路口休息。桃豹的士兵见米就抢，祖逖的士兵立即逃走。桃豹的士兵抢到了米，立刻埋锅做饭。他们一边吃着香喷喷的米饭，一边谈论着祖逖军队粮食充足，军心发生动摇。

石勒为了稳定军心，赶快运送粮食接济桃豹。祖逖得知消息，派人半路袭击将粮食夺下，桃豹听说粮食被劫，吓得连夜逃遁。

经过三年多的艰苦战斗，祖逖依靠北方人民和部分坞壁主的支持，收复了黄河以南的领土。祖逖军威大振，黄河以南的坞壁主都愿听他的号令。祖逖仍然礼贤下士，生活俭朴，不治私产，子弟同样砍柴担水，参加劳动。在军队中他赏罚分明，战争中死亡的人全都收葬，加以礼祭，因而深得民心，越来越受到人民的拥护。

壮志难酬

祖逖在淮河流域坚持斗争，抵御北方少数族南侵。可是东晋朝廷内部斗争却愈演愈烈。以王敦为首的军事集团在武昌蠢蠢欲动，建康方面晋元帝司马睿也急于调兵遣将。晋元帝派戴渊为征西将军，出镇合肥，防备王敦，内战阴云密布。祖逖感到凤愿难以实现，积忧成疾，但他仍坚持不懈地经营虎牢，修筑城垒，最后终于病死于雍丘，即今河南杞县，时年五十六岁。他死后，河南地区重新被石勒占领，北伐的成果白白断送。

○五八

王敦"清君侧"

晋元帝采取措施抑制王氏势力，王敦不满而起兵。王导主张在大族和皇权之间搞平衡，使王敦无法篡权，东晋转危为安。

东晋与西晋都代表世家大族的利益。西晋司马氏王室力量还较强，东晋不同，司马睿立国依靠的是南北大族，政权由几个大族联合专政，皇帝权限很小。这样，皇权与大族之间便矛盾丛生。

晋元帝抑制王氏兄弟

东晋初年，王导为丞相，执政于朝内；王敦为大将军、荆州牧，握有重兵。王氏兄弟的专权，引起了晋元帝的不满。为了维护皇室利益，他一下子推崇起主张集权的申不害和韩非子的学说来。赐给太子司马绍《韩非子》，要他熟读遵行，又重用寒门出身的亲信刁协、刘隗、戴渊等人。这些人都主张"崇上抑下"，维护皇权。王敦兄王含骄横不法，推荐的人大多缺德无才，便遭到御史中丞刘隗的弹劾。晋元帝又采纳刁协、刘隗的建议，征调扬州诸郡的家奴、佃客为兵，名义上是为讨伐石勒，实际上是要建立一支对付王敦的军事力量。同时任命戴渊为司州刺史、都督六州诸军事，刘隗为青州刺史、都督四州诸军事，分别坐镇合肥和淮阴，都假节领兵。这两个军府名为北伐，实际上也是为了防备王敦。

王敦起兵

晋元帝采取各种措施抑制王氏势力，引起王敦不满。大兴三年（320），

王敦任用凶险狡诈的沈充、钱凤为参军，为谋反之事出谋划策。王敦先上疏为王导叫屈。王导当时任录尚书事，较有修养，见此信认为不妥，原封退回。王敦又直接送到晋元帝处。元帝见信后对其叔谯王司马承说："王敦叛逆之心已昭然若揭。"于是任命司马承为湘州刺史，据上游扼制王敦。

永昌元年（322）正月，王敦以诛刘隗"清君侧"为名，在武昌起兵。他上疏称："刘隗擅行威福，使怨声载道，臣为宰辅，不能坐视成败，乃进军讨伐。刘隗首级早晨挂上城楼，臣的军队晚上就撤。"沈充的军队也在吴兴起兵响应。三月，王敦兵临石头城，义兴大族周札开门投降，王敦顺利进入建康。晋元帝命刁协、刘隗、戴渊率众抵抗，大败。王敦军大肆抢掠，宫中百官纷纷逃散。刁协、刘隗入宫见元帝，元帝哭着劝他们逃命。刁协出逃后死于途中，刘隗逃奔石勒处，戴渊被王敦所杀。王敦便自为丞相、都督中外诸军事、录尚书事，控

气度不凡的青瓷莲花尊

南北朝时期，由于受佛教艺术的影响，青瓷普遍以莲花作为装饰图案。图片中的青瓷莲花尊是南北朝时期青瓷的代表佳作。釉色呈青绿，喇叭口，长颈，椭圆形腹，底部较高，有盖，通体饰满纹饰。青瓷莲花尊的盖顶为圆形，肥厚的莲花瓣环绕四周，足部饰有两周下垂的莲纹。

王敦　晋元帝　王导　谋反　《晋书·王敦传》《晋书·元帝纪》《晋书·王导传》

人物　关键词　故事来源

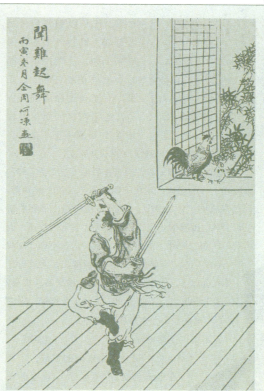

祖逖闻鸡起舞
此图出自清代马骀《古今人物画谱》。

制朝政，以沈充、钱凤为谋主，大起宅第，侵占良田。十一月，晋元帝忧忿而死。

"镇之以静"

　　王导较为明智，他深知在南北对峙的局势下，只有维护司马氏帝室才能稳定局面。他主张"镇之以静"，就是在皇权与大族之间搞平衡，任何一方要打破这一平衡，他都反对。刘隗、刁协要加强皇权，他反对；王敦企图代晋，他也反对。王敦起兵诛刁、刘，他赞成，但王敦要推翻司马氏，他就认为是"非人臣之事"，

逼肖的青瓷羊头壶（局部）

坚决反对。其他一些与王导有类似思想的大族也反对王敦的行动，王敦无法实现篡权野心，只得退回武昌。

> **历史文化百科**

〔东晋南朝的青瓷〕

　　我国是世界上最早发明瓷器的国家。早在商代，已有原始瓷器。汉代有光泽青釉的瓷器，称为青瓷。青瓷是中国瓷的鼻祖。东晋南朝是青瓷发展的成熟阶段，青瓷烧造成为专业。当时的瓷业以越窑规模最大，产量最高，质量最好。越窑的主要产地在浙江上虞、余姚、绍兴等地，原为古代越人的居地，是我国最先形成窑场众多、分布地区广、产品风格一致的瓷窑体系。这里青瓷的原料土黏度高，质地细，耐火力强，含有铁质，釉色灰青，透明而润泽，洁莹如玉，在当时已能够大量生产，为南朝上流社会广泛使用。常见的器形有碗、碟、盘、盆、钵、杯、壶、罐、坛、唾盂、灯、香炉等，专门作殉葬用的明器有谷仓罐、灶、房屋、碓、磨、畚箕、米筛等。总之，这时期青瓷已逐渐代替漆、竹、木、陶、金属制品，表现出它胜过其他材料的优越性质和广阔前景。

153

○五九

王导愧对周顗

> 王敦起兵连累了王导，王导求周顗代为说情；周顗表面上没有搭理，暗地里却一再帮忙。王敦要杀周顗，王导却默许了。后来王导看到周顗为自己求情的上表，后悔不已。

周顗是安东将军周浚的儿子，从小就有好名声，性格宽厚，"友爱过人"，其弟周嵩有一次喝醉酒怒气冲冲地骂他："你的才能不如我，为什么名声比我大？"说完将燃着的蜡烛向他掷去。周顗并不发火，慢慢地说："你用火攻，这是下策。"王导早先和他关系不错，曾指着他的肚子说："这里面有什么呀？"周顗答道："这里面什么也没有，但是足以容纳几百个像你这样的人。"

周顗暗中救助王导

晋元帝发觉王敦有叛逆之心后，对王导也疏远了。御史中丞周嵩上疏，认为"王导忠诚，辅成大业"，劝晋元帝要区别对待。王敦起兵后，按照法律王氏家族都要受牵连，刘隗劝晋元帝杀尽王氏宗族。王导知道事情严重，率领宗族二十多人，包括堂弟中领军王邃、左卫将军王廙、侍中王侃、王

周顗

周顗（269－322），字伯仁，汝南安成（今河南平舆南）人。周顗年轻的时候就有盛名，而且神采优雅，与他同辈的人虽然跟他很亲近，却不敢对他有丝毫不恭敬的表示。渡江后居尚书左仆射，几乎没有一天不醉，被当时的人们称为"三日仆射"。后王敦叛乱，有人主张杀尽王氏，他力保王导无罪。王敦攻入建康后，周顗被杀。后王导得知周顗曾救自己，悔未劝阻，因有"吾虽不杀伯仁，伯仁由我而死"之语。此图出自《历代名臣像解》。

彬等，一早就到宫门外跪着待罪。恰巧尚书左仆射周顗上朝，王导拉住周顗的手说："伯仁（顗字），王家一百多条性命都拜托你了，请你在皇上面前说说好话。"周顗不理不睬，自顾自进宫去了，王导暗恨周顗不够朋友。

周顗虽未搭理王导，但进宫后见了晋元帝，却一再陈述王导的忠诚，建议不要把他与王敦一样看待，晋元帝采纳了他的意见。周顗喜欢喝酒，下朝后喝了不少酒，醉醺醺走出宫门。王导仍在宫门外面，他再次与周顗打招呼，请他帮忙。周顗仍然不理，却对一旁的人说："今年杀掉一些谋反的人，我就可挂斗大金印了。"回家后，周顗再次给皇帝写奏章，陈述王导忠贞，不能治罪，言辞十分恳切。但王导不知道这些，心中只是暗恨周顗。

不久，王导见到了晋元帝，说："逆臣贼子，何代不有？想不到今天出在臣的家族，臣实在罪该万死。"晋元帝拉着他的手说："茂弘，朝廷正要重用你，你说哪里话来。"茂弘是王导的字。

不久，便任命他为前锋大都督，并下诏表扬他能"大义灭亲"。

王导有负于周顗

后来王敦攻下建康，护军长史郝嘏（gǔ）劝周顗逃走，周顗说："我是备位大臣，朝廷丧败，怎可贪图活命去投奔胡人？"

世界大事记

罗马东帝狄奥多西一世承认基督教为国教，并下令严禁异教。高句丽广开土王（好太王）即位。他在位时（392—413）打败日本、百济联军、臣服新罗。

王导　周顗　王敦

正直　冤狱

《晋书·周顗传》《晋书·王导传》

人物　关键词　故事来源

王导

王导（276—339），字茂弘，琅邪临沂（今属山东）人。出身世家大族，初袭祖爵即丘子，任东阁祭酒，后参东海王司马越军事。与琅邪王司马睿交往甚密。南渡来建业后，依赖南渡的北方士族，团结江东土著，协助司马睿建立了东晋政权。王导历三朝为宰辅，以"镇之以静，群情自安"为方针，保持东晋的安定局面。因他扶持晋室功勋卓著，所以朝野倾心，号为仲父。此图出自《历代名臣像解》。

王敦素来妒忌周顗和戴渊二人的才能，但要杀他们又下不了决心，就去问王导："周顗、戴渊是北方和南方最有名望的人，能够担任三司（太尉、司徒、司空）吗？"王导不回答。又问："如果不能做三司，能任令仆（尚书令、尚书仆射）吗？"王导仍不回答。再问："如果不是这样，是不是应该杀头？"王导还是不回答。王敦明白王导的意思，就命人逮捕了周顗和戴渊。周顗被捕路经太庙时高声说："贼臣王敦，倾覆社稷，枉杀忠臣，神祇有灵，应赶快把他杀了！"士兵用戟刺他嘴巴，血一直流到脚上，他仍神色不变。路旁观看的百姓都暗暗流泪。不久，两人便被处死。

王导堂弟侍中王彬与周顗颇有交情，他在去见王敦前先去哭祭周顗。王敦见王彬泪痕未干，问他为了何故？王彬说："刚才去哭伯仁，感情不能控制。"王敦恶狠狠地说："伯仁自取灭亡，为何哭他？"王彬说："伯仁是忠厚长者，在朝不结党营私，现在处以极刑，所以悲伤。"他转过身来责骂王敦："兄杀戮忠良，图谋不轨，犯上作乱，要祸及满门的呀！"说时声泪俱下，慷慨激昂。王敦大怒，大声喝道："你竟敢这样狂悖无理，难道我不能杀你吗！"当时在旁的王导劝王彬赶快谢罪，王彬说："脚痛不能下拜，而且也无罪可谢。"王敦冷笑说："脚痛比头痛如何？"王彬毫无惧色，最终还是没有下拜。

后来王导检查宫中档案，发现了周顗为自己说情的奏章，感动万分，捧着奏章双手发抖，流着泪说："我虽未杀伯仁，伯仁由我而死。幽冥之中，我实在有负于他呀！"

气度不凡的青瓷莲花尊（局部）

> 历史文化百科

〔东晋南朝人取名喜用"之""道"〕

东晋南朝人在取名的时候往往喜欢在名字里用上"之"字或者"道"字，这是一种比较奇特的现象。这与东晋以后南方地区流行道教有很大关系。"之"字是天师道的标识，当时人们崇信天师道，就纷纷以"之"字命名。最具有代表性的是琅邪王氏，王导之后的五代都以"之"字为名，比如允之、曦之、彪之、献之、裕之、悦之、秀之、延之等等。

郭璞占卜

郭璞博学多才，他预见王敦必然失败，也预见自己被王敦害死。王敦叛乱终以失败告终。

王敦倒行逆施

王敦起兵前，把一些有名望的人士搜罗进自己的幕府，但不少人看出王敦居心不良，无法推辞，就终日喝酒，名士羊曼、谢鲲都是这样。王敦只好不委任他们做具体的事，只将一个善于占卜的郭璞任为记室参军。郭璞知道王敦必将作乱，自己却不能脱身，心中十分烦恼。

王敦进入建康，暴虐傲慢，杀周𫖮、戴渊，放纵士兵抢掠，各地朝贡的宝物都进入了自己家中。他排斥异己，被降级、罢免、调走的官吏达一百多人。纵容心腹沈充、钱凤，对忌恨的人肆意报复，不闻不问。有识之士无不认为王敦如此倒行逆施，败亡的日子一定不会远了。

晋元帝死后，晋明帝司马绍继位。王敦乘机强迫明帝下诏召他进京辅政。接到诏书后，他又要朝廷任命他为扬州牧，以便使京师也在他的控制之下。为了加强其宗族势力，削弱司马氏帝室，得寸进尺地要求朝廷任命王含为征东将军，都督扬州江西诸军事；王舒为荆州刺史、监荆州沔南诸军事；王彬为江州刺史。

太宁二年（324）五月，正当王敦篡位阴谋快要得逞时，却得了重病，眼看阴谋难以实现。钱凤问他以后的打算，他说："非常之事，非常人所能为，且王应年少，岂堪大事！我死之后，不如解散队伍，投降朝廷，保全门户，这是上策；退回武昌，收兵自守，不停止对朝廷的进贡，这是中策；趁我还活着，集中所有人马，沿长江而下，进攻建康，或许侥幸能成，这是下策。"钱凤回头对其党羽说："王公所说的下策，

古代制琴工艺流程的再现

《斫琴图》，传东晋顾恺之作，此为宋人摹本。绢本设色，全卷横130厘米，纵29.4厘米。画卷引首处有"斫琴图"字样，是专门描绘制琴过程的画卷，其中所绘人物及器物，均具东晋风格。画卷中描绘的内容有挖刨琴板、上弦听音、制造部件、制造琴弦等方面。可以看出当时琴的构造，已是由挖薄中空的两块相同长短的琴板，相合而成，琴的底板已开有龙池、凤沼，均说明琴的形制至迟在东晋就已经定型。

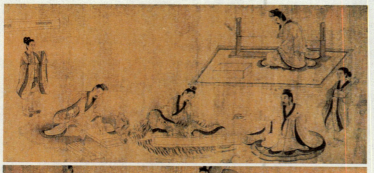

公元395年

公 元 3 9 5 年

世界大事记

罗马皇帝狄奥多西一世去世，死前把帝国分给两个儿子，长子阿卡狄得东部，次子霍诺得西部，罗马遂分为东西两帝国。

郭璞　王敦　晋明帝

恶行　方技

《晋书·王敦传》《晋书·郭璞传》

人物　关键词　故事来源

就是上策。"于是与沈充定下计谋：王敦一死，就发动叛乱，进攻建康，篡权夺位。

祸起凶卦

晋明帝决定征讨王敦，任命王导为大都督，领扬州刺史，温峤为都督东安北部诸军事，其他各将都作了部署。王导听说王敦病重，就假传王敦已死，率领子弟为王敦发丧，大家信以为真，战胜王敦叛军的信心更足了。朝廷下诏列数王敦罪恶。王敦见到诏书，怒火中烧，病更加重了。他要发兵攻京都，命郭璞占卜。郭璞占卜后说："不能成功。"王敦早就怀疑郭璞与朝廷中的温峤、庾亮有勾结，听到是凶卦，又问郭璞："你再算算我的寿还有多长？"郭璞答："明公如果起事，祸难就会很快来临；如果回武昌，寿长就不可估量。"王敦大怒说："你的寿有多长？"郭璞回答："我的寿命到今天日中。"果然，王敦就在日中命人把郭璞杀了。

瞬间的捕捉

这件陶女俑是东晋时的明器，女俑身份应是仆人，表情谐谑，像在观察事物，反映了制俑匠对人物瞬间神态的把握。

郭璞是个博学多才的人，擅长诗赋，曾写《游仙诗》和《江赋》，前者带有道教思想，后者描写长江的宏伟气势。他死后葬于南京玄武湖旁，世称"郭仙墩"。

叛乱失败

王敦杀郭璞后，命王含发五万人马进攻建康，温峤烧了朱雀航桥，王含不得渡江。明帝亲自率军出屯南皇堂，派将军段秀等渡护城河出击，斩王含前锋将何康。王敦听到王含失败，大怒说："我当力行"，起身后实在难以支持，又躺下了。于是对少府羊鉴和嗣子王应说："我死，应就即位，先立朝廷百官，然后办丧葬事。"可是王敦死后，王应却秘不发丧，将王敦埋在厅中，日夜与诸葛瑶等人纵酒作乐。

叛军终被打败，王含、王应父子逃到荆州被王舒所杀，钱凤也在中途被杀，沈充被故将吴儒所杀。王敦叛乱历时两年多，结果以失败告终。

▶历史文化百科◀

〔两晋南北朝的薄葬与重表〕

秦汉盛行厚葬，三国曹操、曹丕都提倡薄葬，西晋承续了曹魏薄葬之风。南北朝的葬制比起秦汉和隋唐来是比较俭约的，这与当时儒家统治思想有所动摇有关。这一时期虽流行薄葬，却普遍重表，即注重感情的宣泄。如东晋顾荣死，家人因其生前好弹琴，就把琴供于灵前以寄哀思。张翰往吊，弹琴数曲，哭道："顾兄还能欣赏吗？"

由于重表，致使相墓术十分流行。出现了许多有名的相墓者，如郭璞、孔子恭、高灵文、郭原平等。相墓又称择吉地，求得宝地则累世隆盛。相墓术注重审察山川形势，即山脉、水流、林木的位置、走向、枯荣，因而考古发掘中六朝的墓葬多依山而葬，十分注重选地势高的土山丘陵埋葬。

〇六一

苏峻之乱

苏峻之乱是继王敦之死后又一次重大叛乱，给建康造成了很大破坏。

晋明帝在王敦之乱平定后的第二年就去世了，太子司马衍即位，即晋成帝，当时年仅五岁，由皇太后庾文君临朝称制，其兄庾亮与王导、卞壸同时受遗诏辅政。庾亮为中书令，掌握朝政大权。

强征苏峻入朝

豫州刺史祖约，自以为名望年辈不比卞壸差，却没能辅政，他与荆州刺史陶侃都怀疑庾亮做了手脚，对庾亮很不满。当时历阳（今安徽和县）内史苏峻破沈充、钱凤有功，手握重兵，常不把朝廷放在眼里。庾亮对祖约、陶侃和苏峻这三个人都不放心，一方面加修石头城，另一方面调王舒为会稽内史巩固后方，调温峤为江州刺史坐镇武昌，加以防范。后来又打算征调苏峻入朝，以解除其兵权。庾亮为此事询问王导，王导说："苏峻为人猜忌阴险，定不奉诏，不如暂且包容。"庾亮不以为然说："苏峻

东晋陶武士俑

高52.8厘米，1965年出土于江苏省南京市富贵山。此俑制作极佳，上衣窄，下衣阔，既体现了人物的身形，又可以使其立得平稳，人物表情自然安详，眉宇间洋溢着抑制不住的喜悦，最有情趣处是他的右手，五指自然弯曲，手腕从袖子里伸出，不是高手巧匠，哪能做出如此传神的佳作来？

狼子野心，终会叛乱，今日下诏征他，纵不顺命，为祸尚浅；再过几年，必不可控制。"他振振有词，朝廷上无人敢加以反驳，只有光禄大夫卞壸争辩说："苏峻拥有强兵，历阳与建康，仅一江之隔，一旦有变，易生意外，当三思而行。"庾亮还是坚持自己的意见。

庾亮让朝廷下诏征苏峻入朝为大司农。苏峻上表说："当年明皇帝亲自嘱臣北讨胡寇，现今中原没有平定，臣岂敢放下重任。但求调到青州任何一荒僻郡国，以尽臣鹰犬之力。"朝廷不同意。苏峻准备打点行装动身了，参军任让对他说："将军要求去荒郡朝廷尚且不同意，事态如此，恐再无生路，不如据兵自守。"阜陵令匡术也同样劝说。苏峻决定起兵。

在武昌的温峤得到消息，打算率军队下建康保卫京师。庾亮写信给他说："我对西边荆州陶侃的担心更甚于历阳，垒勿过雷池一步。"雷池即今江西九江市北，古时雷水从黄梅县东流到望江县，积水成池，称为雷池。朝廷再派使者去劝说苏峻进京，苏峻说："朝廷说我要造反，我还能活吗？我宁可站在山头望监狱，也不能在监狱里望山头。国家危急时我出了大力，现在狡兔即死，我这猎狗就要被烹吃了。我只有以死对付害我的人！"苏峻知道祖约也对庾亮不满，就派人联络他一起反庾亮，祖约大喜，决定参加。

攻破建康

咸和二年（327）十一月，苏峻、祖约起兵的消息传到建康。尚书左丞孔坦对王导说："趁

世界大事记

希腊斯巴达城为西哥特人所毁。高句丽广开土王迁都平壤。

苏峻　庚亮　祖约
勿过雷池一步
谋反　恶行
《晋书·苏峻传》

人物　典故　关键词　故事来源

衰落的玉器

周朝时代就已经规定佩玉作为人体饰物，汉末曾取消，后又得到恢复。晋制规定，皇太子和妃子佩瑜玉，郡公等佩山玄玉。这使得在魏晋玉器衰落的大环境下，玉制饰品有了一定发展空间，但是工艺水平仍旧不能和前代相比。图中南京地区出土的玉印、玉佩等从形制上看沿袭了汉魏风格。南京博物馆藏。

苏峻军队未到，应速去阜陵（今安徽全椒东南）守住长江对岸的当利诸口（今安徽马鞍山对岸），断其来路。彼寡我众，一战就能决定胜负。如不先占领这些要地，一旦苏峻兵临城下，就难以为战了。"王导十

《雪夜访戴图》（明·周文靖绘）

一个冬天的深夜，下着大雪。居住在山阴（浙江绍兴）的王徽之（王羲之子）似乎被这风雪声惊醒，躺在床上辗转反侧无法入睡，便索性翻身起床，打开房门，命仆人准备了酒菜，一个人对雪独酌。借着酒兴，王徽之忽然想念起了老朋友戴逵，马上让人备船，然后乘舟直奔戴家而去。王徽之欣赏了大半夜的雪景，天蒙蒙亮时小船才到戴家门口。不料王徽之并未上岸叩门，而是对划船的说："走，咱们掉头回家吧。"后来有人问王徽之："大老远的，又下着大雪，你巴巴地赶到人家门口，却又不进去，是什么意思呢？"王徽之微微一笑："我是乘兴而行，尽兴而归，为什么一定要见戴逵呢？"

> ▶历史文化百科

〔东晋女子流行戴假发〕

东晋曾经有一段时间社会上上下下都流行戴假发，以此为美艳玲珑。假发在戴之前先把它梳整齐，称为"假头"。女子若生在贫寒的家庭，买不起"假头"，而爱美之心仍天赋于心中，于是往往自称"无头"而向别人"借头"。

分赞同，可是庾亮既无实战经验，又很自负，竟不同意。十二月，苏峻的军队攻下姑孰（今安徽当涂）取得大量粮食和盐，庾亮后悔不已。

　　咸和三年（328）正月，苏峻率领二万人马渡江，向建康挺进，二月，进军蒋陵覆舟山，即今南京紫金山一带，陶回估计苏峻会经过建康南边小丹阳，即今南京西南角的秣陵镇，建议庾亮设下埋伏。庾亮又不

王谢故宅

江苏南京乌衣巷。唐代诗人刘禹锡在怀古名篇《乌衣巷》中写道："朱雀桥边野草花，乌衣巷口夕阳斜。旧时王谢堂前燕，飞入寻常百姓家。"朱雀桥和乌衣巷都是建康（今江苏南京）名胜。东晋宰相王导、谢安两大家族居住乌衣巷，因其弟子都穿黑色衣服而得名。

听，再次错过打击苏峻的机会。不久，苏峻军攻入建康，顺风放火，皇宫和官府衙门一片火海。卞壶出战大败，死伤千人，他与两个儿子都战死。庾亮率领众将在宣阳门抵抗，由于不得人心，士兵纷纷弃盔甲逃走。庾亮与三个弟弟及郭默等人狼狈逃向寻阳，即今江西九江。

　　苏峻的军队进入台城，大肆抢掠后宫，迫使百官背财物上蒋山大营，不从者即遭鞭打。路上男女行人遭劫后被剥去衣服，严冬时节百姓只好用草席裹身，有人甚至用土覆盖身体，哭声响彻京城。皇太后庾文君不堪凌辱，忧愤而死。不久，苏峻以朝廷名义大赦天下，但庾亮兄弟不在大赦之列。

温峤　陶侃　苏峻　　骑虎难下　　盟誓　　《晋书·温峤传》《晋书·陶侃传》《晋书·苏峻传》

人物　　典故　　关键词　　故事来源

各路人马共赴建康

庾亮到寻阳后以太后名义下诏，任命温峤、郗鉴官衔。温峤说："当今首务是灭贼，不能无功而先拜官。"他向来尊重庾亮，要把一部分兵力分给他，二人互推盟主。温峤堂弟温充见二人推让，建议让位重兵强的陶侃为盟主，二人都同意，于是派人去荆州邀陶侃同赴国难。接着，朝廷

男侍俑

这个陶俑由南京新宁砖瓦厂东晋墓中出土，高34.3厘米。男侍毕恭毕敬地站着，随时听候主人的吩咐。

骑虎难下

温峤陈述"团结取胜，骑虎难下"的道理，终于取得了平定苏峻叛乱的胜利。

向各州镇发布诏书，列陈苏峻、祖约罪状，约期进攻建康。在广陵的郗鉴得到诏书后，慷慨誓师，将士们个个摩拳擦掌，他向温峤建议截断建康东边道路，使三吴粮食不能入建康，然后坚壁清野，使贼军自溃，温峤赞同。四方大军分水陆两路同赴建康，共有四万多人，旌旗前后七百余里，鼓声响彻远近。

温峤

温峤（286—329），字太真，太原祁县（今属山西）人。少年时聪颖敏捷，博学多才，风仪秀美，又以孝悌闻名于乡。温峤主要活动在西晋末东晋初的动乱年代，历侍元、明、成三帝，出将入相。在平叛中屡建功勋，显示了他作为一个政治家和军事家的卓越才能。然又博学善文，《文心雕龙·才略》称赞他的笔记"循理而清道，亦笔端之良工"。他和表妹成婚的故事，曲折动人。元代关汉卿据此编有《玉镜台》杂剧，明人也写有《玉镜台传奇》传世。此图出自《历代名臣像解》。

苏峻听说陶侃军来攻，自姑孰移据石头（今南京清凉山，为建康军事重镇），进行抵抗。八岁的皇帝也被逼迁到石头。当时天下大雨，道路泥泞，皇帝一路上哭哭啼啼，十分伤心。

公元386年

与此同时，东路以庾冰等人为首的三吴地区的军队也向建康进攻，苏峻派管商等对抗，双方互有胜负。

温峤借粮

东西两路军与苏峻对峙了四五个月，温峤的粮食不够，去向陶侃借粮。陶侃不悦地说："你以前说不担心无良将和军粮，只要我做盟主，现在如何？作战不能取胜，良将在何处？粮食何在？如无粮食，我便打算先回荆州，过些日子再灭贼寇，为时亦不为晚。"温峤据理力争说："古人教导取胜首先要内部团结。从前昆阳、官渡之战皆因内部团结，才能以少胜多。苏峻已恶贯满盈，岂有不灭之理，怎能放弃即将到手之胜利另谋他路？何况现在天子被关押，国家危急，正是臣子拼死报国之时。战如胜，与天子共欢庆，如不胜，就应战死沙场以报先帝厚恩。今天之势，如骑虎背，已无回旋余地。你如执意违反众意自返荆州，必沮丧士气，导致失败。到那时，岂不被天下人责骂？"温峤的话义正词严，陶侃无话可说，只得拨五万石军粮送到温峤军中。此时，温峤手下的青年猛将毛宝在句容、湖孰烧了苏峻的粮食，使苏峻军损失惨重，陶侃又感到安心了。

陶侃攻石头城

东路军的郭默坚守大业垒，即今江苏丹阳北。这里是京口的屏障，一旦失守，京口即告危险。陶侃本想去援大业，长史殷羡建议急攻石头以解大业之围，

陶侃同意他的意见，亲自督水军向石头进军，庾亮、温峤则率领步兵万人从白石南上。苏峻领八千人抵抗，开始苏峻的儿子苏硕和将领匡孝取得小胜，苏峻高兴地慰劳将士，喝得酩酊大醉。这时，温峤军来挑战，苏峻说："匡孝能打胜仗，难道我不如他？"说完，只带领几个骑兵冲上阵去，不料马被绊倒，陶侃部将彭世、李千将长矛猛掷过去，苏峻中矛落地后被杀。战士们把苏峻的肉一块块割下，又烧了他的骨头，三军齐呼万岁，庆祝胜利。

苏峻死后，其弟苏逸继为首领。咸和四年（329）二月，各路军攻石头城，大败苏逸。一场"骑虎难下"的平叛之战就此取得全胜。

北魏石刻画像中的屏榻和幛幔（上图）

＞历史文化百科＜

[两晋南北朝坐姿的变化]

中国在秦汉以来一直保持着在室内席地坐卧的习俗，地面上先铺较大的席，再摆放供坐卧的家具，主要是席和低矮的床榻。办公、宴客时，临时陈设几、案、屏风等。登堂入室，必须先脱鞋子，坐姿是双膝跪地而臀部坐压在脚后跟上。北方游牧民族的坐姿都是垂足坐，即蹲踞姿势。现存敦煌莫高窟北凉、北魏、北周及隋初的塑像多为垂足坐式。这说明，由于北方少数民族起居习俗的传入和濡染，广大汉族地区席地而坐的习俗已逐渐转变，而成为垂足坐姿。由此，新式的适于垂足的坐具如束腰圆凳、方凳、胡床（又称"交床"，是轻便折叠凳，北京俗语"马扎"）、椅子开始流行起来。

《晋书·陶侃传》

壮志胸怀

陶侃

人物 关键词 故事来源

〇六三

陶侃运砖

陶侃不仅是东晋时一位重要将领，而且个人品德高尚。

在平苏峻之乱的"骑虎难下"之战中充当盟主的陶侃，字士行，出身寒门地主，庐江寻阳（今湖北黄梅西南）人。父亲早死，家贫。西晋时任县吏，鄱阳孝廉范逵来他家，他的母亲无钱款待客人，就剪发卖钱购办了酒食，范逵大受感动，帮助陶侃做上了庐江郡督邮。一次，庐江郡太守之妻生病，须到百里外迎接医生，当时正下大雪，别人都不愿去，陶侃毅然冒雪前往，被大家所称道。

东晋初，陶侃任广州刺史。每日清晨他把百余块砖从书斋搬运至天井，傍晚再搬回书斋。别人不解，问他所为何来？陶侃答道："我将来要竭力北伐，恐生活过于舒适做不成这件大事，故以运砖磨炼自己。"这件事也同

吴猛恣蚊饱血（清·王素绘）
二十四孝故事之一。吴猛是东晋濮阳人，八岁时事亲至孝。因为家贫没有蚊帐，每到夏夜，蚊子叮咬父亲使父亲不能安睡。于是吴猛就赤身坐在父亲床前，任凭蚊子叮咬，蚊子再多也不驱赶，唯恐蚊子被赶走后去咬父亲。

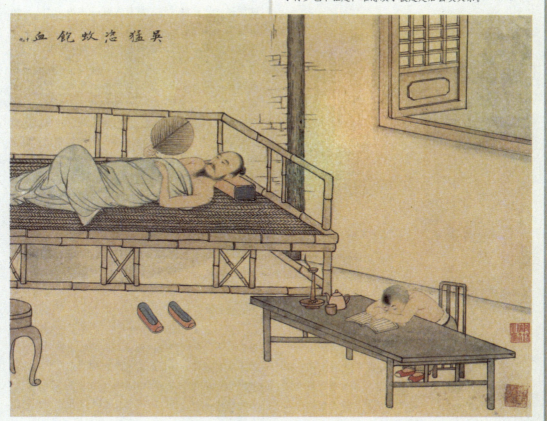

陶侃运砖

陶侃受到王敦的猜疑,由占有长江上游的荆州刺史迁为广州刺史。虽不受重用,仍珍惜光阴,勤于操练,每天清晨把百余块砖从书斋搬到天井,黄昏再搬回书斋,以磨练自己的意志。此图出自清代马骀《古今人物画谱》。

样受到众人的赞颂。平定王敦之乱后,陶侃重新被任命为荆州刺史。江汉地区的百姓都十分高兴。

励精图治

东晋时期扬州和荆州是最重要的两个州,扬州为国都所在,所处的长江三角洲又是经济最发达的地区;荆州是长江中游的国防重地,不仅地广人多,且北对中原的后赵,西邻巴蜀的成汉,如有不慎,邻骑沿江东下,会对东晋政权构成威胁。陶侃手握重兵,有很高威信。他精力充沛,职务内的大小事务,虽千头万绪,必亲自过问;对部下谦虚爱护,又十分好客,来访者常门庭若市,他都以礼相待;对远近各地的来信,也都亲自回信,从不拖延。陶侃还十分珍惜时间,常对人说:"大禹是圣人,尚且爱惜一寸光阴,我等凡人更当珍惜分分秒秒,怎能整日游荡,活着无益于人,死后默默无闻。"部下有人因喝酒赌博而耽误公事,他必命令没收其酒杯和赌具,掷入江中,情节严重者还要加以鞭打。他常说:"老庄讲浮华,反对先王格言,不可取。君子当穿戴整齐,讲究仪表,岂可披头散发,自以为超世脱俗!"有人送东西给他,他总问清礼物由来。如是自己劳动所得,虽然少也很高兴;如是不正当所得,必严厉批评,予以退回。有一次外出,他见到有人手握一把尚未成熟的稻谷,就问何用?那人回答说是走路时随手摘下玩玩的。陶侃大怒说:"你不种田,还要破坏别人庄稼!"命人把他鞭打一顿,以示警戒。水军建造战船时,陶侃命人把木屑和短竹收集起来,勿当垃圾丢掉。别人开始不解,后来天下大雪,路滑难行,陶侃便命人把木屑竹头铺在地上,使大家得以通行无阻。

陶侃在荆州励精图治九年,使这一地区经济发展,人民生活安定,南陵至白帝数千里内路不拾遗。虽然如此,他仍时时注意自我约束,平日甚至规定自己喝酒的限额,常常喝到高兴时限额已到,旁人劝他再喝一些,陶侃感慨地说:"年轻时曾因喝

世界大事记 西哥特人首领阿拉里克一世率部围攻罗马城，旋获赎金，解围，退兵。高卢巴高达运动再起，势及全境。

酒犯了过失，已故的父母规定我这个定额，所以不敢违反。"

告老辞官

陶侃晚年要求告老回长沙老家，幕僚苦苦挽留，因而一延再延。咸和九年（334），他病重再次上表辞官，派左长史殷羡把官印、服饰、车马等归还朝廷，又把军中物资、武器、牛马、船只列以清册，仓库加锁贴封条，交给右司马王愆期暂时管理，等待移交，然后上船回乡。临行前对王愆期说："我现在老态龙钟到这个地步，都是你等苦苦挽留以致如此。"船离武昌的第二天，他就死于途中，终年七十六岁。

>历史文化百科<

〔两晋南北朝官员致仕养老的年限〕

两晋南北朝时期，官员"致仕"、"致事"、"辞事"、"逊位"、"告老"、"乞骸骨"、"悬车"等等，都是指辞去政事，告老还乡之意，即现今所说的退休。《礼记·曲礼》称："大夫七十而致事"，郑玄注："致其所掌之事于君而告老。"两晋南北朝众多官员是年七十致仕的。这只是沿袭先秦古制，并非当时封建王朝的正式规定，不具有法律依据。实际上，当时的官员有不满七十致仕，有年过七十致仕的，也有致仕后再起用的，也有终身为官的。由于没有明确的致仕年限法律规定，因而出现上述差异。这些差异的产生，一是取决于官员本人的态度，二是取决于政治、军事的需要及个人德才名望及健康条件。

两晋南北朝中央官制

最高头衔	二相，即相国、丞相。		权贵最高职衔，多为权臣自命或皇帝被迫任命，往往成为权臣篡位的过渡或信号。
	八公，即太宰、太傅、太保、太尉、司徒、司空、大司马、大将军。		加官、赠官、奖赏功勋的荣誉头衔，品秩最高。
政务	尚书省	长官为尚书令、尚书仆射。下分曹理政，设六曹或五曹尚书，尚书下置郎，分科治事。	尚书省为中央执行政务总机关。魏晋后起草诏命之权归属中书，尚书之职稍以疏远。加官"录尚书事"是宰相之职，有实权。
	中书省	长官为中书监、中书令。以下有中书侍郎、中书通事舍人等。	因掌管机要、起草诏令，发布政令，地位比尚书省更重要，有"凤凰寺"之称。晋由中书令出为尚书令，被视为降职。
	门下省	长官为侍中。下有给事黄门侍郎、散骑常侍、给事中、谏议大夫等。	东汉有侍中寺，晋设门下省，权力扩大，掌管机要、审议诏令，为皇帝顾问。北朝尤重门下，成为权力中心。
监察	御史台	长官为御史中丞，北魏称御史中尉。下有治书侍御史、殿中侍御史、符节御史、侍御史等。	监察机关，权力很大。自皇太子以下，百官无所不纠。北魏时御史中尉巡行时，与皇太子分道，百官相遇下马或停车于道旁，违者以棒棒之。
军事	中领军（或领军将军）中护军（或护军将军）		统率中央禁军。
	都督中外诸军事（或大都督）		全国最高军事统帅。

褚裒辞官

> 褚裒以国事为重，一再辞官；但他在军事上缺乏才能，北伐以失败告终。

慧眼识人

褚裒(póu)，河南阳翟（今河南禹州）人，字季野，少年时就与清谈家杜乂齐名，被人称为"皮里阳秋"，意思是虽然口头上不对人褒贬，但骨子里很能识人。庾亮当荆州刺史时，有一次设宴请客，褚裒也在座。席间，褚裒问庾亮："听说你有个州从事孟嘉很有才干，今天可在座？"庾亮答："在，你找看看？"褚裒端详在座诸客后，指着孟嘉说："我看此君神采与众不同，大概是他。"一座客人无不惊讶，称赞褚裒确能识人。

屡次辞官

康帝即位后，褚裒因为是皇后之父，被任为侍中。他觉得自己是外戚，要求离开京城，去外地任职。朝廷就任他为江州刺史。他为官清廉，极受当地人民拥戴。不久，朝廷又任命他为卫将军、中书令，褚裒再次推辞说："中书令专

管皇帝诏命，外戚不宜担任。"朝廷只得改任他为兖州刺史。

建元二年（344），康帝死，年仅两岁的穆帝即位，褚太后临朝称制。中书监何充上疏推荐褚裒兼任录尚书事，专管朝政。褚裒仍以近戚担此重任易被人猜嫌为由，上疏要求在地方任官。他说："无劳受宠，负愧实深，陛下应遵先王任贤之士，示天下无私亲之举。"于是朝廷改授他为卫将军、徐、兖二州刺史，镇京口。

永和元年（345），扬州刺史、录尚书事空缺，朝廷原想让褚裒担任此职。吏部尚书刘遐对褚裒说："会稽王司马昱(yù)德才兼备，是当代周公，担任此职尤为合适。"褚裒认为很对，坚决要求把这一重要职务让给司马昱。他认为用人

东晋南北朝的纺织品
这个时期的纺织品以锦为主。图案对称而丰富，色彩上，使用了宝蓝、绯红、石绿等新色彩，并且突出白或黄等高明度的色彩，使得锦面与汉锦的厚重调子形成对比，显得轻快而鲜明，形成一种新的风格。图为新疆吐鲁番阿斯塔那墓群出土的精美织品。新疆维吾尔自治区博物馆藏。

《晋书·外戚传·褚裒》
《资治通鉴·晋纪二〇》

褚裒　皮里阳秋　谦虚

人物　典故　关键词　故事来源

应该委任贤能，又向朝廷推荐顾和与殷浩，朝廷便任命顾和为尚书令，殷浩为扬州刺史。褚裒一再辞让重要官职，受到朝廷内外的嘉许。

北伐失败，抑郁而死

永和五年（349），后赵石虎死，褚裒在京口上表要求北伐，朝廷同意。褚裒率领军队直驱泗口，即今江苏淮安西南。七月，朝廷正式任命褚裒为征讨大都督，督徐、兖、青、扬、豫五州诸军事，率领三万兵马直赴彭城（今江苏徐州）。北方百姓前来归附的每日达上千人。

但是，褚裒在军事上却无多大才能。他派出的部将王龛在代陂（今山东滕州）被后赵李农军打败，全军覆没。褚裒退兵广陵，上疏要求解除自己职务，朝廷开始不允。后褚裒回到京口，再次上疏请求，朝廷才解除了他征讨都督的职务。

当时北方大乱，中原二十余万汉族人民渡过黄河要求归附褚裒，但此时褚裒已退兵，这些人被少数族军队追逼，大多丧生。褚裒知道后十分内疚，忧郁不已，不久就病死了，年仅四十八岁。

> **历史文化百科**

〔东晋南朝流行宽大服装〕

受玄学、清谈的影响，东晋南朝时候士大夫都喜欢潇洒飘逸的风格，表现在穿着上就变成衣物的宽大化。那时的一个袖子可以有平常两个袖子那么长，一条裙子也有普通式样的两倍。这不能不说是奢侈之风的蔓延。

167

〇六五

咄咄怪事

殷浩善于谈玄，却无军事才能，北伐失败后被罢官。他想不通，终日对空比划"咄咄怪事"四字。

殷浩，陈郡长平（今河南西华东北）人，出身大族，幼年时就喜欢谈玄，与叔父殷融都爱好《老子》、《周易》。不同的是殷浩善于口谈，殷融善于写文章。当时谈玄的名士很崇拜殷浩，有人问他："我即将当官时梦见棺材，即将发财时梦见粪土，是何含意？"殷浩回答道："官本腐臭，所以将要做官会梦见尸体；钱本肮脏，所以将要发财会梦见粪便。"当时人十分赞同他的回答，把他的话当做名言。

出山北伐，惨遭失败

殷浩崇尚道家思想，不愿为官。有人请他做官，他总以身体不好推辞，屏居墓地将近十年。人们把他比做管仲、诸葛亮。后来朝廷任命他为侍中、安西将军，他仍不愿出任。掌权的庾翼写信给他说：

葛洪

葛洪（283－363），字稚川，号抱朴子，人称"葛仙翁"，丹阳句容县（今江苏句容）人。晚年，他隐居在广东罗浮山中，既炼丹、采药，又从事著述，直至去世。葛洪不仅是位炼丹家，还是一位科学家，在医学和制药化学上有许多重要的发现和创造，在文学上也有许多卓越的见解。他的著作，约有五百三十卷，多已散佚，现存主要有《抱朴子》和《肘后救卒方》。其中《肘后救卒方》简称《肘后方》，其收录的方药大部分行之有效，采药容易，价钱便宜。而且，篇帙不大，可挂在肘后随行（即今天所说的袖珍本），即使在缺医少药的山村、旅途，也可随时用来救急，所以，受到历代群众的欢迎。

"王夷甫（王衍）谈玄，实是助长浮华风气，君子遇风云之会，处功名之际，岂可终日谈玄？"殷浩还是不肯出山。

后来桓温的势力一天比一天大，简文帝为了对抗桓温，又要殷浩出任扬州刺史，事关国家兴亡，殷浩无法再推辞了，只得应允。当时北方石虎刚死，后赵大乱，朝廷想平定中原，殷浩也想借此压倒桓温，于是在永和八年（352）九月，率军北伐，直达泗口（今江苏淮安西南）。殷浩声言要收复故乡洛阳，重修西晋皇帝陵庙。长安附近的汉族豪强纷纷举起义旗，要求殷浩派兵支援。殷浩率领七万大军，由泗口进驻寿春，向洛

葛洪炼丹井

在浙江杭州的宝石山与栖霞岭之间，横跨着一座山岭，绵延数里，俯瞰西湖，风光秀美，有"瑶台仙境"之称。相传东晋著名炼丹家葛洪曾在此设炉炼丹，故名为葛岭，亦称葛坞。至今山上还遗有葛洪的炼丹井。

阳进发。他任命投降晋朝的羌人姚襄为前锋，但姚襄对殷浩早有不满，北进后谎称部下逃跑，殷浩率大军

历史文化百科

〔晋代的道教领袖：葛洪〕

葛洪（283—363），晋丹阳句容（今属江苏）人，字稚川，号抱朴子。家贫好学，博览群书，性寡欲，好神仙导养之法。为求学，拜郑隐为师，在那里读了许多道经，并学炼丹。后在罗浮山炼丹，同时著述。葛洪著作很多，约有三十八种，代表作为《抱朴子》内外篇七十卷。《内篇》言神仙方药、鬼怪变化、养生延年、禳邪却祸，属道家；《外篇》言人间得失，世事臧否，属儒家。《内篇》中"金丹"、"黄白"、"仙药"等篇关于炼丹、治病的记述，对化学、医学均有参考价值。《抱朴子》素有"小道藏"之称。葛洪是晋代的道教领袖、道教思想家和炼丹家，他和南朝的陆修静、陶弘景，北朝的寇谦之，都是两晋南北朝时期把民间道教改造成为统治阶级道教的代表人物。

去追，在寿春附近的山桑（今安徽蒙城北）遭姚襄伏击，死伤和被俘一万余人，殷浩抛下辎重粮食，退保谯城，士兵叛逃无数。殷浩派刘启、王彬之讨伐姚襄，又被姚襄所杀。

富贵他人合，贫贱亲戚离

殷浩北伐尚未正面与敌人交锋，就以失败告终。他早先为北伐停办太学，遣散太学生，现在北伐不成，遭到朝野一致谴责。桓温也趁机上疏说他"身狼狈于山桑，军破碎于梁国，舟车焚烧，辎重覆没，三军积实，反以资寇，精甲利器，更为贼用，神怒人怨，众人所弃，倾危之忧，将及社稷"。朝廷无奈，只得将殷浩罢官流放。

殷浩年轻时与桓温齐名。桓温自以为有大志，看不起殷浩，殷浩对他也很轻视。桓温曾当面质问他："你怎比得上我？"殷浩针锋相对地回答说："和你相处一久，我深感宁做殷浩，不做桓温。"殷浩失败后，桓温对郗超说："殷浩有德有言，朝廷如让他任尚书令或尚书仆射，或许有大成就，这是朝廷用非其才呀！"桓温这话说得有几分道理。

殷浩被罢官流放后，终日向空中比划着"咄咄怪事"四个字。原来他对自己的失败想不通。殷浩的外甥韩伯也善于清谈，殷浩很赏识他，但又认为韩伯没有学到自己的辩才，只是"拾人牙慧"，也就是模仿而已。韩伯随殷浩在流放处过了一年，将回都城，殷浩送他到河边，咏曹颜远的诗："富贵他人合，贫贱亲戚离。"吟罢，流泪不止。后来桓温不念前嫌，要殷浩出任尚书令，殷浩十分高兴。回信时，怕写错字，多次将写好的信抽出来查阅，最后竟忘了装入信封。桓温收到殷浩一个空信封，大为恼火，殷浩因此终于没有当上尚书令。他郁郁寡欢，两年后就去世了。

桓温北伐

世家大族桓温有篡位野心，他企图通过北伐来提高威望，结果失败，篡位也终未能实现。

陶侃死后，庾亮、庾翼兄弟相继镇守荆州。永安元年（345）七月，庾翼去世，朝廷派桓温去荆州，长江上游的大权便落到桓温手中。

桓温，字元子，谯国龙亢（今安徽怀远西）人，出身世家大族，娶晋明帝女儿南康长公主为妻，拜驸马都尉。他到荆州后，围绕北伐的事进行了一系列的准备工作。他先在荆州劝课农桑，发展生产，为北伐准备军粮；永和三年（347）又攻蜀，灭成汉国，解除北伐的后顾之忧，又获得蜀地人力和物力。在此以前桓温见当时北方动乱，就已多次上疏请求北伐，东晋朝廷怕他势力强大，让徒有虚名的殷浩北伐。后来殷浩失败被废，东晋军政大权为桓温所控制，朝廷无法再阻止他的北伐要求了。

云南昭通壁画
东晋十六国时期，民族大融合。这幅画反映了东晋军队中民族融合的情形。第一排持环首刀者是汉人，第二、三排是夷（彝）人。

> ▷**历史文化百科**
>
> 〔加九锡〕
> 九锡，古帝王尊礼所给大臣的九种器物，即车马、衣服、乐则、朱户、纳陛、虎贲、弓矢、铁钺、秬鬯。九锡之礼始于汉武帝。九锡名目记载不一，其顺序大同小异。后世凡权臣谋位篡权，都先加九锡。

三次北伐

桓温一共进行了三次北伐。

第一次伐前秦苻健。永和十年（354），桓温率水陆两军进攻前秦。水军从江陵出发，经襄阳入均口，即今湖北丹江口东南，至南乡，即今河南南阳西南，步兵自河南境内的淅川入武关；又令梁州刺史司马勋由汉中出子午道加以配合。在北方人民的支援下，桓温军在蓝田大败秦兵后又转战至灞上，离长安已近在咫尺。三辅地区郡县官吏和坞壁主纷纷归降，百姓争持牛酒慰劳晋军，不少老人流着泪说："不图今日复见官军！"但是桓温缺乏坚决收复失地的决心，迟迟不渡灞水进攻长安，东晋朝廷也不积极支持。以致前秦趁机割了麦子，坚壁清野，桓温军粮不继，只好退兵。

第二次伐羌人姚襄。姚襄是羌族首领姚弋（yì）仲之子，建立后秦的姚苌之兄。他早先投归东晋，后又叛晋，招纳流民七万，自称大将军、大单于，移屯许昌，即今河南许昌西南。永和十二年（356），桓温为解除姚襄对洛阳的威胁，自江陵北伐，进据鲁阳，即今河南鲁山，溯伊水而上，击溃姚氏。姚襄西走关中，为苻坚所杀。桓温一鼓作气，收洛阳，取许昌。次年，上疏朝廷建议还都洛阳。疏中说："北方人民盼望东晋北上，还都旧京，不仅顺应人民心愿，也可名正言顺发号施令，少数族统治者必不诛自灭。"但是东晋在江南统治已近五十年，大族子孙繁衍，丘垄成行，不愿离家北上。无可奈何，桓温只好重回南方，不久洛阳即被前燕慕容氏所占。

第三次伐前燕慕容氏。太和四年（369年），桓温率步骑五万，自姑孰出发进攻前燕，到达枋头，即今河南浚县西。慕容暐准备弃邺而走，可是桓温未及时

世界大事记
高句丽长寿王即位。其在位时（413－490）加强王权，迁都平壤，是高句丽的极盛时期。

桓温　权术
姚襄　盲动
郗超

《晋书·桓温传》

人物　关键词　故事来源

进攻丧失战机，以致燕军以虎牢以西相许求救于前秦，得到秦军帮助，慕容垂趁机阻击，切断了桓温的粮道。桓温几面受敌，粮既尽，又闻秦兵将至，被迫退兵，中途遭燕军骑兵截击，死亡三万多人，大败而归。东晋收复的淮河以北地区又重新丧失。

篡位失败

桓温在第三次北伐前后，由于在世族内部斗争中的胜利，权力越来越大，发展到想篡权称帝。他想借这次北伐提高威望，然后篡位，结果失败，反而威信下降。参军郗超献计要他学西汉霍光的办法，废除现在的皇帝另立新帝。

《支遁爱马图》(清·任颐绘)
支遁是东晋时著名的高僧，有爱马之习，常养马数匹。他的这种行为曾遭到当时人的讥讽，认为僧人不宜养马，支遁则辩解道：俗人爱其形体，"贫道重其神韵"。

桓温觉得有道理，自己已是花甲之年，必须加紧行动。于是在太和六年(371)，把在位的司马奕废为海西公，另立简文帝司马昱，大肆诛杀异己。简文帝时时担心自己也像司马奕一样被废，在位两年就忧愤而死。他病重时留下遗诏，要太子司马曜继位，就是后来的孝武帝。桓温本来以为简文帝会把皇位让给自己，听到这个消息，大失所望，带病从姑孰进入建康，自称仿效诸葛亮辅政，要求给他加九锡。加九锡是禅位前的一种荣典，谢安、王坦之等故意拖延，有病在身的桓温经不起拖，九个月后就病死了。他的篡权梦终未能实现。

雅致的青瓷盘口壶

盘口壶是最具有魏晋时代特征的器物，起源于东汉，后来盘口渐渐扩大，颈部渐渐升高，造型趋向质朴，是非常实用的生活器皿。这只青瓷盘口壶釉色清雅，壶口和壶身各饰有弦纹，系耳是双层的，形状持稳匀称。

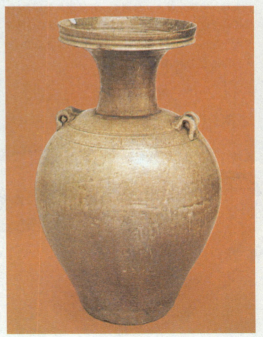

○六七

东山再起

谢安担任宰相，以大局为重，调和矛盾，稳定政局，组织北府兵，取得淝水之战的胜利。他是东晋时期一位杰出的政治家。

谢安出东山

桓温以后，东晋出了一个有名的宰相，此人姓谢名安，字安石，原籍陈郡阳夏，即今河南太康。在东晋，王、谢是头等世族。谢安家族中有很多人做大官。其父谢衷，任太常卿，流寓江南；堂兄谢尚官至尚书仆射、豫州刺史；兄谢奕、弟谢万也都任大官。但谢安没有凭借门第猎取高官，他在会稽上虞过着隐逸生活，常与王羲之等人一起饮酒赋诗，逍遥自得，朝廷多次征召都被他婉言谢绝。可是在他四十多岁时，情况发生了变化：当时苻坚统一北方的进程加快了，不断把入侵的矛头指向东晋；谢安家族也出现问题，弟谢万奉命北征失败，被废为庶人；兄谢奕、堂兄谢尚先后去世，谢氏有家道中落的危险。在这种形势下，谢安只得放弃名士生活，离开长期隐居的会稽东山出来做官了。人们称之为"东山再起"。

对桓温的斗争

谢安初从政任桓温司马，后拜侍中，迁吏部尚书。孝武帝年幼即位，桓温辅政意想篡权。他在新亭（今江苏南京南）大陈兵卫。京师人士猜疑，桓温此举不是废幼主，就是诛王谢，即朝廷重臣谢安和侍中王坦之。偏偏朝廷又命谢安和王坦之去新亭迎接桓温。王坦之惊惧万分，问计于谢安。谢安神色自如地说："晋之存亡，在此一行。"于是赴新亭入见桓温，随从百官都向温遥拜，王坦之吓得汗流浃背。谢安不慌不忙地入席坐定，他目光如炬，发现壁后有异，便对桓温说："我听说诸侯有道，守在四邻，明公为何在壁后置人！"桓温答道："怕有猝变，不得不然。"随即命令撤去帐后甲士。谢安与桓温笑谈多时，请桓温同入建康。

桓温重病缠身，一再想荣膺九锡，谢安、王坦之故意一再拖延，直到桓温病死。谢安对桓温的斗争，对东晋有着安邦定国的意义。

东晋"将相和"

桓氏是世代经营扬州的世族军阀集团，其势力并不会因桓温之死而消失。桓温死后，苻坚已经统一北方，矛头直指东晋，民族危机严重。在这种形势下，如何缓和谢、桓两族的矛盾，关系到东晋政局的安危。谢安处事以大局为重，不纠缠小事，他并未趁桓温之死剪除桓氏集团，而是以桓温弟桓冲代替桓温，为中军将军，都督扬、江、豫三州军事，扬、

精细美观的彩色丝履

这双鞋出土于新疆吐鲁番，以蓝、黄、红、白多种丝线织成，图案精工细致，是丝织品中的杰作。新疆维吾尔自治区博物馆藏。

豫二州刺史。桓冲也深明大义，自知德望不及谢安，便拥谢安任内相。这样，就出现了"将相和"的局面。苻秦的左仆射权翼看到晋国君臣和睦，上下同心的情形，劝阻苻坚切勿贸然攻晋。

组织北府兵

　　为了对付北方少数族的侵扰，加强军事力量，谢安授命侄儿谢玄组织了一支新军，叫北府兵。这支军队的成员大多是侨居京口、广陵、晋陵一带的北来侨

《临戴进谢安东山图》（明·沈周绘）
成语"东山再起"，说的是东晋谢安辞职归东山（今浙江上虞境内），其后复职为相的故事。谢安于东山隐居期间，或与好友酌酒垂钓，或携歌妓纵情郊外。此图正是表现谢安携妓外出郊游的情景。

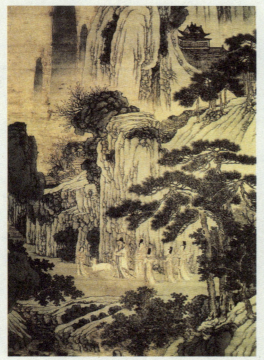

东晋铭文织成履
织成起源于汉代，是织锦的一个变种，它采用"通经回纬法"，在显花片段以彩纬挖梭织制，不是织通纬。现存最早的织成锦为新疆阿斯塔那东晋墓出土的彩色铭文织成锦，铭文为汉隶书"长命延夫王侯宜昌且富"。

民。这些人直接或间接都受过少数族统治者的蹂躏，有炽热的爱国热情和收复失地的强烈愿望，也由于经过重重险阻转来南方，长期的颠沛流离生活，养成剽悍勇敢的性格和习武好战的习俗，因此战斗力极强。其中一些将领如刘牢之、刘裕、刘毅、刘穆之、何无忌、檀道济等皆出身寒门庶族，是北来侨人善战集团的代表人物。再加北府兵招募时挑选严格，纪律严明，因而成为东晋的一支著名劲旅，在淝水之战中大败苻坚。

　　谢安在调和矛盾、稳定政局，指挥淝水之战中都起了重大的作用，他是东晋中期一位杰出的政治家。

> **历史文化百科**

〔两晋南北朝时期的鞋〕
　　两晋南北朝时期人们穿的鞋有单底鞋"履"、复底鞋"舄"、长筒靴"长靿靴"，还盛行穿木屐，又称散屐、木板鞋。此鞋底部可随意配上一齿或二齿，便于上山、下山。开始时妇女穿圆头，男子穿方头。西晋太康年间（280—289）后，妇女也穿方头。淝水之战胜利捷报传来，谢安喜甚，过门时不小心屐齿折断。

司马道子为相

淝水之战胜利以后，东晋内部的和睦状态开始破坏。孝武帝司马昌明重用弟弟司马道子，排斥谢安，谢安出居广陵后不久病死。司马道子担任司徒、录尚书事，兼领扬州刺史、都督中外诸军事，取代谢安为宰相，掌握军政大权。

孝武帝和司马道子都是荒淫之徒，自从太元十年（385）司马道子掌权后，兄弟俩便整天饮酒作乐，自以为淝水取胜后就天下太平了。

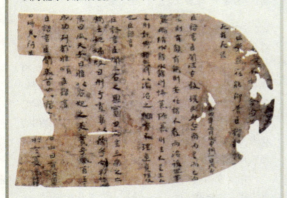

南北朝时的高考：策试秀才的试题和考生的答卷
南北朝时，部分国家仍然实行与汉魏相同的选举制度。统治者在选举秀才时，也重用世族子弟。图为策试秀才的试题和考生的答卷。

孝武帝爱好文学，酒席之后往往喜欢写些诗赏赐侍臣，但其中常有不登大雅之堂甚至黄色的诗句。皇帝的顾问散骑常侍徐邈怕皇帝出丑，就把皇帝酒后的诗收起来，回去修改后再让孝武帝过目，然后再传出来。侍中谢邈以耿直闻名，他见孝武帝写的诗实在不像话，有损皇帝形象，就干脆把它烧了。皇帝倒也不责怪他。

荒淫君臣

东晋孝武帝任命弟弟司马道子为相，兄弟俩都是荒淫之徒，东晋政治越来越黑暗，社会矛盾越来越尖锐。

司马道子除了通宵达旦与孝武帝一起饮酒看宫女跳舞外，还特别信佛，经常为寺庙花费大量钱财。他对和尚尼姑特别优待，有些漂亮的尼姑都和他特别亲热。这个时期的东晋朝廷，政治昏暗，大臣争权夺利，玩弄权术，官场上贿赂公行，赏赐滥加，刑罚错乱。尚书令陆纳看着豪华的宫殿摇头叹息说："好好的家当，要败坏在这些人手中了。"左卫领营将军许荣在上疏中指出："台府小吏、直卫武官、奴婢子女皆郡守县令；和尚、尼姑、奶妈也引荐亲友获得高官厚禄。法律不公，滥罚无辜；禁令不明，盗贼公行。"中书侍郎范宁是个直臣，对司马道子看不惯，被调到地方上做豫章太守。范宁临行前上疏说："上古时用民力每年不过三日，现今百姓一年无三日休息，以至生子不肯抚养，鳏寡不肯娶嫁，贵族豪门互相攀比。如此下去，国家还有何财力可言？"

司马道子修建豪宅

司马道子有两个亲信，一个是戏子出身的赵牙，一个是原任钱塘捕贼吏的茹千秋。赵牙被任为魏郡太守，茹千秋官为骠骑谘议参军。赵牙帮司马道子建造住宅，大花园内设置许多假山湖池，花钱巨万。孝武帝有一次到司马道子家中，见花园如此豪华，对他说："想不

> **历史文化百科**

〔清商乐〕

清商乐在魏晋南北朝时期非常兴盛，又称"清商三调"，源于汉代民间的相和歌并在此基础上发展成形，"瑟调以宫为主，清调以商为主，平调以角为主"，故称清商三调。西晋灭亡之后，随着北人南迁，清商乐在南方流行起来，并和南方民歌相结合，成为南方音乐的主流。在北魏时流传到北方。

彩绘骑马奏乐乐俑（局部）

到府上还有山，太过分了。"司马道子无言作答。孝武帝走后，司马道子对赵牙说："皇上如知山是人工造的，你将危险。"赵牙说："有你在，我无危险。"茹千秋靠卖官聚集了亿万钱财，其子茹寿龄任乐安县令，因贪赃枉法潜逃，几天后又傲然回到县城，朝廷对他竟不闻不问。

孝武帝被闷死

孝武帝还是个好色之徒，整天沉湎在深宫女色之中。有一天，他喝醉了酒，对张贵人开玩笑说："你已年近三十，我该再找个年轻些的。"张贵人嘴上不说，心中越想越恼，等孝武帝睡着后，她竟用被头压在孝武帝头上，将他活活闷死。后来对外宣称孝武帝得急病而死。由于司马道子父子一手遮天，这样一件大事竟然蒙混了过去。

《东山携妓图》（明·郭诩绘）
郭诩，号清狂道人，江西泰和人，擅山水、人物，兼粗笔和工细两种风格，其水墨写意人物画风格豪放。此图绘谢安东山携妓故事，人物以白描为主，主人广袖博带，体形硕丰，侍女随后。全图信笔纵横，笔致逸畅爽利，不求工细柔绵，意到而已，然奇趣颇存，谢安虽隐而求再起之志，尽在眉宇之中展现出来。

○六九

人面狗心

王国宝外貌俊美，内心丑恶。他拍马献媚，看风转舵，贪污聚敛，无所不为。

东晋大臣王坦之有四个儿子，其中王国宝和王忱两人截然不同：王国宝外貌俊美内心丑恶，王忱外表丑陋品德高尚。苻朗说王国宝是人面狗心，王忱是狗面人心。

成为司马道子亲信

王国宝是谢安的女婿。谢安开始被其假象所迷惑，后来看清了他的为人，就不再任用他，只给他一个尚书郎小官。王国宝对此十分怨恨。他看到司马道子权势显赫，加上堂妹是司马道子王妃，就通过堂妹去巴结司马道子，在他面前大讲谢安的坏话。司马道子本来就与谢安不和，因而对王国宝更有好感。谢安死后，司马道子当政，王国宝就被任命为秘书丞，以后平步青云，一直升到侍中、中书令、中领军，成为司马道子的亲信。

王国宝的舅舅中书郎范宁，为人正直，他看不惯王国宝的阿谀奉承，劝孝武帝罢他的官。可是孝武帝回到宫内，皇太子的生母陈淑媛却一个劲地说王国宝为人忠诚，办事谨慎。孝武帝奇怪地问："你在宫中怎么知道王国宝的情况？"陈淑媛经不住一再追问，说出是尼姑支妙音写信托她这样说的。孝武帝找来支妙音。她是个很受宠信的尼姑，司马道子曾为她盖了一座简静寺。支妙音见皇帝亲自询问，不敢隐瞒，说出是袁悦之托她的。孝武帝再问袁悦之，袁供出是受了王国宝的指使。真相大白，可是王国宝是司马道子的亲信，不便处罚，孝武帝就找个借口把袁悦之杀了。王国宝十分害怕，同时也对舅舅恨之入骨。便在司马道子面前大讲范宁的坏话，范宁于是受到排挤，被调离京城去当了豫章太守。

看风转舵

不久，王忱去世。王国宝上表要求去江陵奔丧，并把母亲接回建康。朝廷特别赐给他假期，但王国宝却拖着迟迟不动身。这是违背礼教的事，受到御史中丞褚粲的奏劾。王国宝怕受处罚，去向司马道子求援，但又怕被别人知道，就乔装成王家的婢女，来到司马道子府中。司马道子见他这副模样，又好笑又吃惊，弄清缘由后，去向孝武帝求情，这事总算敷衍过去。王国宝有恃无恐，愈加骄恣。他在家中盖了一座楼，规模

瞬间的捕捉（局部）

世界大事记

波斯萨珊朝下令严禁基督教，迫使大批教徒遁入罗马。

司马道子 王忱 王国宝 孝武帝

邪恶 谄媚

人面狗心

《晋书·王国宝传》
《晋书·会稽文孝王道子传》

人物　典故　关键词　故事来源

竟与皇宫的清暑殿相仿。孝武帝见了十分恼火。王国宝感到事情不妙，就拼命向孝武帝拍马献媚，疏远了司马道子。司马道子很生气，在内省大骂王国宝，把剑猛掷过去，差一点击中王国宝的脑袋。

不久，孝武帝去世，安帝司马德宗即位。这个皇帝寒暑不辨，吃饭睡觉都要别人安排。司马道子的权更重了。王国宝看风转舵，又去投靠司马道子，并推荐堂弟王绪到他门下。王绪也是心地邪恶的小人，很合司马道子的胃口。王国宝因而再次飞黄腾达，不久，就升为尚书左仆射、丹阳尹。司马道子把东宫的兵也加配给了他。

雅致的青瓷莲瓣纹托碗
南朝时，瓷器已经成为比较普通的生活用具。这是江西吉安出土的南朝齐时的青釉莲瓣纹托碗。器物由莲瓣纹碗和莲瓣纹托盘组成，美观雅洁。江西省博物馆藏。

〔两晋南北朝的饮食姿势〕

两晋南北朝时期在饮食方式上有新的变化，即由席地而坐的分食制向用桌椅一起进食过渡。汉晋以前，进食是用案，人则席地而坐，各人案前放食品。从晋代开始，受阿拉伯人高脚桌椅进食的影响，用高脚饭桌逐渐取代了食案。到唐代，围桌而坐的合食制就成为中国人饮食的主要方式。

寓教于乐的陶塑玩具
大书法家王羲之生性爱鹅，唐代陶塑艺人根据传说故事，塑造出"羲之抱鹅"的陶玩具形象。王羲之身着便服，开怀露胸，形态潇洒、随意，盘腿趺坐，双手抱鹅，表情怡然自得。白鹅也似解人意，紧紧依偎在主人怀中，柔情可掬，"书圣"爱鹅之情尽现眼前。

南柯一梦

这时，朝廷与藩镇的矛盾又激化起来。早先，孝武帝为了牵制司马道子的势力，任命皇后的兄弟王恭为南兖州刺史，出镇京口，掌握北府兵；又使殷仲堪为荆州刺史，掌握长江上游军事。司马道子掌握大权后，排斥王恭、殷仲堪。隆安元年（397），王恭以诛王国宝为名起兵，司马道子看到形势严重，就丢卒保车，把罪孽推到王国宝身上，将他交付廷尉后处死。王国宝当官时大量搜刮钱财，家中堆满珍奇宝物，后房美女有几百人，如今南柯一梦，全都化为乌有。

〇七〇

"一人而三反"

刘牢之反叛王恭

王恭起兵后，荆州刺史殷仲堪、雍州刺史杨佺期、广州刺史桓玄都起兵响应，联军沿江东下，会攻建康。

司马道子之子司马元显，年轻勇猛，司马道子把兵权交给元显，让他出讨王恭，自己在府中日夜饮酒作乐。

桓玄等联军所向无敌，京师大震。司马元显施反间计，派人带了司马道子的信向王恭部下的刘牢之劝降，答应事成之后由他取代王恭的官职。刘牢之是北府兵将领，从小练得一身武艺，特别勇猛，就是私心重。当时，王恭参军何澹之曾把刘欲叛之事告诉王恭，但王恭因何刘二人素有矛盾，没有相信，反把精兵利器全让刘牢之统辖。不久，刘牢之果然反叛，王恭兵败被杀。司马道子没有食言，让刘牢之取代王恭任都督兖、青、冀、幽、并、徐、扬州、竟陵军事，镇京口。

刘牢之一反王恭，二反司马元显，三反桓玄，"一人而三反"，无人相信。最后众叛亲离，失败而死。

刘牢之反叛司马元显

王恭死后，桓玄被推为盟主，但联军内部矛盾重重。高门出身的桓玄看不起寒门出身的杨佺期；杨佺期游说殷仲堪密杀桓玄，桓玄听到风声，发兵攻杀了殷仲堪、杨佺期，占据长江上游。桓氏世镇荆楚，故旧甚多，一时兵马强盛。

司马道子终日昏醉，大权实际上已旁落到司马元显之手。元兴元年（402）正月，司马元显发兵讨桓玄，以刘牢之为前锋都督。有人劝司马元显说："刘牢之私心重，反复无常，万一叛变，大事不成，何不让他先杀桓谦，以示没有二心。"桓谦是桓玄

山东青州古城

青州在古代属于九州之一，《尚书·禹贡》有"海、岱惟青州"的记载。从东晋开始成为州治。该地区古文化遗迹十分丰富，已发掘出北辛文化、大汶口文化、龙山文化等数百处。图为山东青州市重修后的青州古城。

> ▷历史文化百科◁

〔对君主制度的否定：鲍敬言的《无君论》〕

在葛洪《抱朴子》的"诘鲍篇"中，我们得知当时有一位激进的思想家鲍敬言，他在自己的著作《无君论》中提出了否定君主制度的思想。鲍敬言认为，君主并不是天之子，而是人类中最强暴的人；君主制度是人民饥饿和贫困的根源。他说，君主官吏和人民的关系好比獭和鱼、鹰和鸟；君主又是一切欺诈、争夺、战争等罪恶、灾祸的根源。君主和人民的矛盾是不可调和的。鲍敬言的政治理想是无君的社会。他歌颂上古时代的"无君无臣，穿井而饮，耕田而食"，"势利不萌，祸乱不作，干戈不用，城池不设"。鲍敬言的《无君论》是一篇指向封建君主制度的战斗檄文，虽然这是一种不切实际的空想，但并不能掩盖其战斗的理论光芒。

铜三足砚

这方铜质的砚台是东晋的遗物，通高9.6厘米，直径24厘米，盖高5.2厘米，镇江市博物馆藏。

的堂兄。桓玄听到这个消息，传檄列举司马元显罪状，举兵东下。司马元显害怕，迟迟没敢发兵。刘牢之估计桓玄仗全楚之众，朝廷难以制服；自己即使平定桓玄，功名太盛必为司马元显所不容，心中七上八下，犹豫不决。这时，桓玄派刘牢之的舅舅何穆来相劝说："自古乱世君臣相互信任的只有战国时燕昭王和乐毅、三国时刘备与孔明，由于二杰早死，才使二臣免祸。俗话说：'飞鸟尽，良弓藏，狡兔死，猎犬烹'，越王勾践诛文种，汉主刘邦杀韩信，英雄霸主尚且如此不敢相信功臣，何况凶愚凡庸之辈！自古功高震主，有大功而能保全自己的又有何人？今日之事，君战败则倾宗，战胜亦灭族，不如改图桓君，可以长保富贵，避免头足异处，身名俱灭！"刘牢之听了觉得有理。三月，刘牢之便投降了桓玄。桓玄军长驱直入建康，放逐司马道子，杀司马元显。桓玄自为都督中外诸军事、丞相、录尚书事、扬州牧。

刘牢之欲反桓玄

桓玄任命刘牢之为会稽内史。刘牢之说："这是夺我兵权，祸将至矣。"大集将佐，讨论占据江北以讨桓玄。参军刘袭说："处事最不可者莫大于'反'。将军去岁反王恭，今岁反司马元显，如今又要反桓玄，一人而三反，岂得立也。"说毕就走，其余将佐

部下也纷纷散去。刘牢之惧怕了，连忙派儿子刘敬宣去京口接家属。约定的时间到了，刘敬宣没有回来。刘牢之以为事情泄露，刘敬宣为桓玄所杀，就率领余众北逃，至新州自缢而死。

千姿百态的飞天

飞天在佛教艺术中被称为香音之神，是能乐善舞浑身飘香的菩萨，在敦煌建窟的十个朝代都有不同的建造风格，是敦煌壁画中的一大主题。各类飞天神态各异，栩栩如生，令人叹为观止。它既是洞窟的装饰，也是壁画的组成部分，不仅有十分珍贵的艺术意义，而且在美学、宗教、民俗、考古以及性文化的研究诸方面都有重要的价值。飞天的各种姿态使人类对美的享受达到了登峰造极的地步。

○七一

孙恩起义

孙恩发动了大规模的起义，以五斗米道作为组织工具，沉重地打击了门阀士族势力。

东晋末年，社会矛盾尖锐，士族地主肆意霸占百姓土地，侵占国家山林湖泊，劳动人民无地可耕，连捕鱼打柴都要罚钱，赋税徭役又越来越重，走投无路的百姓只好聚众起义。隆安三年（399），浙江东部爆发了孙恩起义。

家族被杀，准备报仇

孙恩一家世世代代信奉五斗米道，其叔父孙泰是五斗米道道首。五斗米道是道教中最早创立的一派，入道者要交纳五斗米作为互助基金，故称五斗米道。贫困

《葛仙吐火图》（明·郭诩绘）
葛洪是著名的炼丹家，因此被后人视为神仙，还传说他有能在冬天吐火取暖的神异功能。

农民信奉五斗米道的越来越多，逐渐发展到千余人。五斗米道的发展，引起了东晋朝廷的不安，派兵严厉镇压。孙泰和他的六个儿子都被杀害，侄子孙恩侥幸逃入海岛。他在海岛暗中积聚力量，准备报仇雪恨。

海上登陆，队伍扩大

孙恩在海岛上积极发展势力时，东晋统治集团内部却在激烈地互相攻杀，这无疑给孙恩创造了机会。隆安三年（399）十一月，孙恩便从海上登陆，向上虞、会稽发动进攻。江南八郡的被压迫人民纷纷起义响应。十多天里，队伍发展到数十万人。起义军占领了八郡，焚烧官府，扫荡田园别墅，没收地主财物，镇压地主官僚。三吴地区是王、谢两大

孙恩
徐道覆
卢循
刘裕
谢琰

镇压谋反

晋书·卢循传
晋书·孙恩传

人物　关键词　故事来源

士族集中之地，他们的家族也遭到沉重打击。会稽太守王凝之一家、吴兴太守谢邈、会稽士族孔道民等都被义军处死。

孙恩占领会稽后，自称征东将军。东晋朝廷派北府兵名将谢琰、刘牢之去镇压。孙恩为避免和他们交锋，带领二十万人马，向海岛撤退。他们一路撤退，一路扔下许多财物。追来的官兵见遍地财物，你抢我夺，顾不上再追赶起义军。

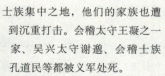

东晋的镏金铜菩萨立像

历史文化百科

〔陆修静编道经〕

中国土生土长的道教创立于东汉，主要有太平道和五斗米道，其经典有《太平经》等。经过两晋南北朝的发展，到南朝宋时已有大量新的道教经典出现，极需整理、鉴别、校正，并加以分类。陆修静(406—477)，南朝宋吴兴东迁（今浙江湖州东）人，早年弃妻子出家修道，后隐居庐山，并立道观简寂观。宋明帝时，居建康（今江苏南京）崇虚馆，编整道教经籍、符、图约一千二百多卷，分为"三洞四辅十二类"。"三洞"即洞真部，以《上清经》为主；洞玄部，以《灵室经》为主；洞神部，以《三皇文》为主。"四辅"即太玄、太平、太清、正一四组道经，用来辅助三洞。这种道经分类体系后来被各朝代编修道经时所沿用。现存明朝编纂的《正统道藏》和《万历续道藏》也是按照这个方法分类的。陆修静还制定和完善道教的斋醮仪式。他以《灵室经》为核心，建立起比较完善的道教组织，被称为南天师道。

击毙谢琰，朝廷大震

孙恩退回海岛后，东晋任命谢琰为会稽内史，都督会稽、临海、东阳、永嘉、新安五郡军事，率领北府兵驻守海岸线，防备孙恩登陆。可是谢琰打了胜仗后，骄横不可一世，不作任何防备。有人劝他说："贼在海边正伺机进攻，应招降给他们一条自新之路。"谢琰不听，说："苻坚百万之众，尚且送我在淮南，孙恩小贼，败逃海上，哪里还能出来！"然而事过不久，孙恩竟出他意外地再次登

《葛稚川移居图》（元·王蒙绘）

纸本设色，纵139厘米，横58厘米，北京故宫博物院藏。此图表现葛洪携子侄徙家于罗浮山炼丹的故事。画中重山复岭，飞瀑流泉，以细笔勾皴，略带小斧劈，丹柯碧树，用双钩填色；人物虽小但勾描工中带拙，形神兼备。山石纯用水墨，仅树木、人物、屋宇处施以淡赭、花青和红色，是王蒙山水画又一风格之杰作。画右上自识"葛稚川移居图。蒙昔年与日章画此图，已数年矣。今重观之，始题其上。王叔明识。"

德清窑黑釉壶
东晋，瓷质，高18厘米，口径8厘米，浙江德清出土，北京故宫博物院藏。

陆，入余姚，破上虞，直抵会稽，与谢琰军相遇。当时谢琰正要吃饭，他放下碗筷说："等消灭了这伙盗贼再来吃饭。"说完跨上战马带领士兵去与孙恩作战，结果大败，谢琰和两个儿子都被义军杀死。消息传到建康，东晋朝廷大震，赶快派孙无终、刘牢之等去对付孙恩，孙恩见敌人力量太强，再次退回海岛。

起义失败，意义重大

不久，孙恩又组织义军登陆，从水路打到京口，东晋朝廷一面宣布内外戒严，一面派刘牢之率北府兵北上镇压，由部将刘裕带领队伍先行。义军出海北上，遭到刘裕紧紧追击，在郁洲（今江苏连云港东）为刘裕所败，只得南撤入海。元兴元年（402），孙恩又一次发动攻势，从临海登陆，不料被临海太守辛景打败，孙恩和部下数百人含恨投海而死。

孙恩死后，其妹夫卢循和徐道覆继续领导起义。卢循带领徒众从海上转移到番禺，即今广州。经过百余日围城，攻下了番禺，活捉刺史吴隐之。徐道覆攻下了始兴，即今广东韶关西南。二人分兵两路沿湘江和赣江北上，在桑落洲（今江西九江东北）大败刘毅，进军建康城下。东晋朝廷一片混乱，有人甚至提出了迁都。正在这紧要关头，卢循与徐道覆却发生了分歧，卢循主张退兵寻阳，徐道覆主张与刘裕决战。结果耽误战机，在建康城下被刘裕战败，被迫回师退回广州，后又转到交州（治龙编，今越南河内东）。卢循最后被交州刺史杜慧度战败，投水自杀。徐道覆退到始兴后，也兵败牺牲。

孙恩起义是江南地区第一次大规模农民起义，参加群众达数十万，历时十二年，起义虽然失败了，但它沉重打击了门阀士族势力，使其一蹶不振。因而南朝以后，地主阶级中的寒门庶族便逐渐兴起。

朱雀桥（右页图）
唐代诗人刘禹锡在怀古名篇《乌衣巷》中提及的朱雀桥早已无存，遗址也缥缈难寻。如今在江苏南京中华门城内的武定桥和镇淮桥间新架设了朱雀桥，游人至此，思古之情顿生。

东晋古今地名对照表	
古地名	**今地理方位**
建康	江苏南京
泗口	江苏淮安西南
河阳	河南孟县西
郁州	江苏连云港
淮阴	江苏淮安南
番禺	广东广州
谯城	安徽亳州
始兴	广东韶关西南
蓬陂	河南开封附近
桑落洲	江西九江东北
雍丘	河南杞县
琅邪	山东临沂
历阳	安徽和县
会稽	浙江绍兴
雷池	江西九江西北
寻阳	江西九江

朱雀桥

刘裕平定桓玄之乱，镇压孙恩起义，又灭掉南燕和割据成都的谯纵，威望越来越高。为了建立更大的功勋，取代东晋，他决定再进行一次北伐。

借道于魏

义熙十二年（416）后秦姚兴去世，子姚泓继位。姚泓性格懦弱，才能平庸。刘裕决定利用后秦和夏、北魏连年战争的有利时机北伐后秦。八月，他派大将王镇恶、檀道济带领步兵，从淮河一带向洛阳进攻，自己率领水军沿黄河前进。一个月后，刘裕进至彭城。王镇恶军入秦境，所向皆捷。王仲德军至滑台，北魏守将尉建弃城渡河北逃，王仲德对外宣告说："晋本想用七万匹布帛向魏借道，想不到魏守将弃城逃走。"北魏皇帝拓跋嗣得知，派人问王仲德为何侵魏，王仲德回答说："刘太尉派我从黄河入洛阳，是为清扫山陵，非敢侵略魏国。魏守将弃城自逃，我乃借空城暂让士兵休息，即将西行。晋魏一向友好，岂能动兵刀？"拓跋嗣又派叔孙建去问刘裕，刘裕也谦逊地回答说："洛阳是晋旧都，为羌人占据，早想修复山陵。现秦接受晋之叛臣，晋今伐秦，只想假道于魏，并非敢与魏为敌。"拓跋嗣相信了他们的话。

江汉大堤

位于湖北襄樊的江汉大堤始建于汉代，三国时曾重加修筑。东晋和南梁都有修筑的记载。而今江汉大堤成为江汉平原的一道重要屏障。

假道伐秦

刘裕向北魏借道伐后秦，摆"却月阵"大败魏军。灭后秦后，因怕建康政权不稳，只好回师，长安重被夏国所占。

刘裕大摆"却月阵"

义熙十三年（417）三月，秦姚泓派使者向魏求救。拓跋嗣召大臣商量，大家都说刘裕声称伐秦，不知真正意图，魏秦有联姻，不可不救。唯有崔浩反对说："刘裕早想攻秦，现姚兴死，正是乘其危而攻伐，我们如去阻挡，恰是代秦受敌。不如假以水道，然后屯兵堵塞其归路。如刘胜，必谢我，如败，我们也不失救秦的名声。"拓跋嗣听计，但为安全，仍派长孙嵩等带十万大军屯于黄河北岸。刘裕水军沿黄河前进，魏军千余骑兵也随之西行。有时风猛水急，晋军船只被水冲到北岸，却被魏军夺取。刘裕派军进击魏军，一登岸魏军即退，撤回后魏军又来。刘裕无奈，便派丁旿率领七百士兵，一百辆车，来到北岸，在

公元427年 公元427年 ▷

世界大事记

波斯击退入侵东部地区之嚈哒人，迫其求和。

刘裕 姚泓 王镇恶 溃败

《资治通鉴·晋纪三九》《资治通鉴·晋纪四〇》

人物 关键词 故事来源

离河百余步处摆了个却月阵：用许多车子排成个半圆形，两端靠河岸，每辆车上有七个士兵，中间一辆车上树一白羽毛。魏军不解何意，未敢妄动，只远远窥视。过不多时，只见中间车上有人举起白羽毛，晋军从两侧涌出近两千人，每车增加二十人，各带大弓，同时在车辕上设了彭排。魏军见并无重兵，便派数万人前来攻阵，由于太近，晋军不能发挥大弓作用，就使用大铁锤和长矛厮杀。相互肉搏中魏骑兵挡不住大锤、长矛，死伤无数，只好退兵，晋军猛追，又杀千余人。拓跋嗣听到消息，后悔没有完全听从崔浩的计谋。

后秦灭亡

在刘裕打退了魏军的同时，王镇恶、檀道济已经攻下洛阳，他们与刘裕水军会师后，直向长

东晋南北朝的纺织品

晋代青瓷虎子

虎子是魏晋南北朝墓中最常见的随葬品之一，多为兽形，以陶、瓷、漆木、铜为材料，以青瓷居多。其用途有两说，一般认为是盛溺之器，也有认为是盛水器。

安进攻。义熙十三年（417），晋军攻入长安，姚泓出降，后秦宣告灭亡。刘裕本来还要收复陇右，由于留守建康的刘穆之病死，他怕大权旁落，就匆忙南归。关中父老流着眼泪对刘裕说："残民不沾王化，已经百年。今天见君，人人相贺。长安十陵，是公家坟墓，咸阳宫殿，是公家住宅，为何又要抛弃这些而回师呢？"刘裕很受感动，但因建康政权要紧，仍不得不南归。他把一个十二岁的儿子留在长安。不久，长安为赫连勃勃的夏国所占，晋军只得逃回建康。

▶历史文化百科◀

〔道教祭神的仪式：斋醮〕

陆修静除了整理道经外，还广制道教斋醮。斋醮即在宫、观、道院或特设的法坛上进行的供斋祭神仪式。主要有设坛、摆供、焚香、化符、念咒、上章、诵经、赞颂等程序，并配有烛灯和音乐。主祭的道士要带领徒众走"禹步"（相传为大禹所创）。斋醮的仪式因对象目的不同而有不同种类，有所谓六斋、九斋、十二斋等，其仪式的繁简与程序也各不相同。

刘裕一再忍让

刘毅，今属江苏的彭城沛县人，出身士族，早年侨居京口，任徐州府从事，后来跟从刘裕，在平定桓玄中立有大功，历任青州、兖州、豫州刺史。但刘毅对刘裕并不服气，义熙六年（410），他去镇压卢循起义，刘裕先是写信告诫他不可轻视，后又派刘藩前去叫他不要出征。刘毅大怒，对刘藩说：“过去我是为了大局推崇刘裕，你真认为我的才能不及刘裕吗？”他把信扔在地上，率领二万水兵出征作战，结果在桑落洲被打得大败。后来再要出兵，刘裕就不予同意。

义熙八年（412）四月，荆州刺史刘道规因病离职回家，朝廷任命刘毅为荆州刺史。刘毅对只让他当个地方刺史很是不满，说：“只恨没有遇到刘邦、项羽，与他们一争中原。”他提出要兼任交、广二州刺史，刘裕同意了。他又提出要让亲信郗僧施为南蛮校尉后军司马，毛修之为南郡太守，刘裕也同意

山东灵岩寺

灵岩寺位于山东济南长清区泰山西北处，初建于东晋。相传前秦苻坚永兴中（357）竺僧朗来此说法，“猛兽归服，乱石点头”，故称灵岩。寺内有北魏石窟造像、唐代的宇寺塔、宋朝的泥塑绘画，与浙江天台国清寺、湖北江陵玉泉寺、江苏南京栖霞寺同为中国四大名刹。

智取刘毅

士族出身的刘毅看不起寒门出身的刘裕，但终究不是刘裕的对手。

了。刘毅要到京口扫墓，刘裕前去送别。宁远将军胡藩私下问刘裕：“公以为刘卫军真能处公之下吗？”刘裕不语，过了一会，问：“你以为如何？”胡藩说：“连百万之众，攻必取，战必克，这方面刘毅佩服于公；至于涉猎书传，咏诗谈论，他自以为高明，怕最终不会处公之下，不如趁这次见面除之。”刘裕说：“我和刘毅一起平定叛乱，他的过错尚无充分暴露，怎能自相残杀？”

真假难辨

刘毅到了荆州首府江陵，就想灭刘裕。他撤换原任官吏，安插自己亲信，又上表要求让堂弟刘藩任副手，刘裕表面上应允，实际上已有所部署。当刘藩从广陵入建康准备赴任时，刘裕突然下诏宣称刘藩与谢琨参与刘毅谋反，将二人逮捕赐死。随即任命司马休之为都督荆、雍等六州诸军事，荆州刺史，刘道陵为兖、青二州刺史。刘裕亲率大军从建康出发，出征刘毅，对外却封锁刘藩被杀及大军出征的消息。大军到达姑孰后，刘裕命王镇恶与蒯恩率领一百余条战船先行，交代说：“如贼军可击，击之；如不可击，就烧其战船，待我前来。”王镇恶日夜兼程，一路扬言说是刘藩的队伍前来荆州。

公元429年

公元 4 2 9 年 ▷

世界大事记

汪达尔人首领盖塞里克率八万部众渡直布罗陀海峡，自西班牙进入北非。

《资治通鉴·晋纪三八》

刘毅 刘裕 王镇恶

谋略 权术

人物 关键词 故事来源

灵岩寺辟支塔上的浮雕

十月，王镇恶到达离江陵城二十里的豫章口，登岸步行，兵船拴在长江边，每船留一二人，树大旗六七面，旗下置放战鼓。王镇恶吩咐士兵说："估计我到城时，立即紧擂战鼓，使人以为后有大军前来。"他又派人把刘毅停泊江津的兵船烧了。然后率部直奔江陵，一路继续宣扬"刘兖州来到"。刘兖州即指刘藩，关口上的戍兵和百姓信以为真。刘毅亲信朱显之去江津，闻讯后问："刘兖州在哪里？"士兵答："在后面。"朱显之走到后面未见刘藩，只见无数军人抬着攻城器械，又见江津战船被烧，始知有诈，立即飞马回报刘毅。刘毅下令关闭城门。但为时已晚，王镇恶部分士兵已经入城，与城中刘毅军展开战斗，到傍晚就攻破了刘毅居住的金城，即大城内的子城。王镇恶把诏书、赦令和刘裕的亲笔信交给刘毅，刘毅气极不看烧毁。刘毅的士兵与从建康来的士兵很多是亲戚，两军边战斗边交谈，入晚，刘毅士兵大多都已逃散。刘毅率领三百余残兵从北门突围而出，至牛牧佛寺投宿，寺僧拒绝说："过去桓蔚失败投本寺，寺主因留宿被刘毅杀死。不敢再留外人。"刘毅不禁仰天长叹道："为法自毙，一至于此。"于是在附近上吊自杀。这正应了叔父刘镇之的话。刘镇之曾对刘毅和刘藩说："你等才能或可为大官，但不会长久。我不求财位于你等，也不受你等连累。"刘毅死后，他的确未受牵连。刘裕请他出来任职，他推辞了。

▶历史文化百科◀

〔现存最早的外科专著：《刘涓子鬼遗方》〕

晋末刘涓子著，后经南朝齐人龚庆宣整理，于齐永元元年（499）成书，是现存最早的一部创伤外科专著。主要内容有关金疮、痈疽及其他皮肤病等。书中有世界最早用水银医治皮肤病的记录。现存宋刻本，五卷，收处方一百四十多个。1902年新疆吐鲁番出土《刘涓子鬼遗方》残书二页。

中国大事记

北魏嵩山道士寇谦之，自称受太上老君命，为"天师"，创立北天师道。

〇七四

刘裕计除宿怨

刘裕为清除宿怨诸葛民、司马休之，采用了种种手腕，显示出高人一筹的谋略。

义熙八年（412）十月，刘毅自杀后，刘裕来到江陵，问谘议参军申永："现在应该做些什么？"申永答道："去除宿怨，提拔贤才。"刘裕十分赞成。

暗擒诸葛长民

豫州刺史诸葛长民，原籍琅邪阳都，即今山东沂南，侨居丹徒。他能文能武，但横行不法，贪污骄奢，百姓怨声载道。他怕刘裕不放过自己，对亲信说："昔年醢彭越，今年杀韩信，我们灾祸将临了。"

他私下问刘裕的亲信刘穆之："都说刘太尉和我过不去，果真如此吗？"刘穆之安慰他说："刘公远征，老母儿子都托付于你，如对你不

南朝砖画《竹林七贤和荣启期》

江苏南京官山南朝初年墓内发现了东晋竹林七贤图——东晋墓室砖刻壁画，画中人物为"竹林七贤"嵇康、阮籍、山涛、王戎、阮咸、刘伶、向秀，另加春秋时期高士荣启期。画中人物各具性格，手不离杯，各呈醉态，表现出魏晋时期士大夫好饮酒的风尚。模印拼嵌砖画是先按粉本将画像分别模印在多块砖坯上，入窑烧成砖，然后拼嵌到墓壁画。《竹林七贤和荣启期》砖画分两段对应拼嵌在墓室左、右两壁，人物形象生动，个性鲜明，是研究六朝时期绘画的珍贵文物。

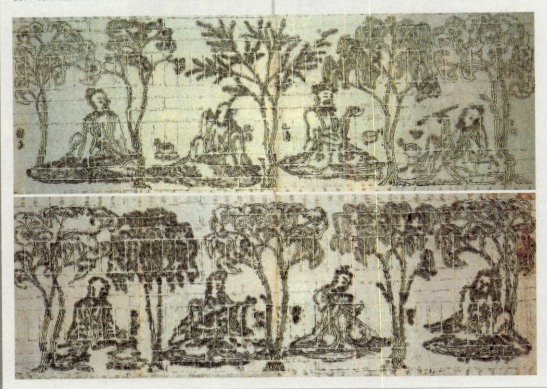

公元430年

公元 4 3 0 年

青龙

白虎

朱雀

玄武

均为东晋画像砖，江苏镇江出土。

满，会这样吗？"诸葛长民才稍稍放心。诸葛长民的弟弟诸葛黎民却仍不放心，对诸葛长民说："刘毅死，我们不能放松警惕，不如趁刘裕尚未回来先下手为好。"他的话又使诸葛长民动摇起来，叹道："贫贱思富贵，富贵带来灾难，现在想当丹徒平民也不易了。"他写信给冀州刺史刘敬宣，拉拢他一起反刘裕，他在信中说："刘毅专恣，自取灭亡，现在叛逆已平，富贵之事，我们一起图之吧！"刘敬宣回信说："我做过三州七郡长官，常怕福去祸来。共图富贵之事，实在不敢妄想。"他把信转给刘裕看，刘裕说："毕竟敬宣不辜负我！"

刘裕在江陵，辅国将军王诞要求先东下建康。刘裕说："诸葛长民已有叛逆之心，你怎能去呢？"王诞说："诸葛长民知道我受你信任，现单身前去，他定以

为你不疑他，这样即不至于马上叛乱。"刘裕称赞他的勇气，同意他先去建康。义熙九年（413）二月，刘裕出发回建康。诸葛长民得知消息，多次带领百官去新亭迎接，却都扑空。实际上刘裕早已悄悄乘小船进入建康东府。诸葛长民知道后赶快去东府拜候。刘裕十分热情地与他促膝畅谈，回忆往事，而在帐后早有士兵埋伏着。二人谈兴正浓时，帐后士兵突然蹿出，一顿猛拳，将毫无戒备的诸葛长民打死。

强攻司马休之

皇室司马休之在刘毅死后继任荆州刺史，甚得当地人民好评。但是司马休之的儿子司马文思却很凶暴，在建康违法杀人。刘裕对他早有厌恶之心。

青瓷鸟柱形杯
东晋，高3.8厘米，口径8.5厘米。

三月，司马文思又杀死一名官吏，刘裕大怒，关了所有参与此事的人，唯独宽恕了司马文思。司马休之赶紧上疏谢罪，刘裕就把司马文思交给司马休之，要他好好教训，实际上是让司马休之杀他。司马休之不忍下手，故意装糊涂，一味谢罪。刘裕恼怒在心，义熙十一年(415)正月，借口处死了司马休之在建康的次子司马文宝和侄儿司马文祖，同时发兵征讨司马休之。司马休之见事已至此，也上表列陈刘裕罪状，联络雍州刺史鲁宗之及其子竟陵太守鲁轨反刘裕。刘裕秘密写信招降司马休之府录事参军韩延之。韩延之不但不降，反而回信把刘裕大骂一顿。刘裕读了他的信，感叹许久，把信给将佐们看，说："当人臣就当如此！"

三月，刘裕进军至江陵，准备渡江。司马文思率领四万士兵在对岸峭壁上布阵以待，刘裕军无法登岸。后来建武将军胡藩率领士兵用短刀在岸壁上凿出小洞，攀登上岸，刘裕也令将士发箭作掩护，后续部队终于纷纷登岸，冲杀过去。司马休之兵大败，刘裕于是攻克江陵。司马休之向北逃到后秦，后秦姚兴任他为扬州刺史，让他侵扰襄阳，利用晋人打晋人。后来刘裕平定后秦，司马休之又逃向北魏，结果未到北魏就在半路上死去。

▷ 历史文化百科 ◁

〔幅巾的流行〕

幅巾是平民戴的头巾，方便实用。魏晋以后，人们以放达自在为风尚，很多名士也开始不戴冠帽而改戴头巾。南京西善桥砖画《竹林七贤与荣启期图》中，山涛、阮咸戴的也是幅巾。

道安 慧远 佛图澄　六家七宗　勤奋 报应　《高僧传·释道安》《高僧传·释慧远》

人物　典故　关键词　故事来源

○七五

高僧道安和慧远

道安和慧远是两位著名的高僧，道安把佛教和玄学相结合，慧远则大力推动佛教在江南的发展。

传入中国的印度佛教有两大系统：一是小乘，就是早期佛教，注重戒律和禅定；一是大乘，就是后期佛教，是以《般若经》为中心的大乘空宗学说。般若学在传播的过程中，出现了大同小异的各种宗派，有所谓"六家七宗"。其中最主要的是以道安、慧远为代表的"本无宗"。

《莲社图》（宋·李公麟绘）

李公麟，宋人，擅长人物画，行家认为他的人物画仅次于顾恺之、张僧繇。此图写东晋太元六年（381）僧人慧远等十八人在庐山东林寺建莲社，倡导"弥陀净土法门"佛说的故事。人物刻画精细，设色淡雅，风格质朴，有唐人遗韵。

道安谋求佛教在中国独立

道安是个博学的佛教学者和佛教活动家。俗姓卫，常山扶柳（今河北衡水西南）人。十二岁出家，由于形貌短陋，不为其师重视，驱至田舍劳动。后

来知道他诵经能过目不忘，就让他外出游学。二十四岁至邺，师事名僧佛图澄。佛图澄能背诵数百万字经卷，精通教义，深得石勒敬重。佛图澄死后，道安便开始独立的传教活动，他先在河北、山西、河南立寺山居。后赵覆灭后，他来到襄阳，在那里研讲般若学，整理经籍。隆安元年（379），前秦苻丕攻下襄阳，道安被俘到长安，为苻坚所尊信，在那里继续讲经和翻译佛经。道安一生致力于整理佛经、传播佛教哲学，弟子遍及大江南北。他对佛教所作的解释，和当时玄学中何晏、王弼一派的贵无学说十分接近。他宣扬一切皆空，认为本体是空无，现象世界也是不存在的。所以说："无为万化之前，空为众形之始。"即天地万物的"有"是从"无"产生的。这种理论与玄学的世界本源是"无"的唯心主义理论相似，所以很容易与玄学合流，为门阀士族所接受和传播。道安是从各方面谋求佛教在中国独立的第一人。

慧远推动佛教在江南发展

慧远是道安的弟子。原姓贾，出身官僚家庭。少年时随舅父到各地游学，读了大量儒家和道家典籍。二十一岁出家为僧，以道安为师。他潜心钻研佛经，

领悟很深。道安从襄阳去长安时，吩咐众弟子到各地去传教，临行都嘱咐几句，只有对慧远没有说什么。慧远问师父何故，道安说："你是我不必担心的。"慧远从襄阳经江陵，想去广州罗浮山。太元十一年（386）途经寻阳，寄居于西林寺，江州刺史桓尹特地为他在庐山建造了一座东林寺，面对香炉峰，风景十分优美。相传建寺时，电闪雷鸣，暴风雨摧折了许多树木，被山洪冲流下来。这些木材就被用来建造了正殿，故正殿命名为"神运宝殿"。

慧远在庐山结交达官贵人，对江南佛教的传播起着重要的作用。他对道安的本无学说作了详尽的阐

《虎溪三笑图》

东晋时，高僧慧远住在庐山东林寺内专心修行。寺外有条小溪，有虎守之，慧远送客从不越过虎溪，过溪则虎鸣。但有一次，慧远因与陶潜及庐山简寂观道士陆修静畅谈义理，兴犹未尽，不知不觉就过了虎溪，老虎马上鸣吼警告，三人相顾大笑，欣然道别。

述，还发挥了佛教因果报应学说，认为人们在世界上作的"业"，即思想、言论、行动的影响是有前后内在联系的；今世做了好事来世就得好报，做了恶事就得恶报。要人人检点自己的言行，从而消除不满现实、反抗压迫的意志。他又以为只要念佛持禅，不出家也能成佛。这些学说十分有利于巩固封建统治，这样，佛教和政治结合起来，也就有了更大的发展。

慧远在庐山一住就是三十六年，直到八十三岁去世。

东晋道安撰《道行般若波罗蜜经》（明刻本）

《道行般若波罗蜜经》东晋道安撰。道安（312—385），著名佛学家、翻译家。本姓卫，常山抚柳（今河北冀州）人。十二岁出家，受"具足戒"（僧侣的最高戒律）后，24岁到邺城（今河北临漳县），成为佛图澄的弟子。佛图澄死后，道安因避战乱，颠沛流离于冀、晋、豫一带，后在襄阳、长安等地总结了汉代以来流行的佛教学说，整理了新译旧译的经典，编集目录，确立戒规，主张僧侣以"释"（释迦牟尼）为姓，并培养出慧远、慧持等高僧。

▶历史文化百科◀

〔寺观园林〕

魏晋以来佛教、道教非常兴盛，佛寺道观大量兴建，寺观园林应运而生，使中国园林艺术开拓了一个新的领域。寺观园林除了承担宗教功能外也能愉悦人心，在园林中经常举办大型法会、表演。寺观园林可分为两类：一类是寺观整体环境园林化，寺观与周边环境相交相融；另一类是寺观本身的园林化。寺观园林的出现使中国古典园林艺术形成了私家、皇家、寺观三大类型并存的格局。

《晋书·陶潜传》

不为五斗米折腰　气节　隐逸

陶渊明

人物　典故　关键词　故事来源

〇七六

陶渊明和《桃花源记》

陶渊明生活困难，但他不愿为俸禄而向权贵折腰，辞官回家务农。他是我国伟大的田园诗人。

晋宋之际，正当文坛上盛行雕琢绮丽的形式主义文风时，出现了一位现实主义的诗人陶渊明。他留下的一百二十多首诗中，大多描写田园的悠闲生活，因此被人称为"田园诗人"。

不为五斗米折腰

陶渊明，字元亮，号五柳先生，晚年改名潜。浔阳郡柴桑县（今江西九江）人。他是显赫一时的东晋大司马、荆州及江州刺史陶侃的曾孙。祖父陶茂和父亲陶逸也都任过太守。不过在他八岁父亲去世后，家道便中落了。陶渊明受到儒家文化的熏陶，少年时就怀着建功立业的壮志。二十九岁时曾出任过江州的祭酒，但不久就感到"世与我而相违"，辞归田园。到了四十岁，又一度出任刘裕的镇军参军和刘敬宣的建威参军。但他不是名利中人，目睹官场中勾心斗角、争权夺利、谄上骄下的种种现象，感到和自己的性格格格不入，因而再次归隐。义熙元年（405），由于生计所迫，他又不得已而出仕彭泽（今九江东彭泽西南）县令，但内心常处在矛盾之中。有一天，郡里派了督邮来县巡察，督邮是代表郡守督察地方的官，县吏劝他穿戴整齐去迎接。陶渊明生气地说："我岂能为五斗米而折腰！"意思是

《陶渊明图》（明·陈洪绶作）

陈洪绶号老莲，明末诸暨（今属浙江）人。他的《归去来图》，作于明亡以后，是规劝老友周亮工不要降清而作的。借晋陶渊明的形象来伸张正义。作品着力描绘其中的《解印》一段，并题词曰："糊口而来，折腰则去，乱世之出处。"

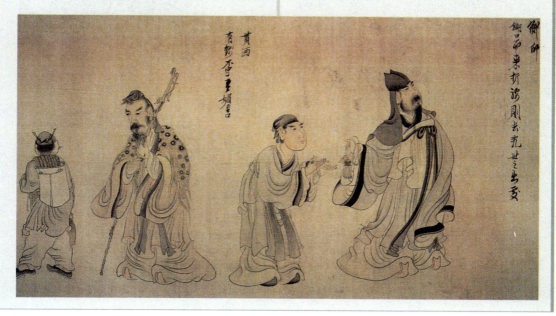

说怎肯为了五斗米的俸禄向权贵卑躬屈膝！当天就离职还乡。这次出仕前后仅八十天。从此再也不愿出来做官。

离开樊笼返自然

陶渊明回家后，写了一篇《归去来辞》，描写他归家后的喜悦心情。同时，他说过去出仕是"心为形役"，即心志为形体役使，为生活所迫违反了本愿，现在才"觉今是而昨非"。意思是说过去出仕是走错了路，今日归隐是做对了。从此，他直接参加劳动，接近劳动人民，从生活中汲取了养料，使他的作品更具有了真实感情和强烈的生活气息。就像他在《归园田居》中写的："少无适俗韵，性本爱丘山。误落尘网中，一去十三年。羁鸟恋旧林，池鱼思故渊。开荒南野际，守拙归园田。方宅十余亩，草屋八九间。榆柳荫后檐，桃李罗堂前。……久在樊笼里，复得返自然。"农村的田园景物在他笔下是多么美好，他把仕途称作"尘网""樊笼"，流露出不愿与黑暗的官场同流合污的心情。

美丽的"乌托邦"

陶渊明的代表作品是《桃花源记》，那是一篇优美的散文。故事大意说：东晋太元年间，即373—396年，有一个武陵捕鱼人，泛舟沿着溪流前行，迷了

历史文化百科

〔山水田园诗的产生〕

东晋南北朝时期在诗坛上产生了两大新的诗歌品种：山水诗和田园诗。山水诗由南朝宋的谢灵运开创，田园诗由东晋的陶渊明创立。谢灵运喜欢旅游，善于用清新细致的语言来描写山水景色。而陶渊明则平淡朴质，为人们打开了田园民居的静谧意境。两者一动一静，相映成趣，为后世开先河。

《东篱赏菊图》（明·唐寅绘）
陶渊明《饮酒》诗有云："结庐在人境，而无车马喧。问君何能尔，心远地自偏。采菊东篱下，悠然见南山。山气日夕佳，飞鸟相与还。此中有真意，欲辨已忘言。"此幅《东篱赏菊图》正是取此诗意而作。

路，发现一片桃花林。渔人十分奇异，便往前察看，桃林尽头正是溪流的源头，有一座小山，山边有一小洞，洞口隐约有光。渔人便弃船入洞，开始很狭，走了一段，眼前突然开阔明亮起来。只见里面土地平坦，房屋整齐，风景秀丽，男女老少衣着与众不同，个个安适自乐。他们见了渔人，十分惊奇，问他从何而来。渔人一一回答。于是纷纷邀渔人至家中，杀鸡温酒款待。渔人从谈话中知道他们的先人是为了避秦乱逃到这里来的，久而久之，繁衍生息，遂与外界隔绝，不知世已经历了秦汉魏晋等朝代。数日后，渔人告辞。在回去的路上做了标记，到武陵郡见了太守，说出以上情况。太守立即派人随渔人前往寻找，结果迷了路，什么也没找到。从此就再也没有人到过桃花源。

这篇美丽动人的散文，描写了一个乌托邦式的理想社会。它与现实社会中尔虞我诈、勾心斗角、争权

《归去来辞》（明·李在等绘）
东晋文学家陶渊明曾任江州祭酒及彭泽令（今均属江西）等职，不久辞官归隐，赋《归去来兮辞》以言其志。此图根据陶渊明《归去来兮辞》诗意而作。

夺利、动荡不安，有着鲜明的对比。诗人对这个理想社会的向往，表达了他对现实社会的不满。

陶渊明四十四岁那年，家中遭到火灾，旧居被毁，农田也不断遭受灾害。六十三岁时便在贫病交迫中与世长辞。他留给后代的诗大多表达了对劳动人民的同情，反映了对黑暗现实的不满，不愧是中国古代的一位伟大诗人。

《桃源图》（明·袁耀绘）
此图描绘了东晋陶渊明所写的《桃花源记》中的世外桃源。图中突兀的峰岳，如镜的湖水，自在生活其间的人们，无不令人心驰神往。境界幽美，起伏变化，虚实对比，动感性强。

法显西行取经

法显西行取经，备尝艰辛，终于成功。他除了翻译取回的佛经外，还把自己的经历写成《佛国记》一书，此书成为研究5世纪亚洲历史的重要资料。

佛教自东汉初传入中国，最初大多由印度及中亚佛教徒传译经籍，往往转译失真，篇章不全，因而从曹魏末年朱士行开始，便产生了西行求法运动。其中最突出的是法显，他历时十四年，广游西土，留学印度，携经归来。

艰难的取经之路

法显，俗姓龚，平阳（今山西临汾西南）人。三岁出家，十八岁受戒，成为佛门子弟。东晋隆安三年（399），年近六十岁的法显从后秦长安出发，西行取经，同行的有同学慧景、道整、慧应、慧嵬等人。他们沿着西汉张骞通西域的道路往西走，出了玉门关，进入新疆塔里木盆地的塔克拉玛干沙漠。维吾尔语塔克拉玛干的意思是"进去出不来"，这里上无飞鸟，下无走兽，四顾茫茫，一望无际。有时狂风骤起，黄沙蔽天，日月无光，路上只能看太阳定方向，寻枯骨作路标。法显在《佛国记》中写道："路中无居民，涉行艰难，所经之苦，人理莫比。"但是法显等怀着坚定的信念，终于克服难以想象的困难越过了可怕的沙漠地带，来到世界屋脊葱岭。葱岭海拔六七千米，终年积雪，山路崎岖，狂风不停。法显一行在悬崖峭壁中攀行，同样备尝艰难，越过葱岭，就到了亚洲西部苏来曼山北部的小雪山，其地约在今阿富汗喀布尔城东南。这时，寒流突然袭来，同行的慧景支持不住，病倒在路边，他对法显说："我不行了，你们快走吧，不要一起死在这里。"说完就死了。法显扑在同伴身上失声痛哭，然后掩埋好尸体，抹去泪痕，又继续上路。

《法显著书图》

历史文化百科

〔水陆法会〕

水陆法会全称"法界圣凡水陆普渡大斋胜会"，也称为"水陆道场"、"悲济会"。是中国佛教中一种非常隆重的经忏法事，规模盛大，参与的僧人数十至成百上千不等，举行时间少则七天多则四十九天。法会上诵经礼佛，追荐亡灵，超度水陆鬼魂。相传创始于南朝梁武帝时。

《高僧传·释法显》

壮志逆境

法显

人物　关键词　故事来源

北凉壁画：月亮与西王母（局部）

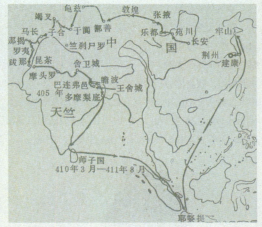

法显出国往返路线示意图

游学佛国

法显一路经历了罗夷、毗荼等三十余国，终于在义熙元年（405），到达印度中天竺笈多王朝。笈多王朝当时正处在全盛时期，其版图东起恒河口，西至阿拉伯湾。法显巡礼了各地佛教故迹，在中天竺都城巴连弗邑留学三年，学习梵文，抄写佛经。义熙三年（407）离开巴连弗邑，到达恒河口的多摩黎帝国，在今印度加尔各答西南。在这里又住了两年，继续抄写经文。然后在义熙六年（410）冬，搭商船航行了十四个昼夜，来到狮子国，即今斯里兰卡。这时同行的十余人中，或半途而废，或死亡，只剩下了法显一人。他在狮子国又游学两年，觅到了《弥沙塞律》等佛经原本。

义熙七年（411），法显从狮子国搭商船返国。船入印度洋，遇到大风暴，船破漏水。同船二百余人惊恐万分，纷纷把行李抛入海中。可是法显把经卷看得比生命还重，始终紧紧抱在胸前，口念观世音求佛保佑。船在海中漂泊九十余天，被狂风吹到了耶婆提国，即今印尼爪哇。

终得正果

法显在耶婆提国又停留了五个多月，于义熙八年（412）五月搭一大商船回国。可是船在海上航行了二十多天后又遇到风暴，船上的粮食和淡水都快吃完了。商人们认为是法显带来的祸害，要把他推下海去，幸亏得一施主劝阻相救，才避免了这次劫难。这时，海边突然出现了一片陆地，绝望的人看到了生路，船赶忙靠岸后，问两个猎人，方知这里已是中国土地，地属青州府长广郡，地名牢山，即今山东青岛崂山。法显在崂山休息了几天，就带着经书回到东晋首都建康，在道场寺与佛陀跋陀罗合作，翻译取回来的佛经。有人建议他把游历天竺的详细经过写出来，他就写成了《佛国记》一卷，约九千五百字，又名《法显传》。书中所记的内容除中国本土外，还包括中亚、南亚和东南亚广大地区的地理、交通、宗教、文化、物产、风俗以及社会发展、经济制度等等，同时记录了中国和亚洲许多邻族邻国间的密切友谊和文化交流，成为研究5世纪初亚洲历史的重要资料。

197

我国的书法是一门特有的艺术，其发展经历了大篆、小篆、隶书、楷书、行书和草书，汉晋时期是由隶转变为楷、行、草的重要阶段。魏晋以后，纸普遍使用，世族名士书信往来讲究书法优美，书法艺术有了更大发展。东晋的王羲之，集书法之大成，被后世称为"书圣"。

书圣王羲之

王羲之书法博采众长，吸取各家精华，被后世称为"书圣"。他的代表作《兰亭集序》为历代书家所推崇，视为"天下第一行书"。

人们便称他为王右军。王羲之少时沉默寡言，学书法十分认真，走路、吃饭时都常揣摩书体，心里想着，手就在身上划，日子一久，衣服都划破了。他每天练完字到门前池塘里洗毛笔、砚台，天长日久，池水尽黑，故称作"墨池"。这些传说可能有些夸张，但却反映了王羲之学习书法的刻苦精神。由于好学心切，王羲之对游历名山大川时见到的历代大书法家手迹，无不一一临摹。直到五十多岁仍乐此不疲，有一夜睡在床上，他用手在身上划字，无意中划到妻子身上，

书圣王羲之

王羲之（303－361），字逸少，琅邪临沂人。著名书法家。出身贵族，官至右军将军、会稽内史，人称"王右军"。他为官时，主张实行清明政治。后因与王述不和辞官，定居会稽山阴（今浙江绍兴）攻书法。早年师从卫夫人，后改变初学，草书学张芝，正书学钟繇，并博采众长，精研体势，推陈出新，一变汉魏以来质朴的书风，成为妍美流变的新体。其书备精诸体，尤善正、行，字势雄奇多变化，为历代书家所崇尚，影响极大，被后人奉为"书圣"。此图出自《历代名臣像解》。

博采众长，自成一体

王羲之出身于世家大族，生在琅邪，即今山东临沂，后定居会稽，即今浙江绍兴。他做过右军将军，

"鹅痴"王羲之
《王羲之养鹅图》（清·陈字绘）

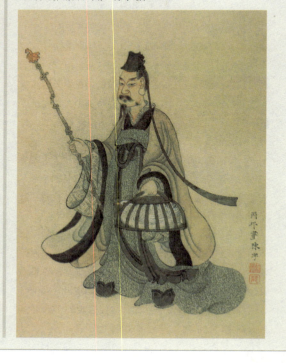

《晋书·王羲之传》

王羲之·王献之

刻苦闲适
曲水流觞

人物　典故　关键词　故事来源

他妻子生气地说："你怎么在人家体上划呢？自家体没有啦！"王羲之听到"自家体"三个字，忽然悟到应该创造自家的书体。从此以后，

《右军书扇图》（明·仇英绘）
书法家王羲之一天在外散步，见一老太在卖六角竹扇。王羲之问："你这竹扇多少钱一把？"答："二十文钱一把。"王羲之一时手痒，取笔在竹扇上写了几个字。老太大急，道："我一家老少就靠我卖扇度日，你现在在我的扇子上乱涂乱写，把我的扇子弄坏了，叫我如何卖掉？"王羲之答道："不要紧，你只要对人家说是王羲之写的字，每把扇子可以卖一百文钱。"老太半信半疑，将这些扇子拿到市场上去卖，结果被一抢而空。

他博采众长，吸取各家精华，得千变万化之神，勤学苦练，果然自成一体。他的字笔势典雅流畅，结构严谨，人们形容为"飘若浮云，矫若惊龙"。在王羲之的书法作品中，以行书《兰亭集序》、楷书《黄庭经》和《乐毅论》最为知名。

曲水流觞，写《兰亭集序》

《兰亭集序》写于东晋永和九年（353）。这年三月初三，是修禊(xì)节，这是古代人们在水边洗濯，以去灾祈福的一种活动。当时任会稽内史的王羲之邀集名士谢安、孙绰等四十二人，在会稽山阴，即今浙

《兰亭图》（明·仇英绘）（上图）
兰亭位于浙江绍兴市西南14公里处的兰渚山下，是东晋著名书法家王羲之的寄居处，这一带有"崇山峻岭，茂林修竹，又有清流激湍，映带左右"，是山阴路上的风景佳丽之处。更因王羲之的《兰亭集序》而闻名天下。

> **历史文化百科**

〔《兰亭序》的真伪〕

《兰亭序》是否王羲之所写，有较多人对此怀疑。1965年郭沫若提出《兰亭序》是伪作，其理由是：一，书法上缺少隶意，而晋时通行的书法是隶书；二，《兰亭序》中流露出"悲观的气氛"与王羲之的性格和政治态度不相吻合；三，《兰亭序》是隋僧智永在王羲之所写的《临河序》的基础上加以删改移易、扩大而成的，因为《世说新语》注者梁刘孝标只见到《临河序》，未见到帖本《兰亭序》，而唐初唐太宗所写的《晋书·王羲之传》已有《兰亭序》了。但是，对以上这些观点，许多人提出了很有根据的反驳。到目前为止，《兰亭序》的传世本真伪的悬案尚未解决。

中国大事记

宋诗人谢灵运以谋反罪被杀。谢灵运创山水诗派。

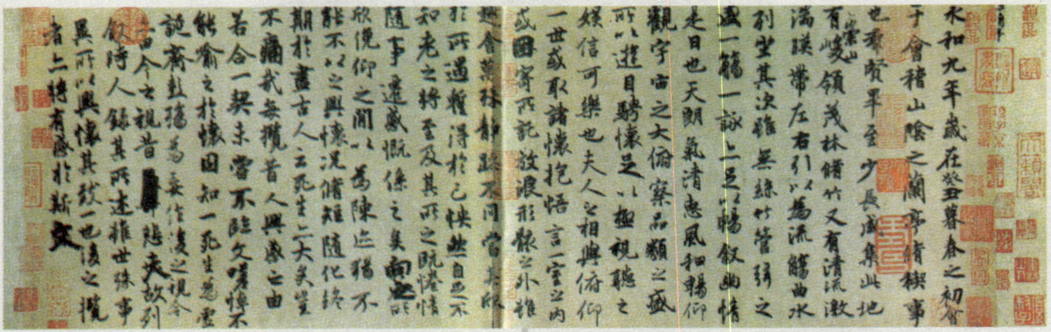

“天下第一行书”
神龙本王羲之《兰亭序》。

江绍兴的兰亭，按照“修禊”习俗，举行“曲水流觞”的雅集。各人分别坐在曲水旁，借着婉转的溪水，以觞盛酒，置于曲曲弯弯的溪水上。彼此相约，觞流至谁的面前，谁就饮酒吟诗。一觞一咏，一共得了数十首诗。王羲之十分高兴，决定为这个诗集写一篇序言。这篇序融叙事、写景、抒情为一体，是一篇优美的散文。《兰亭集序》字体潇洒流畅，原文共三百二十四字，其中凡相同的字，写法都各不一样。笔法、结构多方变化，但又不离奇古怪。这篇作品，笔飞墨舞，气象万千，自唐以来，为历代书家所推崇，视为“天下第一行书”。

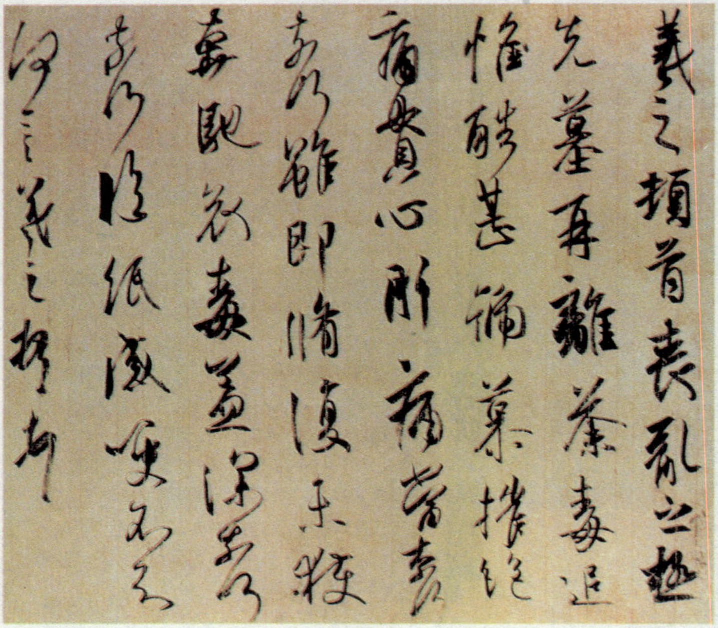

黄庭换白鹅

《黄庭经》原是道教的经卷。相传王羲之有一次在山阴道上散步，看到许多漂亮的白鹅。鹅的主人是一个道士。王羲之找到他

三帖一体的珍品（下图及右页图）
《丧乱、二谢、得示》三帖均为王羲之信牍，笔法精妙，结体多攲侧取姿，有奇宕潇洒之致，是王羲之所创造的最新体势的典型作品。《丧乱帖》八行，同《二谢帖》五行、《得示帖》四行共摹于一纸。
此三帖内容均为书简，摹填精良。《丧乱帖》反映了丧乱时期痛苦不安的情绪，因无意于书，故书法愈见自然。用笔结字与《兰亭序》比较，略带古意，有些专家推断此种体式的字应更近王羲之书法的本来面貌，所以成为研究王羲之书风的重要材料。

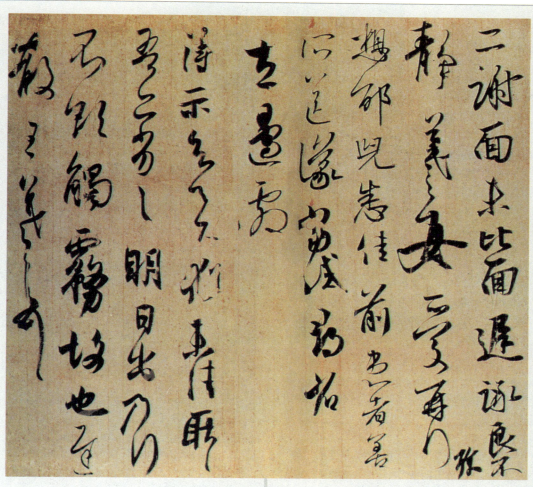

时道士正在如豆的灯光下埋头抄写，王羲之一看抄的是《黄庭经》，便问："我可以代劳一下吗？"道士连连说："那太好了，太好了。"赶忙倒茶磨墨。王羲之一口气写完，天已快亮。道士送了一只大白鹅给他。这事后来传为佳话，李白有诗说："山阴道士如相见，应写黄庭换白鹅。"

"书圣"与"小圣"

王羲之的七个儿子都爱好书法，以幼子王献之成就最大。王羲之为了培养他，写了一篇《乐毅论》叫他临摹。王献之经过刻苦磨练，也成为有名的书法家，与王羲之齐名，并称"二王"。世人因称王羲之为"书圣"，便称王献之为"小圣"。

○七九

顾恺之画像点睛

二十岁的顾恺之在瓦棺寺的布施册上认捐一百万，大家都不相信他。他的"点睛"之笔令人称绝，很快就募齐钱款。

多才多艺，聪明诙谐

顾恺之，字长康，小名虎头，今属江苏的晋陵无锡人。他出身江南名门世族，自幼勤奋好学，多才多艺，不但会绘画，而且善书法，工诗赋。青年时在桓温手下任大司马参军，桓温死后，又为殷仲堪参军。在这期间，他到过四川、湖南、江苏、浙江，饱览祖国壮丽的山河，丰富了对大自然的感受，这也为他作画汲取了养料。顾恺之为人诙谐，吃甘蔗总是从头吃到根，说是"渐入佳境"。他曾有一橱珍贵的画寄在桓玄处，后桓玄偷了画，将空橱还给他。他毫不在意地说："妙画通灵，变化而去，似人之登仙。"这种潇洒的态度，正像他自我评价时所说的："我是一半痴、一半黠，合在一起，刚好平衡。"他既醉心迷恋自己的事业，又不失聪明与机智。

《洛神赋图》（局部）

东晋顾恺之以三国时代曹植的浪漫主义爱情名篇《洛神赋》为题材，用具体生动的形象，完整地表现了赋的内容。画中的曹植带着随从，在洛水之滨神怅惘，仿佛见到思念已久的洛神。远处凌波而来的洛神，衣带飘逸，委婉从容，目光中流露出关切。二人的思念之情溢于卷面，令人感动。全图设色艳丽明快，线条准确流畅，充满动感，富有诗意之美。

生动传神的特点

顾恺之绘画的特点是"传神"。他认为绘画既要"形似"，更要"神似"，就是要刻画人物的性格和内心世界。顾恺之替裴楷画像，颊上加了三根毛，充分表现了人物的特征。为谢鲲画像，让人站在石岩丛中。说："此人宜在丘壑中。"入木三分地刻画出了人物的性格。顾恺之认为人物的眼睛特别重要。他说："四体画得是否美，对画的关系尚不大，传神写照，就在眼睛上。"因此，他画好人物，常常很久不

《洛神赋图》（局部）

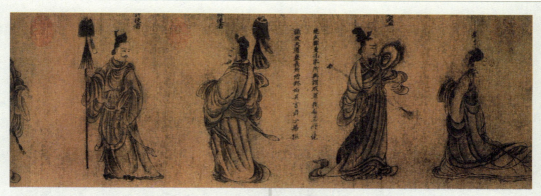

点眼睛。有一次，他给别人画扇，画面上的人物都没有眼睛。别人问他为什么要这样，他说："点上眼睛，人物不是会说话了吗？"

画值百万钱

东晋兴宁二年（364），建康的慧力法师主持兴建瓦棺寺，寺僧们为筹集资金，向士大夫名流募集布施。官绅认捐的款数一般都不超过十万钱，可是年仅二十岁左右的顾恺之却在布施册上挥笔认捐了一百万钱。大家都知道他并不富裕，以为他说大话，开玩笑。事后，寺僧请他交款。顾恺之说："请在新盖的寺庙内留下一堵白墙。我自有道理。"寺僧照办了。顾恺之于是来到寺庙住下，不与任何人往来，专心致志地在白墙上画菩萨像。他画的菩萨名维摩诘，这是印度梵文的译音，原意为清净无垢，声名远布，俗称舍粟如来，是很受佛教僧侣尊敬的一尊菩萨。一个多月后，像画成了，就是眼睛还未点上。顾恺之对和尚说："明天我要给维摩诘点眼睛，请大家来看。第一天来看的要捐十万钱，第二天减半，第三天随意布施。"消息传出，前来观看的人络绎不绝。顾恺之站在像前，沉思片刻，然后轻轻两笔，给画像点上了眼睛。顿时，

东晋顾恺之《女史箴图》（局部）

画像栩栩如生，和真人一样。围观者无不赞叹称绝。寺僧们很快收足了百万钱，顾恺之画像点睛的故事也随之传播开来。

历史文化百科

〔中国最早的书画评论著作：《画品》〕

《画品》由南朝齐梁间画家谢赫撰写，是我国现存最早的一部完整的评论画家艺术的论著。《宋史·艺文志》中称此书为《古今画品》，明刊本则标名为《古画品录》。《画品》在序中首先阐明"夫画品者，盖众画之优劣也"，即本书系品评画家艺术高下之著作，又提出绘画的社会功能为"明劝戒，著升沉，千古寂寥，披图可鉴"。特别是提出了"画有六法"：气韵生动、骨法用笔、应物象形、随类赋彩、经营位置、传移模写，不但全面地概括出绘画批评的艺术标准，也完整地确立了绘画创作的艺术规范，成为绘画美学思想优秀遗产的一个重要组成部分。

书中对三国至齐梁间的二十七位画家列名品评，而且根据作者亲见的作品，将这些画家的题材、技法、师承关系、艺术风格等加以论述，因而为中国古代绘画史保存了宝贵的资料。《画品》一书对后世有着深远的影响。此书最早开创了画品体例，为后世不断沿用。

流芳百世的佳作

顾恺之画作不下七十余幅，流传至今的主要有《女史箴图》、《洛神赋图》等。

《女史箴图》是为西晋官僚、诗人张华所写《女史箴》一文的几段插图。张华对贾后专权不满，为了讽谏她，写了这篇文章。全文三百余字，主要是宣扬封建道德，特别是妇德。顾恺之也深感东晋统治集团的腐朽，故为这篇文章作了十二幅历史故事的插图，表现中国古代贵族妇女生活的某些侧面。画面布局严密，线条有很强的动感，人物姿态娴雅，栩栩如生。这是现存最早的人物卷轴画。

《洛神赋图》取材于三国曹植的《洛神赋》。曹植爱上了曹丕皇后甄氏。甄氏死后，他十分悲痛。有一次他从京都回到自己封地，经过洛水时梦见甄氏来和他相会，曹植深有所感，写下了这篇赋。洛神即洛水之神，是美化了的甄氏。顾恺之在画中发挥了高度的艺术想象力，富有诗意地描绘了原赋的意境。画中洛神多次出现。或在水面凌波回顾，或在云间遨游，或单独一人，或和曹植在一起。凡是原赋中形容洛神美丽与风度的比喻在画中都得到了入神的描绘。人物风度和心理刻画逼真动人，达到了诗情画意相得益彰的境界。

顾恺之的画题材广泛，有历史、佛教、神仙、诗歌、禽兽、人物、仕女、山水等。他还是中国绘画

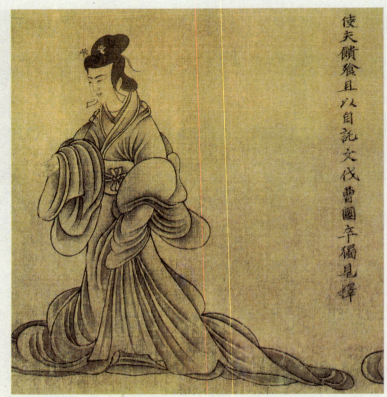

使夫纵脱且以自託文伐曹國亭獨見擇

《列女图卷》
东晋顾恺之作。顾恺之的画风继承了汉画传统并有新的创造。这幅列女图以夸张的衣纹与飘带，随风而起的饰带增强了人物的动势，充分体现了顾画的特点。

彩绘骑马奏乐俑（右页图）
这三件十六国时期的骑马奏乐俑为一组，一敲鼓，一吹角号，一吹排箫，头戴圆顶帽，身着短袖袍，坐于马背之上，马鞍头及皮具均用墨线勾画，长鬃，尾巴下垂，立于踏板之上。长32.5厘米、宽11.5厘米、高47厘米，反映了当时骑马奏乐仪仗的生动场面。

理论的卓越建设者，著有《魏晋胜流画赞》、《论画》、《画云台山记》三种画论。这是他艺术创作的经验总结，也是中国最早的比较有系统的绘画理论著述。

彩绘骑马奏乐俑

谢道韫咏雪

聪明好学有见识

东晋门阀士族最有名望的是王、谢两家。门阀士族的婚姻有严格的限制，一定要地位相等才能婚配。王谢通婚正是门阀制度的产物。

谢道韫是安西将军谢奕的女儿，谢奕的弟弟是谢安，所以谢道韫是谢安的侄女，她嫁给王羲之的儿子王凝之。

谢道韫从小聪明好学，又善言谈，深得谢家长辈的喜爱器重。谢安曾问她：《诗经》中哪句诗句最

谢道韫聪慧好学，但所嫁的丈夫却很平庸，而且还迷信道教，最终引来灭门之灾。

好？"她回答："尹吉甫和仲山甫作的诗句就像和熙的清风一般，我最喜欢。"这二人都是西周末年宣王时的大臣。尹吉甫出讨猃狁取得了重大胜利，仲山甫曾劝周宣王不要过分压榨百姓，在他们的辅佐下，曾一度出现繁荣景象，历史上称"宣王中兴"。谢道韫称颂这二人的诗，就是希望东晋也能出现这样有作为的大臣。谢安心领神会，称赞她有深刻的见识。

谢道韫很有文学才能，特别善于咏诗。有一年寒冬，大雪纷飞，谢家许多人聚集在一起饮酒赏雪。谢安要考考后辈的学问，他指着窗外纷纷扬扬的漫天大雪说："你们看看，这像什么？"谢安侄子谢朗咏诗道："撒盐空中差可拟。"意思是说和空中撒盐差不多。他把大雪比作在空中撒盐，这未免太俗。谢朗是谢据的儿子，善于谈玄，对佛经也有兴趣，但文学修养却不怎么样。接着谢道韫咏道："未若柳絮因风起。"意思是说不如说是柳絮因风轻飘空中。这倒与雪十分相似，意境也比较美。大家都为谢道韫的比喻拍手喝彩。

《谢道韫咏雪图》
出自清代马骀《美人百态画谱》。

> **历史文化百科**

〔两晋南北朝婚姻的特点〕

两晋南北朝盛行门阀制度，士族在婚姻上有严格的限制，即通婚对象仅限于士族集团内部。这种狭窄的婚姻范围，使得出现辈分混乱状况，也有许多内表亲、中表亲、外表亲等近亲繁衍。但另一方面，由于社会分裂、专制主义的放松、少数族南人、儒家独尊地位的动摇等原因，在选择对象上也出现了一定程度的自由，"男女之防"已不如过去之严。

世界大事记

匈奴王阿提拉再攻拜占廷，迫使帝国媾和，增纳年贡达2100磅黄金。阿提拉势力达到鼎盛。汪达尔人首领盖塞里克占领罗马在北非北部的最后领地，并建立君主专制制度。

《晋书·王凝之妻谢氏传》

谢道韫 王凝之 谢安

灵感 遗憾 刚强

人物 关键词 故事来源

所嫁非佳偶

谢道韫嫁给王凝之后生活并不美满。她认为王凝之的才能比不上自己。有一次回娘家，脸上露出郁郁寡欢的神情，谢安看在眼里，问她："王郎是王羲之的少子，人不错，你为什么不满呢？"谢道韫答道："我们谢家一门都是有学问的名臣，有武功的名将，想不到天地之中会生出这么一个王郎。"所嫁非佳偶的遗憾溢于言表。王凝之虽然出身名门，也会书法，但为人处世确实能力很差。他特别信奉五斗米道，整天做道事读道书，热衷于道教活动。在他任会稽内史期间，正逢孙恩起义。孙向会稽进攻，僚属们请王凝之作好准备，王凝之竟认为可以求之于道，妄想用五斗米道来抗衡武装起义。

有一次，王凝之的弟弟王献之与宾客辩论玄学问题，理屈词穷，败下阵来，谢道韫差婢女对王献之

说："我来帮你解围。"当时女子对不熟悉的男子不能对面坐着谈话，于是用青布拉起步障，谢道韫坐在幕后，继续王献之的话题与宾客辩论，终于把客人说得哑口无言。

家庭的不幸遭遇

王凝之迷信五斗米道，对孙恩起义不设防，结果和几个儿子都被孙恩所杀。谢道韫虽是文弱女子，但性格刚强，她强忍着悲痛，与婢女一起提刀出门与孙恩徒众搏斗，手刃数人，最后寡不敌众，被俘虏。孙恩徒众要杀她年幼的外孙刘涛。谢道韫说："我家姓王，他姓刘，与王门无关，请不要杀他；要杀请先杀我。"孙恩很敬重她的为人，便没有杀刘涛。后来她一人居住在会稽，太守刘柳慕名请求与她讨论诗文学问，谢道韫也不拒绝，就坐在帐中与刘柳一起讨论。讲到家中不幸遭遇，谢道韫不禁慷慨流泪。刘柳回家后感叹道："这样的女子实不多见，令人佩服。"

清代杨柳青年画《谢道韫咏雪》

中国大事记　宋范晔以谋立刘义康被杀。范晔著有《后汉书》。北魏盖吴起义。

○八一

梁祝的传说

祝英台为求学女扮男装，与同窗梁山伯产生纯真的爱情；祝英台的父亲要把女儿嫁给大户人家，拆散二人；梁山伯和祝英台为情而死，化为蝴蝶。

1996年8月，在浙江宁波高桥梁祝文化公园的施工现场，发掘了一座墓，据说是梁山伯墓。墓内留有晋代的陶瓷器皿。相传梁山伯是会稽山阴人，勤奋好学，曾任浙江鄞县县令，为政清廉，为地方做过许多好事，后积劳成疾，在治理姚江时殉职。当地百姓就在宁波西门外的姚江边上，为其厚葬建庙，以纪念这位清官。在梁山伯庙的西边有一座祝英台的"晋封义妇冢"。当地有句谚语说："若要夫妻同到老，梁山伯庙到一到。"梁山伯与祝英台的爱情故事，由于代代相传和各种唱本、戏曲的传播，已经家喻户晓。

清代上海彩绘申报《新绘梁山伯相送祝英台》

同窗学习心相印

相传梁山伯远离家乡，出门求学，途中遇到一个聪明文雅的同学，这人就是女扮男装的上虞人祝英台。两人切磋学业，十分投机。祝英台对梁山伯很有好感，暗暗萌发了爱恋之心，但她没有把真情告诉梁山伯。学习告一段落，她告别梁山伯先行回到家乡。梁山伯在外继续求学，两年后，也回到老家会稽。

梁山伯回家后，决定去寻访好友祝英台。但他到上虞问了许多人，都不知祝英台其人。后来遇到一位老人，告诉他说姓祝而又知书达理的，只有祝家的九妹，但那是个姑娘。梁山伯半信半疑，心想既已到

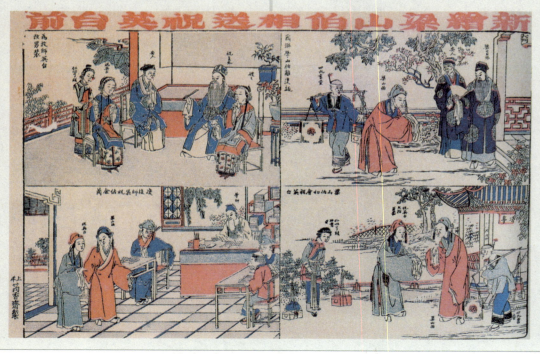

公元445年 公元445年

世界大事记

罗马教皇利奥一世请西罗马皇帝降旨，规定所有基督徒均须服从教廷。

梁山伯 祝英台

爱情 忠贞

《唐梁载言 十道四蕃志》

人物　关键词　故事来源

此，何不访问一下。当他找到祝家时，出来见面的"九妹"果然就是祝英台，梁山伯又惊又喜，两人更加情投意合，笃诚的友情已经化为纯真的爱情。

梁山伯回家后，日夜思念，他决定让父母出面托媒人去祝家求婚。祝家是大户人家，祝英台的父亲封建思想严重，他决定把祝英台许配给一个姓马的大户人家。祝英台为此悲痛欲绝。

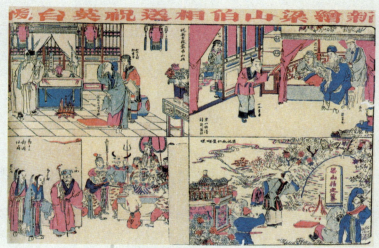

身化彩蝶双飞舞

不久，梁山伯被会稽郡推举为贤良，当了鄞县县令。他对祝英台仍是万般思念，当得知美满姻缘已成泡影，终日悲伤，终于一病不起，忧郁而死。

一年后，祝英台下嫁马家。她离开上虞前，得知梁山伯已死，万分悲恸，船经梁山伯墓地时，她要求停船到梁山伯墓前去祭奠一番。这时忽然天昏地暗，风雨大作。只听一声巨响，坟墓裂开，祝英台纵身跃入坟墓，然后墓又合拢。顷刻间风停雨止，天空中出现了一条彩虹，送亲的人看见墓中飞出两只蝴蝶，翩翩飞翔而去。据传说，这对蝴蝶是梁祝幽灵所化的。

甘肃酒泉西沟村魏晋墓出土的话别画像砖

后来马家不信，要开棺验尸，但坟上有条巨蟒盘踞，没敢动手。

当时谢安任尚书仆射兼扬州刺史，他从会稽郡的上报中得知梁山伯与祝英台的故事后，十分感动，当即表奏皇帝，给祝英台立了"义妇冢"。

梁祝的故事绝大部分出于民间传说。这个传说反映了人们反对封建包办婚姻，对忠贞爱情的歌颂。

> 历史文化百科

〔梁祝的传说〕

梁山伯和祝英台在历史上是否真有其人，至今众说纷纭。有人认为它和"白蛇传"、"孟姜女"、"牛郎织女"一样是民间传说，有人认为历史上真有其人。认为有其人者也有分歧：有人认为是晋朝人，有人认为是明朝人。对梁祝故事的发生地也有多种说法，现在全国梁祝墓至少有四座：河北省河间府的林镇梁祝合葬墓；山东省嘉祥县的祝英台墓；浙江省宁波高桥梁祝合葬墓，江苏省扬州城北槐子河旁祝英台墓。20世纪90年代末在宁波高桥梁祝公园发掘一墓，占地46平方米，分棺室和前室，专家初步认定系梁山伯墓。

聚焦：公元 265 年至公元 589 年的中国

魏晋，是以孝治天下的，不孝，故不能不杀。为什么要以孝治天下呢？因为天位从禅让，即巧取豪夺而来，若主张以忠治天下，他们的立脚点便不稳，办事便棘手，立论也难了，所以一定要以孝治天下。

鲁迅

汉末魏晋南北朝时代是中国政治上最混乱、社会上最痛苦的时代，然而却是精神上极自由、极解放、最富于智慧、最浓于热情的一个时代。

宗白华

正是魏晋时期，严正整肃、气势雄浑的汉隶变而为真、行、草、楷，中下层不知名没地位的行当，变而为门阀士族们的高妙意兴和专业所在……他们以极为优美的线条形式，表现出人的种种精神风貌，"情驰神纵，超逸优游"，"力屈万夫，韵高千古"，"淋漓挥洒，百态纵横"，从书法上表现出来的仍然主要是那种飘俊飞扬、逸伦超群的魏晋风度。

李泽厚

南北两朝文化上各种成就，作为整体来看，是战国以来又一次出现的辉煌时期。

范文澜

清谈之于两晋，其始也，为在野之人，不与当道合作；继则为名士显宦之互为利用，以图名利兼收而误国。

陈寅恪

文苑泰斗，学术名家，聚焦于公元 265 年至公元 589 年的中国。他们以宏观或者微观的独到眼光，对东晋南北朝的政治经济和社会文化的各个层面作了深入浅出、鞭辟入里的解析。这些凝聚了高度智慧的学术精华，历经岁月洗礼，常读常新，是我们走进中国历史文化殿堂的引路人。

要到西晋以后，"新学"乃特盛行江左。这样，晋朝末年的思想，南北新旧之分，真可算判然两途了。因此南朝北朝的名称，不仅是属于历史上政治的区划，也成为思想上的分野了。这种风气的影响不仅及于我国固有学术的面目，就是南北佛教因为地域的关系也一致地表现了不同的精神。最后，北朝统一中国，下开隋唐学术一统的局面，因此隋唐的学风尚是遵循北朝的旧辙，不过也受了南朝思想的洗礼，看出来影响是不小罢了。所以魏晋时代思想的成分，无论"新"、"旧"哪方面造成的后果，在我国思想史上，都是极重要的。

汤用彤

中国的画，到了魏晋，渐渐地脱离了汉人的装饰的实用的意味，而走向独立的艺术的地位了……文化界的各方面，都向着解放自由的路上走，各自建立各自的新生命，不仅文学绘画是如此，就是书法，也是遵循一致的路线发展的。我们只要看看由汉隶楷书变到王羲之父子那样如行云流水般的行草，那种解放自由的精神，活跃的个人主义的情感与生命，真是再明显也没有了。这样看来，魏晋的文化思想，可以说是旧的破坏时代，同时又是一个新的建立时代。无论哲学文艺宗教人生观各方面，都脱离了旧时代的桎梏，活跃而又自由地发展着新的生命。这些生命，都是后代文化思想的重要种子，在这个时代，从某种意义上说，是有着文艺复兴的意味的。

刘大杰

图书在版编目（CIP）数据

空前的融合（上）/顾承甫，刘精诚著 . —上海：上海锦绣文章出版社，2014 . 2（2019 . 3重印）
（话说中国：普及版）
ISBN 978 - 7 - 5452 - 1263 - 1
Ⅰ . ①空… Ⅱ . ①顾… ②刘… Ⅲ . ①中国历史—晋代—通俗读物
②中国历史—十六国时期—通俗读物 Ⅳ . ① K 237 . 09② K 238 . 09
中国版本图书馆 CIP 数据核字（2013）第 062553 号

责任编辑　　杨　婷　李　欣　顾承甫
特邀审读　　王瑞祥
特邀编辑　　王建玲　侯　磊　刘言秋　李曦曦
整体设计　　袁银昌
摄　　影　　徐乐民　麦荣邦　王志伟
图片整理　　居致琪
印务监制　　张　凯

书名
空前的融合（上）
　　——公元 265 年至公元 420 年的中国故事
著者
顾承甫　刘精诚
出版
上海锦绣文章出版社·上海故事会文化传媒有限公司
发行
上海文艺出版社发行中心
（上海市绍兴路 50 号　　邮编：200020）
印刷
北京一鑫印务有限责任公司
版次
2014 年 2 月第 1 版　2019 年 3 月第 3 次印刷
规格
787 × 1092　1 / 16　印张 13 . 5
书号
ISBN 978 - 7 - 5452 - 1263 - 1 / K · 438
定价
39 . 00 元

告读者　　如发现本书有质量问题请与印刷厂质量科联系 T:010—61424266